可持续消费行为研究

湖南大学出版社
图书出版基金资助项目

湖南省社会科学成果评审委员会2018年度重点课题（XSP18ZDI005）

贺爱忠　等　著

湖南大学出版社
·长沙·

图书在版编目（CIP）数据

可持续消费行为研究/贺爱忠等著 . —长沙：湖南大学出版社. 2022. 6
ISBN 978-7-5667-2433-5

Ⅰ. ①可… Ⅱ. ①贺… Ⅲ. ①居民—消费经济学—研究—中国
Ⅳ. ①F126. 1

中国版本图书馆 CIP 数据核字（2021）第 269491 号

可持续消费行为研究

KECHIXU XIAOFEI XINGWEI YANJIU

著　　者：贺爱忠　等
责任编辑：吴海燕　邓素平
印　　装：长沙市宏发印刷有限公司
开　　本：787 mm×1092 mm　1/16　印　张：13　字　数：254 千字
版　　次：2022 年 6 月第 1 版　　印　次：2022 年 6 月第 1 次印刷
书　　号：ISBN 978-7-5667-2433-5
定　　价：58. 00 元

出 版 人：李文邦
出版发行：湖南大学出版社
社　　址：湖南·长沙·岳麓山　　邮　编：410082
电　　话：0731-88822559（营销部），88821691（编辑室），88821006（出版部）
传　　真：0731-88822264（总编室）
网　　址：http://www.hnupress.com
电子邮箱：934868581@qq.com

目　次

第一章　绪　论 ……………………………………………………… 1

　　第一节　研究背景与意义 ……………………………………… 1

　　第二节　国内外研究现状及发展动态 ………………………… 4

　　第三节　研究目的与内容 ……………………………………… 23

　　第四节　研究方法与创新 ……………………………………… 25

第二章　城市居民环保消费行为的内在机理 …………………… 28

　　第一节　城市居民环保消费行为内在机理模型 ……………… 28

　　第二节　城市居民环保消费行为内在机理的实证检验 ……… 30

　　第三节　城市居民环保消费行为内在机理的多群组分析 …… 37

　　第四节　结论与政策启示 ……………………………………… 39

第三章　城市居民低碳利益关注和低碳责任意识对低碳消费的影响 … 42

　　第一节　城市居民低碳利益关注和低碳责任意识对低碳消费影响的理论模型 … 42

　　第二节　城市居民低碳利益关注和低碳责任意识对低碳消费影响的实证检验 … 48

　　第三节　城市居民低碳利益关注和低碳责任意识对低碳消费影响的多群组分析 … 54

　　第四节　结论与讨论 …………………………………………… 58

第四章　农村消费者生态心理意识对生态消费的影响 ………… 61

　　第一节　农村消费者生态心理意识对生态消费影响的理论假设 … 61

　　第二节　农村消费者生态心理意识对生态消费影响的研究设计 … 67

　　第三节　农村消费者生态心理意识对生态消费影响的实证检验 … 70

　　第四节　结论与讨论 …………………………………………… 76

第五章　农村居民低碳消费行为的影响因素 …………………… 79

　　第一节　农村居民低碳消费行为影响因素的理论模型 ……… 79

　　第二节　农村居民低碳消费行为影响因素的实证检验 ················ 84
　　第三节　农村居民低碳消费行为影响因素的多群组分析 ·············· 90
　　第四节　结论与讨论 ·· 94

第六章　绿色农产品购买意愿的影响机制 ····························· 97
　　第一节　绿色农产品购买意愿影响机制模型 ······················ 97
　　第二节　绿色农产品购买意愿影响机制研究设计 ················· 107
　　第三节　绿色农产品购买意愿影响机制的实证检验 ··············· 110
　　第四节　结论与讨论 ··· 114

第七章　健康信念对可持续饮食行为的影响 ························· 119
　　第一节　健康信念对可持续饮食行为影响的理论基础 ············· 119
　　第二节　健康信念对可持续饮食行为影响的理论模型 ············· 125
　　第三节　健康信念对可持续饮食行为影响的实证检验 ············· 131
　　第四节　结论与讨论 ··· 139

第八章　生态价值观对可持续消费行为的链式中介影响 ············· 144
　　第一节　生态价值观对可持续消费行为链式中介影响的理论基础 ··· 144
　　第二节　生态价值观对可持续消费行为链式中介影响的理论模型 ··· 148
　　第三节　生态价值观对可持续消费行为链式中介影响的实证检验 ··· 154
　　第四节　结论与讨论 ··· 162

第九章　典型非绿色消费行为的影响因素 ··························· 166
　　第一节　典型非绿色消费行为影响因素的理论框架与假设 ········· 166
　　第二节　典型非绿色消费行为影响因素的研究方法与测量 ········· 173
　　第三节　典型非绿色消费行为影响因素的实证结果与分析 ········· 176
　　第四节　结论与讨论 ··· 180

参考文献 ·· 184
附　　录 ·· 195
后　　记 ·· 201

第一章 绪 论

随着经济社会的发展，人们的消费能力不断增强，消费观念也发生了变化。各种高消费、炫耀消费、攀比消费等不可持续消费方式加剧了资源消耗和环境破坏的程度。1992 年里约热内卢地球峰会后，可持续消费问题被提上议事日程。1994 年奥斯陆"可持续消费专题研讨会"上，国际学术界正式提出"可持续消费"一词。此后，可持续消费问题受到了学者们的广泛关注，成为学术界的研究热点。同时，全球绿色运动方兴未艾，绿色发展已是中国的国家战略，加快建立健全绿色低碳循环发展经济体系成为中共中央的顶层设计，也已成为各级地方政府、企事业单位、居民个人的切实行动。早在 1994 年 4 月中国政府就在发布的《中国 21 世纪议程》中明确提出"引导建立可持续的消费模式"，中国成为全球最先提出建立可持续消费模式的国家。中国环境与发展国际合作委员会（简称"国合会"）指出："可持续消费是绿色发展战略的核心组成部分，与中国生态文明建设密切相关，对中国城镇化进程至关重要。"因而，研究中国消费者的可持续消费行为，具有重大的学术意义和深远的战略意义。本章将分析研究可持续消费行为的理论与实践背景、理论意义与实际意义，在系统梳理国内外相关文献的基础上，提出本书要解决的主要问题，明确本书的基本思路和采用的研究方法，厘清本书的特色及创新之处。

第一节 研究背景与意义

一、研究背景

全球人口增加和消费增长导致了"全球生态透支"（谢颖、刘穷志，2018），急剧膨胀的消费需求是造成生态危机的深层次原因。消费需求的增大体现在两个方面：一是随着人口增加，消费需求绝对量的增大；二是随着生活水平的提高，消费需求呈现不断递进攀高的趋势，即消费需求相对量的增大。比较而言，消费需求相对量的增大尤其是高消费行为增多所造成的生态负效应更大。因而早在 1992 年 6 月联合国环境与发展大会通过的《21世纪议程》就呼吁高消费群体改变生活方式。并且，联合国、联合国经济与合作发展组织、国际环境与发展学会、联合国经济和社会事务部、联合国环境规划署等国际组织，制定了一系列关于可持续消费的国际公约和行动方案（谢颖、刘穷志，2018）。中国政府也采取了一系列政策措施，积极引导绿色、低碳、节约消费，例如，发挥政府节能示范带动作用，实施标准、认证和能效标识制度，实施节能产品惠民工程，大力发展公共交通等[《中华人民共和国可持续发展国家报告》（2012）]。出台《关于促进绿色消费的指导意见》（2016）、《关于推动绿色餐饮发展的若干意见》（2018）、《关于加快建立绿色生产和消费法规政策体系的意见》（2020）、《关于加快建立健全绿色低碳循环发展经济体系的指导意见》（2021）等政策文件。全社会可持续消费氛围日渐形成。但是，不可持续消费现象仍然存在，尚未从根本上得到扭转。例如，全国人大常委会专题调研组报告显示，不包括居民家庭饮食中的食物浪费，中国城市餐饮每年食物浪费大致在340—360亿斤（北京商报，2020-12-23）。而我国快递业每年消耗的纸类废弃物超过900万吨，塑料废弃物约180万吨（新华网客户端，2020-11-03）。因而，从多角度探索可持续消费行为的成因、不可持续消费行为的成因及干预政策，有着非常重要的现实意义。学术界从经济学、社会学、心理学、管理学等多学科视角对可持续消费进行了探讨，但是学者们对全球可持续消费的实现仍存在质疑（谢颖、刘穷志，2018）。发达国家的研究已经很多（Ottman，1998；Kalafatis et al.，1999；Peattie and Charter，2003；Zhao et al.，2014；Yadav and Pathak，2016）。然而在亚洲的一些发展中国家，如印度和中国等，研究仍然不足（Chan，2001；Mostafa，2006；Chen and Chai，2010；Yadav and Pathak，2016；Kumar et al.，2017）。许多研究表明，消费者进行可持续消费的意图与其实际行为之间存在显著差异（Oger et al.，2007；Carrigan et al.，2001；Carrington et al.，2010；Vermeir et al.，2006；Youn et al.，2017）。英国零售商们发现了"30∶3现象"，即30%的消费者称在其决定购买时都曾考虑过人权、动物福利，以及环境保护问题，但实际销售数据显示仅有3%的消费者言行一致（Simon，1995）。因而，系统研究中国消费者的可持续消费行为，努力寻找可持续消费意图与行为之间存在差异的原因，具有重要的理论价值。

二、研究意义

（一）理论意义

（1）为研究发展中国家可持续消费行为增加了新素材。"亚洲的一些发展中国家，如印度和中国等，对可持续消费行为研究仍然不足"（Chan，2001；Mostafa，2006；Chen and Chai，2010；Yadav and Pathak，2016；Kumar et al.，2017；Jaiswal D.，and Kant

R.，2018)。本书以中国城市居民为数据样本，通过问卷调查法收集数据，探究城市居民环保消费行为、低碳消费行为、绿色农产品购买意愿、可持续饮食行为、典型非绿色行为、规范型与自我增强型可持续消费行为的形成机理；以中国农村居民为数据样本，通过问卷调查法收集数据，探究农村居民生态消费、低碳消费行为的影响因素。从而为研究发展中国家可持续消费行为增加了新素材。

(2)为可持续消费行为研究增加了一个不同的视角。以往的研究倾向于可持续消费，并没有考虑相反的消费者选择，即不可持续消费。本书在扩展的消费者选择模型基础上，提出了一个包含经济因素和非经济因素在内的典型非绿色消费行为形成机理模型。用中国的国家样本对概念模型进行了实证检验。以消费者挥霍性宴席消费相关的概念，即预算约束、消费者偏好、参照群体、社会责任意识、面子观念，以及奢侈氛围作为调节因素，对理解中国消费者的非绿色消费有一定的启示，并为今后的研究提供了理论基础。同时，对非绿色消费的考察可以促进两种对立的消费者选择之间的直接比较。

(3)在一定程度上发展了市场影响理论。本书提出并验证了感知对消费者影响和感知对组织影响在生态价值观对可持续消费行为影响中的链式中介作用，从而一定程度上发展了感知市场影响理论。以往大多数研究强调单一维度的感知市场影响(Leary et al.，2014)，而从感知对消费者影响和感知对组织影响两维度出发的研究仅认为二者分别独立影响个体行为(Leary et al.，2017)，忽略了感知对消费者影响会增强感知对组织影响这一作用。本书发现感知对消费者影响和感知对组织影响不仅仅是并列关系，当消费者相信自己的行为能够影响其他消费者时，感知对组织的影响会变得更强，因此本书提出并验证了"感知对消费者影响—感知对组织影响"在生态价值观对可持续消费行为的影响中起到链式中介作用，这在一定程度上发展了感知市场影响理论。

(4)为中国可持续消费行为研究积累了较为系统的数据基础。本书分别以城乡消费者和中国东中西部消费者为调研对象，通过大样本问卷调查获取的数据，运用结构方程模型、多群组分析、Logistic 回归模型、K-Means 聚类方法、多因素方差分析、Bootstrap方法等数据分析方法，对提出的概念模型进行实证检验。从而为中国全社会绿色可持续消费生活方式的形成提供理论支撑与实证证据，为政府部门制定相关政策、企业开展绿色营销提供数据支撑，更为中国可持续消费行为研究积累了较为系统的数据基础。

(二)实际意义

(1)为政府部门制定促进可持续消费及加快建立健全绿色低碳循环发展经济体系的政策法规提供重要依据。本研究以理性行为理论、健康信念理论、价值观—信念—规范理论、知信行理论、感知市场影响理论、扩展了的消费者选择理论为基础，探究中国城乡居民可持续消费的经济、心理、社会动因，有助于政府相关部门在制定促进全社会生态文明建设及零售业可持续发展的相关政策时抓住重点和关键，提高政策的有效性。

（2）有助于企业精准识别消费者的可持续消费动因及需求强度，提高企业可持续营销的有效性，更好地满足消费者对优美生态环境、健康营养安全产品服务的需求。本书对个人消费观念、环保责任意识、低碳利益关注、感知绿色农产品购买利益、消费者偏好、感知市场影响、低碳产品购买便利性等要素的分析，本质上就是对消费者可持续消费需求的分析与识别。本书关于城市居民环保行为内在机理、低碳消费前因、购买绿色农产品意愿影响机制、可持续饮食行为作用因素等方面的探究，本质上就是对消费者可持续消费意愿与行为动因的剖析。本书根据上述研究中得出的结论，提出企业营销建议，则直接为企业开展可持续营销提供了可参考的操作思路。

（3）为中国可持续消费行为的社会共治提供经验数据，为发挥可持续消费对可持续生产、可持续流通的反作用提供数据基础。全社会可持续消费行为的形成与强化，需要政府、行业协会、企业和其他社会力量，以及消费者协同共治。协同共治的重要前提是对消费者可持续消费意愿与行为及其动因的深刻洞察。本书通过大量的实地调查获取的数据及由此得出的实证分析结果，为中国可持续消费行为的社会共治提供了较为丰富的经验数据。而经济学理论表明，消费对生产、流通具有反作用乃至决定性的反作用。本书对中国消费者可持续消费意愿与行为的分析，为发挥可持续消费对可持续生产、流通的反作用提供了数据基础。

第二节　国内外研究现状及发展动态

一、可持续消费行为的国内外研究现状

国内外关于可持续消费行为的相关研究主要体现在以下六个方面：

1. 可持续消费的概念界定与分类

联合国环境规划署（1994）指出，可持续消费是指在产品和服务的整个生命周期中，自始至终最小化对天然资源和有毒材料的利用，最小化废物与污染物的产生，从而既满足了人们对服务与产品的基本需求，带来高质量的生活，又不会危害子孙后代的需要。杨家栋、秦兴方（1997）把可持续消费定义为：既符合代际公平原则又符合代内公正原则，保证人类生态消费、物质消费和精神消费等各个层面的需求得到满足并不断由低层次向高层次演进的消费。俞海山（2001）认为可持续消费是既能满足当代人消费发展需要而又不对后代人满足其消费发展需要的能力构成危害的消费行为。可持续消费的本质

内涵就是实现消费"可持续性"与"发展性"的双赢。刘晶茹、刘瑞权、姚亮(2012)认为可持续消费首先必须符合代内公平、代际公平和资源能源永续合理利用等可持续理念,其次采取减少消费量和改变消费方式两种模式。改变消费方式(例如使用高效率产品、使用低污染产品)比减少消费量更现实。Wolff F.,Schönherr N.(2011)提出可持续消费是指在更生态和更符合社会发展的前提下,对产品或服务进行购买、使用和回收处置的一系列活动。Sigal A. M.,Parsa H. G.,SegarraoñA M,et al.(2014)把可持续消费行为定义为在消费过程中通过对环境和社会性影响的认识,支持可持续性消费者的自愿行为。Sharma R.,& Jha M.(2017)认为可持续消费行为包括了自愿的朴素行为或反消费行为、采用绿色或可持续的生活方式等。White K.,Habib R.,and Hardisty D. J.(2019)在梳理前人文献的过程中发现,可持续性消费行为主要包括以下几种:主动选择减少或简化某种消费,选择具有可持续性原料、生产和功能的产品,在使用过程中节约能源、水和产品,使用更具可持续性的产品处置方式。可见,以上研究成果明确了两点:一是可持续消费行为注重代际需求的满足,二是可持续消费行为包括购买、使用、回收处置三个环节。

Lorek S. 和 Fuchs D.(2013)将可持续消费分为两类:强可持续消费和弱可持续消费。强可持续消费指通过消费者本身的环境意识提高和消费行为改变,在减少资源能源消耗的同时提升生活质量;弱可持续消费指通过提高生产技术、提供绿色产品来实现可持续消费,重在对生产者的调控。Fuchs 和 Lorek(2005)认为消费者绿色产品选择行为是浅绿色的弱可持续消费,消费模式的改变是深绿色的强可持续消费。Greening L. A.,Greene D. L. 和 Difiglio C.(2000)认为,强可持续消费是消费效用与消费消耗生态足迹完全脱钩的消费模式,如果仅关注绿色消费行为(即弱可持续消费行为),可能会产生反弹效应。Watson 等人(2011)发现:不断增长的绿色消费有"反弹效应",原因在于资源利用效率提高带来的环境收益抵消了不断增长的大众消费。而绿色消费是指消费者对绿色健康产品的需求、购买和消费活动,包括绿色产品的消费、物资的回收和资源环境保护等内容(Carlsonetal,1993;Mostafa,2007)。

贺爱忠、戴志利(2009)认为,生态消费是一种可持续消费模式。贺爱忠、李韬武、盖延涛(2011)认为,低碳消费、绿色消费和生态消费归根结底均属于可持续消费模式,但是它们各有侧重点,生态消费对应的是非生态消费,强调的是保持生态平衡,主张经济发展与生态保护的协调,注重消费系统与生态系统的有机结合;绿色消费对应的是黑色消费,强调的是人类在消费过程中注重环境保护,以经济发展与环境的和谐为目标;而低碳消费对应的是高碳消费,强调的是人类在消费过程中减少二氧化碳等温室气体的排放,目的是应对气候变化问题,强调提高能源利用率和使用清洁能源。此外,这三种消费方式还存在一种微妙的包含关系，即绿色消费是生态消费的延伸和具体化，而低碳消费又是绿色消费的延伸和具体化。汪玲萍、刘庆新（2013）对绿色消费、生态消费、可持续消费、低碳消费产生的背景及定义进行辨析后得出，可持续消费是人类理想消费模式的总称，绿色消费是可持续消费的形象化称谓，生态消费是可持续消费中所体现的价值和伦理方面的要求，低碳消费则是可持续消费在全球气候变暖危机下的暂时性应急措施。而王灵恩、侯鹏、刘晓洁、成升魁（2018）认为，绿色消费强调选择高效、环保的产品和服务来降低消费过程中的资源消耗和污染排放；可持续消费则注重通过培育绿色健康的消费方式以实现消费在人类代际间的可持续性。总之，国内外学者均认为可持续消费包括了绿色消费、低碳消费、生态消费。20 世纪 90 年代中期，西方学术界又提出了可持续消费的另一种具体形式——道德消费。其定义为购买符合道德良知的、没有伤害或剥削人类、动物或自然界的商品（Shaw and Riach，2011）。

本书采用联合国环境规划署（1994）对可持续消费的定义及贺爱忠、李韬武、盖延涛（2011）对可持续消费、绿色消费、低碳消费、生态消费之间关系的界定，展开对可持续消费行为的研究。

2. 可持续消费的经济动因

可持续消费的经济动因极其复杂。自 21 世纪以来，学者们从消费者选择、企业环境标志产品的供给和环境经济政策等角度进行了分析。此外，2008 年全球金融危机的爆发也吸引了一些学者专门探讨经济衰退对可持续消费的影响。

（1）内化动因：消费者选择

消费者选择指面临权衡取舍的消费者如何做出选择，以及如何对环境变化做出反应。消费者选择是如何影响可持续消费的呢？学者们试图从不同的消费者选择模式入手，通过各种模式的作用机制来探讨消费者选择对可持续消费的影响。Janssen M. A.和 Jager W.（2002）根据消费者的需求满足水平和不确定性程度，把消费者选择行为分为熟思、重复、模仿和社会比较四种，其中熟思接近于理性选择[①]，重复是常规行为，模仿和社会比较容易受参照群体的影响。消费者选择行为通过吸取消费者自身的可持续消费经验以及参照群体的可持续消费知识，结合自己内在的道德观，使其内化成可持续观念，从而促进可持续消费的发展。

理性选择对可持续消费的影响是学术界讨论得较多的话题，普遍的结论认为基于道德价值观的理性选择可以促进可持续消费的发展。Paavol J.（2001）利用包含价值多元

[①] 理性选择模型认为消费者追求利益最大化，趋向于采取最优策略，以最小代价取得最大收益（Deaton and Muellbauer，1980；Hargreaves Heap et al.，1992）。

化的理性选择模型对独立的消费者选择进行分析后发现，如果消费者对环境持有社会普遍认同的非功利性关注，那么他们可能会选择与普通产品功能相似，但却更昂贵的环保型产品。Karine Nyborg 和 Richard B. Howarth（2006）将道德激励所存在的社会相关性这一特性融入消费者选择模型，用来分析消费者的购买行为，结果显示从购买绿色商品中得到的自我形象的改善，会使消费者进一步相信购买绿色商品可以获得额外的外部收益，并会提高消费者购买绿色商品的感知责任，而感知责任反过来又会扩大选择绿色商品的共识。

因为消费者行为容易受消费经验和其他消费者的影响，所以消费者的理性选择并不足以解释可持续消费。除了理性选择，常规行为和参照群体对可持续消费的作用也不容忽视。Welsch H. 和 Kuhling J.（2009）调查了德国居民安装太阳能设备、支持绿色电力计划和购买有机食品三种可持续消费行为，在利用计量经济学模型对这三种行为的影响因素进行分析后指出：个人以往的消费模式和参照群体的消费模式是可持续消费的重要协变量，对个人的可持续消费有重要影响。Welsch H. 和 Kuhling J.（2011）又利用德国居民的可持续消费数据和主观幸福感数据，对常规行为和参照群体的消费行为在促进可持续消费的具体作用方面进行了检验，结果表明消费者自身有较长的可持续消费历史或主动学习参照群体的可持续消费行为都有助于减少效用偏差和可持续消费的决策失误。

（2）促进动因：环境标志产品的供给

购买环境标志产品是一种可持续消费行为。企业作为市场的主体，可以通过环境标志产品的供给来引导消费者的购买意向，进而促进可持续消费的发展。环境标志产品的可获得性和销售渠道是实现供给的必要条件。

一方面，企业必须拥有环境标志产品，才能实现环境标志产品的供给。有机食品的生产和企业自愿进行环境标志认证可以增强环境标志产品的可获得性。Badgley C. 和 Moghtader J.（2007）收集了全球食品供应数据以及全球 293 个样本中有机农业和传统农业相对产量的数据，对不同食品类别中有机农业和传统农业的平均产值比进行估计，结果表明有机农业有可能在减少传统农业的环境影响的同时，从实质上增加全球有机食品供给。但是因为各国的具体国情不同，有机食品的生产在不同国家之间有很大的差异（Jordan et al.，2004；Kern et al.，2001）。Seufert V.，Ramankutty N. 和 Foley J. A.（2012）认为如果把有机农业作为增加全球有机食品供给的手段，必须全面了解限制有机农业产量的因素，然后有针对性地进行生产。同样，企业自愿进行环境标志认证也能增加环境标志产品的供给，这种自愿行为往往受一系列因素的驱使。从企业内部来看，企业自愿进行环境标志认证是因为企业想从环境标志产品中获取价格溢价，并使自己的产品获得更大的市场准入（Gullison，2003；Karna et al.，2003）。从企业外部来看，当企业认为国家可能会制定更多严格的政策法规时，企业会考虑采用自愿性标准（Clapp，2005）；不仅如此，消费者对环境保护和自身健康的需求也促使生产者向消费者出示证明展示产品的有机性（Jones and Lisa，2002）。

另一方面，企业必须通过一定的销售渠道使环境标志产品销售到消费者手中，才能完成环境标志产品的供给。零售企业作为重要的产品销售渠道，其规模结构的不同是影响消费者购买的重要因素。Sebastian Koos（2011）使用截取回归模型对欧洲居民环境态度的民意调查数据进行分析后指出：如果市场上大型零售企业占主导地位，大量的环境标志产品供给会增加消费者购买的可能性，而如果小型零售企业占主导地位，这种分散的结构往往会降低购买的可能性。

由于在一些场合，消费者会主动寻找环境标志产品，零售企业也可以采取一些措施来培育环境标志产品消费者。Henryks J. 和 Pearson D. （2011）对环境标志产品转换者（即在购买环境标志产品和传统产品之间转换的人）进行了访谈，运用扎根理论分析后发现："为谁购买"和"是否与他人一同购买"是影响消费者是否选择零售企业的重要因素。据此，他们认为零售企业根据消费者的特定购买情形有针对性地采取营销措施，可以增加环境标志产品的购买量。具体就不同规模的零售企业而言，大型零售企业可以通过价格促销来增加环境标志产品的销量，小型零售企业可以通过提供详细的购物清单和有限的产品种类来促进环境标志产品的销售，而无论是大型还是小型零售企业，都应该加强对环境标志产品转换者的关注。

从消费者的角度来看，生态环境标志是向消费者传递产品可持续性属性相关信息的方式之一（Parguel，Benoît-Moreau，and Larceneux，2011）。吸引眼球、易于理解且类别划分具有一致性的标志能够促使消费者做出更明智的生态友好型决策（Borin，Cerf，and Krishnan，2011；Taufique，Vocino，and Polonsky，2017；Thogersen，2000）。也有研究指出，将具有生态环境标志的产品与具有危害环境的属性等负面信息标志的产品进行对比时（Borin，Cerf，and Krishnan，2011），生态环境标志会产生更有效的作用。除此之外，当生态环境标志通过第三方认证以证实产品所具有的可持续性属性时，生态环境标志将更具透明性和公正性（Manget，Roche，and Munnich，2009）。但是，值得注意的是，还有一些研究认为生态环境标志在预测消费者食品选择方面并没有起到较为明显的作用（Grunert，Hieke，and Wills，2014）。

（3）引导动因：环境经济政策

不可持续消费活动往往会导致人与自然的发展失调，对社会环境和人类的生存发展构成重大威胁。此时市场调节常常会失灵，必须借助政府这只看得见的"手"，通过制定环境经济政策引导人们的消费行为，调节消费活动与自然资源环境之间的矛盾。环境经济政策可以直接干预消费者的产品选择，或通过扶持新兴绿色产业间接影响消费者的产品选择，达到促进可持续消费的目的。

就通过干预消费者产品选择直接促进可持续消费而言，强制型政策比非强制型政策更有效。Luca Panzone 等（2011）借助模拟的超市网络购物分析了英国消费者的购买决策变化，利用计量经济学模型测试了几种常见的促进环境友好型商品购买的政策在改变消费者购买决策方面的作用，发现禁售环境影响大的商品对改变消费者购买决策的影响最大，增加商品标签的环境信息成分也有一定作用，而对环境友好型商品实行购买补贴的作用并不显著。Hofman K. 和 Xianguo L.（2009）对加拿大 1996 到 2006 年的能源数据进行分析后发现，该国能源需求增长迅速，为了达到京都议定书的目标以及实现能源的可持续生产和消费，必须鼓励可再生能源的使用。而过去的可再生能源补贴这种非强制性政策并没有起到很好的作用，因此对税收和价格干预等强制性政策提出了要求。对传统能源征收污染排放税可以调节传统能源与可再生能源的关系（Tietenberg and Lewis，2009）。荷兰能源税的使用效果证明了这种方法的可行性，该国对传统能源征收高额的生态税，使传统能源和绿色能源价格相同，促使购买绿色能源的人数达到了总人数的20%（Tampier M.，2003）。

单独就税收政策而言，作为约束不可持续消费和促进可持续消费的有效手段，与消费者切身利益相关的征税方法更能促进可持续消费的发展。Johan Albrecht（2006）认为欧洲传统的环境税收改革没有取得很好的效果，他们针对各国税收改革方法的不足，提出了一种新的改革方法：根据产品环境影响程度的不同制定差异化的消费税征收策略，通过对绿色产品征收相对较低的消费税，对不利于环境的产品征收相对较高的消费税，促进绿色产品的消费。Zhifang W.，McKay J. 和 Hemphill E.（2011）认为目前南澳大利亚根据属性值征收的水资源税没有与破坏自然资源的实际行为联系起来，他们对当地居民的水资源管理态度进行网络调查后提出了另一种可供选择的征税方法：根据水的消费量和水费单进行征收，这种征税方式能很好地与消费者的消费实际联系起来，因此更能促进水资源的可持续消费。

就通过扶持新兴绿色产业间接促进可持续消费而言，基于需求方的政策比基于供给方的政策更有效。Daugbjerg C. 和 Svendsen G. T.（2011）对丹麦政府促进风力发电业和有机农业发展的不同政策进行了比较。风力发电业的政策主要是迫使能源公用事业购买价格相对较高的风能，并允许其向消费者征税以弥补额外支出，是一种基于需求方的政策；而有机农业主要是依靠农业补贴这种基于供给方的政策。从不同的政策干预实施以来市场份额的变化可以看出，风力发电业要比有机农业发展得好。有机农业也可以借鉴风力发电业的经验，通过降低有机食品增值税和强制消费者购买来扩大有机农产品市场。

（4）刺激动因：经济衰退

金融危机下，需求萎缩，市场低迷，出现经济衰退现象，这刺激一些消费者的消费观念随之发生变化，也激起了学者们从经济衰退视角研究可持续消费的兴趣。

由于经济衰退会抑制消费需求，社会各界广泛认为经济衰退会使人们重视节俭，进而给可持续消费的发展提供一个新机会。如英国能源信托基金（2009）发起了"战时精神"运动，重新提倡第二次世界大战时的自愿节俭和紧缩政策，希望通过个人消费举措的变化来应对经济危机和气候变化等问题，这项运动得到了公众的大力支持。一些学者也对经济衰退促进节俭和可持续消费的作用进行了论证。Barbara O'Neill 和 Jing J. Xiao（2012）使用 2005 到 2010 年间在线财务测评系统中的消费者得分数据，比较消费者支出行为在全球金融危机前后表现的不同，结果发现全球金融危机后，消费者的计划消费增加，消费行为有所节制和减少，储蓄量上升，消费者普遍重视节俭。Pepper M.，Jackson T. 和 Uzzell D.（2009）认为可持续消费不仅要求消费不同的产品，而且要求减少消费，提出了从节俭消费行为研究可持续消费的新视角。他们对英国消费者的生活方式和价值观进行调查后发现，节俭主要与低物质主义和收入限制相关，经济衰退是减少家庭可支配收入的重要外因，会促使消费者采取更多节俭行为，促进可持续消费的发展。Hinton E. 和 Goodman M.（2009）也提出了经济衰退促使消费者接受自愿简化，抵制消费至上主义，以更可持续的方式进行消费的可能性。Carrigan M. 和 Pelsmacker P. D.（2009）对英国特易购和沃尔玛等几家大型零售企业的销售情况进行分析后发现，经济衰退并不会影响道德消费者的生态价值观，但如果公司把可持续发展当作获得长期回报的机会，并努力通过增加商品的可持续选择、对可持续商品进行价格促销等手段建立消费者信任，那么能够进一步促进消费者可持续购买行为的产生。

3. 可持续消费的心理动因

（1）社会因素

社会因素是影响可持续消费者行为改变的最有效的因素之一（Abrahamse and Steg，2013）。主要有社会规范、社会身份和社会期望。

社会规范或对在既定情况下恰当的且能够得到社会认可的做法的信念，会对具体的可持续消费行为产生巨大影响（Cialdini et al.，2006；Peattie，2010）。基于社会规范可以使消费者产生如下行为：避免乱扔垃圾（Cialdini，Reno，and Kallgren，1990），堆制肥料并循环利用（Oskamp et al.，1991；White and Simpson，2013），节约能源（Dwyer，Maki，and Rothman，2015；Goldstein，Cialdini，and Griskevicius，2008；Jachimowicz et al., 2018；Schultz et al., 2007），选择由可持续原料生产的食品（Dowd and Burke, 2013），选择生态友好型交通方式（Harland, Staats, and Wilke, 1999），选择绿色酒店（Teng, Wu, and Liu, 2015），以及选择使用太阳能电池板（Bollinger and Gillingham, 2012）。通常把社会规范分为描述性规范与命令性规范。描述性规范表示有关他人正在做的或通常所做行为的信息（Cialdini, Reno, and Kallgren, 1990；Reno, Cialdini, and Kallgren, 1993）。与自我利益等其他因素相比，描述性规范能够对可持续消费行为进行更为有效的预测，但人们往往会低估此类规范的影响力（Nolan et al., 2008）。描述性规范与场所有关的行为相结合时能够发挥最有效的作用（Fornara et al., 2011）。命令性规范展现的是他人认可和反对的行为。当命令性规范与内群体成员想法保持一致时，或者是当规范不会对他们的自主感产生威胁时，命令性规范才能发挥最为有效的作用，否则可能会使内群体成员产生"抗拒"的反应（White and Simpson, 2013）。

将自身视为亲环境内群体中的一员是决定亲环境选择和行动决策的关键因素（Fielding et al., 2008；Gupta and Ogden, 2009；Van der Werff, Steg, and Keizer, 2013）。社会认同对拥有较高的内群体身份的个体产生的影响更大。例如，将自身视为"有机消费者"或"绿色消费者"的个体，可以预测其对有机产品购买的可能性更大（Bartels and Hoogendam, 2011；Bartels and Onwezen, 2014）。此外，大多数群体成员以及对内群体依赖度较高的少数群体成员会更加积极地接收激励可持续消费的有关信息（Grinstein 和 Nisan, 2009）。对共享的、高级的内群体身份的强调可以增加内群体成员对于可持续性行动相关信息的接受度，特别是对那些拥有较高内群体身份的个体来说（Schultz and Fielding, 2014）。也有研究认为，社群影响对可持续交通行为意向影响不显著（兰静、诸大建, 2016）。

社会影响作用于可持续性行为的另一种方式是通过"社会期望"实现的。消费者倾向于通过选择可持续性的行为，来给他人留下良好的印象（Green and Peloza, 2014），他们通过支持与认可参与度较高的可持续性行为（例如使用混合动力汽车），向他人展现自身社会地位（Griskevicius, Tybur, and Bergh, 2010）。但是，一些个体有时会用消极的态度看待可持续性行为，因此使其规避亲环境行为（Brough et al., 2016；Minson and Monin, 2012；Olson et al., 2016；Sadalla and Krull, 1995；Shang and Peloza, 2016）。例如，男性会避免产生"生态友好型"行为，主要是因为他们认为这种行为暗含女性化的特质（Brough et al., 2016）。

（2）习惯养成

习惯是指一种持续存在的行为，是在个体经常遇到的环境状况中产生的行为，随着时间的推移这种行为逐渐变得相对自发化（Kurz et al., 2014）。因为许多常有的习惯是不具有可持续性的，因此习惯的改变是可持续性行为改变过程中的一个关键组成部分（Verplanken，2011）。许多具有可持续性含义的行为（如食物消费、交通选择、能源和资源使用、购物和商品处理等），都是具有强烈习惯性的行为（Donald，Cooper，and Conchie，2014；Verplanken and Roy，2016）。打破重复性行为的干预措施（如间断和处罚措施），都有可能阻止不良习惯的持续。而对重复性行为的激励（如简化可持续性行为，使用提示标语、奖励措施和反馈），均可以促进良好习惯的养成。例如，生活环境的改变（如搬家）可能会使个体更倾向于选择表现出生态友好型行为（Bamberg，2006；Verplanken et al.，2008；Walker，Thomas，and Verplanken，2015）；交税和收费在涉及习惯较难改变的领域使用更为有效，例如在汽车使用方面（Krause，2009）；明确执行意向可以对资源循环利用（Holland，Aarts，and Langendam，2006）与可持续性的食品购买习惯的形成（Fennis et al.，2011）产生积极影响；提示标语可以对许多可持续性行为产生积极的影响，包括废物处置、能源使用和资源循环利用等（Osbaldiston and Schott，2012）；回扣、分级定价和现金等货币奖励措施可以对个体采用和坚持可持续性行为产生促进作用（Diamond and Loewy，1991；Slavin，Wodarski，and Blackburn，1981；Wilhite and Ling，1995）。

（3）个体自我

与个体自我相关的因素主要有自我概念、自我利益、自我一致性、自我效能感和个体差异。

出于对积极地看待自我的期望，个体通常表现出自我防御的反应，来了解自身行为对环境所产生的负面影响（Dickinson，2009；Feygina，Jost，and Goldsmith，2010），同时会对其他表现出更可持续性行为的个体产生贬低倾向（Minson and Monin，2012；Zane，Irwin，and Reczek，2015）。而个体的自我肯定或是获得重要的自我价值感均会减少其自我防御的反应，从而产生对可持续性行为的更大认可（Brough et al.，2016；Prooijen and Sparks，2014；Sparks et al.，2010）。

消费者在不断地对自我概念的组成部分进行强调与肯定（例如对环境的关注），与此同时，个体在某个时间点所出现的可持续性行为，通常会引发未来产生一致性的可持续性行为（Van der Werff，Steg，and Keizer，2014）。类似的，个体在最初所保证的采取可持续性行为的承诺也会增加其日后以可持续性方式行事的可能性（Bodur，Duval，and Grohmann，2015；Katzev and Johnson，1984），特别是当以书面形式做出承诺时（Lokhorst et al.，2013）。在某一领域中采取可持续性行为的个体通常也更有可能在其他领域中表现出可持续性的行为，即积极的溢出效应（Juhl，Fenger，and Thogersen，2017；Lanzini and Thogersen，2014；Lokhorst et al.，2013；Olander and Thogersen，2014；Truelove et al.，2014）。当然，也存在不一致的情况。许可效应可能发生在曾经在某一时间点上表现出可持续性行为，但之后不太可能采用其他可持续性的或积极的行为的个体当中（Phipps et al.，2013；Sachdeva，Jordan，and Mazar，2015；Tiefenbeck et al.，2013）。此外，在同一情形中不一致性与一致性可能同时出现。在购物时使用可重复使用的购物袋的个体在其随后的购物过程中会同时增加对可持续性和非可持续性的食品的购买（Karmarkar and Bollinger，2015）。与此同时，对于环保意识较弱的个体来说，做出可持续性的选择会减少其后续的可持续性行为，而对于环保意识较强的个体来说，则会增加其后续的可持续性行为（Garvey and Bolton，2017）。

经济理论和进化论均指出，可以通过利用个体追求自身利益实现的特点来影响个体的亲环境行为（Griskevicius，Cant'u，and Vugt，2012；Paavola，2001）。其中的一种策略是强调与给定的可持续性产品、服务或行为相关的自我利益（Green and Peloza，2014；Nolan et al.，2008）。已有研究证明，相对于未实现而言，如果消费者的自我相关动机得以实现，那么可持续性的属性将会对消费者产生更大的影响（Schuitema and Groot，2015）。另一个与自我利益相关的方法是强调自我利益能够抵消可持续性行为所产生的障碍（Gleim et al.，2013；Lanzini and Thogersen，2014）。除此之外，自利行为可能对亲环境行为的动机产生排斥作用（Schwartz et al.，2015），特别是可持续性行为的动机是以自我关注和环保关注为主时（Edinger-Schons et al.，2018）。

消费者的自我效能感展现了其对可持续行为的态度以及在之后持续采取可持续性行为的可能性（Armitage and Conner，2001；Cleveland，Kalamas，and Laroche，2005；Ellen，Wiener and Cobb-Walgren，1991；Kinnear，Taylor，and Ahmed，1974；White，MacDonnell，and Dahl，2011）。根据 Peattie（1999，2001）的相关研究，当消费者的妥协程度较低且其对特定行为所能够带来的改变具有较强的信心时（即自我效能感较强），消费者选择可持续性行为的可能性更大。

通过个体在与可持续性有关的个人规范方面的差异可以对个体的可持续性行为进行有效的预测，其中包括资源的回收利用（Guagnano，Stern，and Dietz，1995），可持续食品的选择（Wiidegren，1998），以及为可持续性选择支付更多的费用的意愿（Guagnano，Dietz，and Stern，1994；Stern，Dietz，and Kalof，1993）等方面。正念方面的个体差异（Bahl et al.，2016；Barber，and Deale，2014；Panno et al.，2018；Sheth，Sethia and Srinivas，2011）以及在自然感知方面的个体差异（Nisbet，Zelenski，and Murphy，2009）均已被证实可以对环境关注度与可持续性行为的产生进行有效的预测。此外，外向性、亲和力、责任感和环境关注度等个体特点也可以对其绿色产品购买行为进行预测（Fraj and Martinez，2006；Mainieri et al.，1997）。此外，个人人口统计特征差异对可持续消费行为也有影响。在性别差异方面，研究证明女性存在更多表现可持续消费行为的现象。这种现象出现的原因可能是女性具有较强的亲和力、依赖性及开放性，她们更愿意体验可持续性消费（Dietz，Kalof，and Stern，2002；Eagly，2009；Luchs and Mooradian，2012）。还有研究发现，低年龄层次、开明程度更高以及受教育程度更高的个体参与亲环境行为的可能性更大（Gilg，Barr，and Ford，2005；Granzin and Olsen，1991；Roberts，1993；Semenza et al.，2008）。

（4）情感与认知

巧妙地激发消费者的负面情绪可能会对其可持续行为的改变产生一定的效果（Meng and Trudel，2017；Peloza，White，and Shang，2013）。当消费者被巧妙地要求反思自身的行为标准时，预期的内疚感可以在激励其采取可持续性行为上发挥更为有效的作用，但当消费者被以直接方式要求产生内疚感时，可能会产生适得其反的结果（Peloza，White，and Shang，2013）。"集体内疚感"也是激发亲环境行为的动力之一（Ferguson，Branscombe，and Reynolds，2011）。已有研究证明，公布某个国家具有较大碳排放量的相关数据信息，会引发该国家公民的集体内疚感，这种内疚感可能会促进该国家公民支持可持续性事业与行动的意愿提升（Ferguson，Branscombe，and Reynolds，2011；Mallett，Melchiori，and Strickroth，2013）。悲伤情绪已被证实能够促进更多的亲环境行为产生，例如使用能源消耗计算器的个体，可能会为可持续性事业捐献更多的款项（Schwartz and Loewenstein，2017）。

当消费者可以从可持续行为中获得乐趣等积极情绪时，他们更倾向于参与亲环境行为（Corral-Verdugo et al.，2009）。已有研究证明采取可持续性行为会给消费者带来"温情效应"的感受，这种感受可能会产生溢出效应并促使消费者对整体服务体验产生积极的评价（Giebelhausen et al.，2016）。部分研究指出积极情绪可能会对可持续消费行为产生负面影响，例如使用汽油驱动汽车的不可持续性行为会带来积极的情感效益（Steg，2005）。此外，特定的积极情绪（例如自豪感）在可持续消费行为决策方面也具有重要的作用（Bissing-Olson，Fielding，and Iyer，2016）。具有自豪感的个体产生可持续性行为的可能性更大，其中的部分原因是自豪感增强了对行为有效性的感知（Antonetti and Maklan，2014）。此外，积极的环保行为可能会给公众带来希望感，从而增加对气候政策的支持和可持续性行为的采取（Feldman and Hart，2018；Smith and Leiserowitz，2014）。

部分研究基于元分析方法证实了信息对亲环境行为具有一定的影响，但这种影响是有限的（Delmas，Fischlein，and Asensio，2013；Osbaldiston and Schott，2012）。但是，还有研究表明，仅提供信息的干预措施通常不足以激励具有长效性的可持续性行为改变

（Abrahamse et al.，2005；Osbaldiston and Schott，2012）。因此，将信息与其他可持续性行为转变策略结合起来会起到更为有效的作用（Kahan et al.，2012；McKenzie-Mohr，2011；Peattie and Peattie，2009；Stern，1999）。

有研究发现，将具有生态标识的产品与具有危害环境的属性等负面信息标识的产品进行对比时（Borin，Cerf，and Krishnan，2011），生态标识会产生更有效的作用。吸引眼球、易于理解且类别划分具有一致性的标识能够促使消费者做出更明智的生态友好型决策（Borin，Cerf，and Krishnan，2011；Taufique，Vocino，and Polonsky，2017；Thogersen，2000）。但也有一些研究认为生态标识在预测消费者食品选择方面并没有起到较为明显的作用（Grunert，Hieke，and Wills，2014）。

（5）有形性

可持续性行为的关注点聚焦于未来，而消费者的关注点通常聚焦于当前。除此之外，当消费者认为距离环境保护产生的未来效益的时间较为遥远时，产生这种效益的行为会被视为是不值得做的（Hardisty and Weber，2009；Vugt，Griskevicius，and Schultz，2014）。解决这种不匹配性问题的一种方法是激励消费者针对相关问题进行更加抽象的思考或更多地关注可持续性行为的未来效益（Reczek，Trudel，and White，2018）。已有研究证明对未来关注度高的个体将会产生更多的亲环境行为（Arnocky，Milfont，and Nicol，2014；Joireman，Van Lange，and Van Vugt，2004）。而利用人们对特定地方的依赖感（Devine-Wright and Howes，2010；Gifford，2014），强调气候变化对个体生活的影响（Weber，2010），并结合利用现有的如极端天气事件等环境有关问题，也会引导个体产生更多地以可持续性为导向的理念和行动（Li，Johnson，and Zaval，2011）。

4. 可持续消费的评价方法

可持续消费领域还没有形成成熟的评价方法体系，常用的办法是结合可持续消费的具体实际，将环境投入产出分析法和生命周期评价法进行改进后应用到可持续消费领域。而多指标评价法则是一种新兴的、有潜力的可持续消费评价方法。还有学者采用熵值法。

（1）环境投入产出分析法

投入产出分析法是分析经济系统各个部门间表现为投入与产出的相互依存关系的经济数量方法，它主要是通过编制投入产出表及建立相应的数学模型，综合地研究国民经济各部门投入与产出的数量平衡关系（Leontief，1931）。在可持续消费领域，往往使用环境投入产出分析法，通过把资源的恢复与使用、废弃物的产生与治理以及经济与环境的相互关系等加入投入产出表和投入产出模型（Isard，1969；Leontief，1970），计算消费的环境压力，为可持续消费提供指导。在具体应用中，环境投入产出分析法通常与其他方法结合使用，常见的是与数据包络分析、国家生态足迹账户、家庭支出数据等结合。

环境投入产出分析法与数据包络分析结合可以同时计算和评价多种环境压力类型。Munksgaard J. 等（2005）以已有文献资料为基础，首先利用环境延长型投入产出模型测量国家、城市和家庭三种空间标准中的二氧化碳排放量，然后根据不同环境压力类型对环境影响的相对程度，利用数据包络分析把不同环境压力加权到消费的环境效率这个更广泛的环境性能指标，对消费的不同环境影响进行计算和评价，进而从中区分出可持续消费行为。

环境投入产出分析法与国家生态足迹账户结合可以比较和评价不同空间层面的环境压力。Wiedmann T. 等（2006）把环境投入产出分析与英国的国家生态足迹账户结合起来，利用环境投入产出分析法重新分配已有的生态足迹账户，使其详细分解到经济部门、最终需求类别、地区或社会经济群体，同时保证结果的可比性。这使生态足迹可以在所有地区和不同社会经济群体间进行计算，帮助了解全球、区域和不同社会经济群体间资源消费的环境影响以及消费的根本原因，保证可持续消费政策的执行。

环境投入产出分析法与家庭支出数据结合可以具体评价不同商品和服务消费的环境压力，指导家庭的收入分配。Kerkhof A. C., Nonhebel S. 和 Moll H. C.（2009）结合荷兰的家庭支出数据，用环境投入产出模型对商品和服务的环境影响强度进行量化，评价了家庭支出与气候变化、土壤酸化、富营养化、烟雾形成四种环境影响之间的关系，发现环境影响会随着家庭支出的增加而增加。但是必需品和奢侈品消费对环境影响的相对重要程度会影响家庭支出和环境影响的关系，如果环境影响主要由必需品消费引起，则环境影响的增加程度小于家庭支出的增加程度；如果环境影响主要由奢侈品消费引起，则环境影响的增加程度大于家庭支出的增加程度。利用不同商品和服务的环境影响强度，以及不同消费方式下家庭支出与环境影响的关系，可以为家庭正确分配收入、进行可持续消费提供指导。

环境投入产出分析法向废弃物处理阶段的延伸，则为可持续消费评价方法的改进提供了一个新机会。Nakamura 和 Kondo（2002）对里昂惕夫的环境投入产出模型进行扩展，提出了废弃物投入产出模型，该模型放松了环境投入产出模型在废弃物类型和处理方法之间严格的一对一关系，吸收了废弃物处理的工程过程模型，明确地考虑了整个经济过程中产品和废弃物流动之间的相互依存关系，为废弃物的处理和回收利用提供了一个理想平台。与传统的环境投入产出模型相比，废弃物投入产出模型不仅包括消费品的配置阶段，还包括其购买和使用阶段，因此更适合对可持续消费进行分析。Takase 和

Yasushi(2005)把废弃物投入产出模型应用到可持续消费中，他们首先利用日本的投入产出表对家庭产品消费引起的二氧化碳排放量和垃圾填埋消费进行计算，把消费品的配置、购买和使用三个阶段联系起来，然后基于计算结果对家庭消费的直接和间接环境载荷进行评价。他们还把这种方法具体应用到私人汽车转换为公共运输、延长使用家用电器、在外就餐替代家庭烹饪三个典型的可持续消费案例中，通过分析它们的二氧化碳排放量和垃圾填埋消费的变化来对其可持续性进行评价。

（2）综合生命周期评价法

生命周期评价法是一种评价产品和服务从原材料收集到最终处理的整个生命周期中的环境负荷的方法。它首先辨别和量化整个生命周期中的能量和物质消耗，然后评价这些消耗对环境的影响，最后评价减少这些影响的机会（ISO 14040，2006）。这种方法不宜直接用于可持续消费研究。它需要明确划定系统边界，集中研究边界内的环境影响，但是众多研究案例表明系统边界外的环境影响也不容忽视（Suh et al.，2003）。经济投入产出分析法与传统生命周期评价法结合形成的综合生命周期评价法，将整个国民经济系统作为系统边界，并将系统划分为多个产品部门，用投入产出表描述部门之间的联系，进而分析所关注的产品或服务在整个经济系统内的直接和间接环境影响，从而成为一种较为常用的可持续消费评价方法（Krishnan et al.，2008）。

综合生命周期评价法在可持续消费中的应用主要集中在家庭消费领域。Faye Duchin（2005）基于综合生命周期评价法，建立了一种包括消费、生产和贸易三者关系的整体分析框架，对未来可供选择的家庭健康饮食的环境和经济影响进行分析，发现地中海饮食能够同时促进健康和减少环境影响，是一种可持续的消费方式。Christopher L. Weber和 H. Scott Matthews(2008)用综合生命周期评价法分析了美国家庭的食品消费，通过考虑与食品消费相关的生产、运输和分配等环节中的温室气体排放情况，他们发现饮食习惯的改变能有效地降低家庭食物的平均气候足迹，实现可持续消费。

（3）多指标评价法

可持续消费的多指标评价法是利用新经济学理论从整体评价环境运动实现可持续消费目标有效性的一种方法。新经济学理论认为经济不能从它的环境基础和社会背景中分离出来，而应该调整发展的优先次序，从重视经济增长向重视人类福祉转变（Jackson，2004）；还认为本土化、减少生态足迹、社区建设、集体行动和建立新的社会经济机构是可持续消费多指标评价法的基础，利用这五个指标对环境运动的效果进行逐一检验，可以评价其实现可持续消费目标的有效性。新经济学文献认为这些指标是可持续消费的主要特征，它们的具体表现如下：本土化是指通过进口替代产品或本地供应来增加经济乘数，加强地方经济；减少生态足迹是指通过循环利用、减少消费和共享设备资源等减少物料消耗和污染水平；社区建设是指通过克服社会排斥、培育社会资本和发展积极的社区公民来实现社区的可持续发展；集体行动是指通过共同行动来影响决定、提供服务，解决机构消费的问题；建立新的社会经济机构是指利用新经济学中财富、进步、价值等概念来创造新的社会经济机构，培育生态公民（Leyshon et al.，2003；Williams，2005；Dobson，2003）。

对可持续消费多指标评价法研究得较多的学者是 Gill Sefang，他的研究成果主要集中在对社区行动促进可持续消费的能力的评价上。Gill Sefang（2006）在文献回顾的基础上利用多指标评价法对本地交易系统、时间银行和 NU 卡①三种社区货币进行评价，发现由于建立目标不同，三种社区货币都只达到了可持续消费的部分标准。Gill Sefang（2007）借助现场访问、半结构式访谈和顾客调查相结合的方法调查了英国消费者对本地有机食品网络的态度，并基于调查结果使用多指标评价法对本地有机食品网络进行评价，结果发现这一举措成功达到了可持续消费的五大标准。Gill Sefang（2010）在对美国消费者进行实地调查、半结构式访谈和文献分析的基础上，利用多指标评价方法对另一种社区行动——美国的低碳房屋建设运动进行评价后发现，低碳房屋建设也成功达到了可持续消费的五大标准。

作为一种新兴的可持续消费评价方法，多指标评价法具有发展潜力。多指标评价法的五大评价指标明确了不同举措的评价标准，为政策制定者提供了一个简单的评价清单。但是现在多指标评价法的应用仅局限于一些具体的社区行动，其应用范围还有待进一步扩展。

（4）熵值法

周梅华（2003）从可持续发展的角度出发，构建了由居民人口、生活消费水平及质量，消费公正系统，消费环境系统，资源消费及其利用，可持续消费潜力及持久性等5个一级指标；自然生存指数、人口健康指数、社会公平指数、资源公正状况、自然环境指数、再生资源指数等17个二级指标；外加93个三级指标，共同构成可持续消费核心指标体系。运用熵权赋值法从纵向和横向测度了北京、广东、江苏、陕西四省市消费系统的可持续性。于淑波、王露（2015）把我国城镇居民可持续消费的评价指标划分为消费经济、消费社会、消费环境3个层面，城镇发展、消费需求、社会公平、生态建设、环境污染、环境治理6个二级指标，城镇居民人均可支配收入、人均消费支出、废水排放总量、废气排放总量、固体废物综合利用量、生活垃圾无害化处理量、城镇居民收入

① 本地交易系统是通过无现金交易重建本地经济；时间银行是通过无报酬的社区工作促进公民参与和相互自助；NU 卡是一种"绿色忠诚分"货币，是通过让消费者赚取"绿色分"来增进可持续消费。

差距、城市建成区绿化覆盖率等 19 个三级指标。运用熵值法，计算我国城镇居民消费的可持续性系数，并据此将可持续消费划分为弱可持续、基本可持续、强可持续 3 个区域。

5. 可持续消费的反弹效应

在对可持续消费进行评价时，反弹效应的作用不容忽视。反弹效应是指生态效率提高所获收益被人口增长和消费水平的提高所抵消，进而导致环境冲击持续增加的情况（Vehmas. J，2004）。消费效率提高和单位消费的资源消耗量降低是实现可持续消费的必要条件，但效率和个人消费能力的提高又会产生新的、更高的消费需求，最终导致反弹效应（Fuchs D. A.，2005）。目前关于可持续消费反弹效应的研究成果主要集中在反弹效应的类型和应对措施上。

（1）反弹效应的类型

关于反弹效应的类型，目前学术界还没有一致的、标准的分类方法。Greening 和 Colleagues（2000）从经济机制的角度考虑，把反弹效应分为直接反弹效应、间接反弹效应、整体经济效应和转换效应四种。对消费者来说，直接反弹效应由收入效应和替代效应构成。收入效应是指资源服务价格的降低会增加实际收入，从而导致对其他资源服务的购买；替代效应是指资源效率提高会导致资源服务价格下降，从而增加对这种资源的需求。间接反弹效应是指在其他商品的价格和收入保持不变的情况下，效率的提高会使一种商品的花费减少，从而使消费者有更多的钱对其他商品进行消费。整体经济效应是指直接和间接反弹效应会使资源价格和消费发生变化，引起一系列资源价格和产量的调整。转换效应是指技术变化会改变消费者偏好和社会制度，导致生产组织的重组。

在可持续消费领域研究得较多的是直接反弹效应，即收入效应和替代效应。Briceno T. 等（2005）比较挪威汽车共享计划与其他家庭运输活动的环境影响，用投入产出数据估计新消费模式的全球变暖趋势，发现当消费者把汽车共享计划产生的反弹支出用于费用更高或排量更大的运输模式时，这种表面上可持续的消费行为可能在整体上有更坏的环境影响，产生收入效应。Thiesen J. 等（2008）利用丹麦不同收入群体的消费统计数据，使用环境影响强度数据对边际消费的环境影响潜力进行评价，发现当消费者在两款相似的商品中选择更便宜的一款，却把从中得到的额外收入花费到其他商品上时，这种价格差异会引起总影响潜力的显著变化，产生收入效应。Spielmann M.，de Haan P. 和 Roland W. Scholz（2008）以瑞士的高速地下磁浮列车这种相对可持续的消费方式为例，指出这种运输方式可减少噪声排放和土地使用，但是在固定旅行时间预算的假设下，如果运输速度提高，节省下来的时间可能会用于进行更多和更远的旅行，进而又增加人均环境影响程度,这种时间反弹效应属于替代效应,而把节省下来的时间用于更多更远旅行时所使用运输方式的不同会影响反弹效应的大小。

(2)反弹效应的应对

仅仅意识到可持续消费可能产生反弹效应是不够的,对减轻反弹效应的措施进行探索也很重要。学术界关于减轻反弹效应措施的研究成果主要集中在如何加强消费者对反弹效应的认识和如何引导消费者正确利用减排行动(减少特定商品或服务消费的行动)上。

帮助消费者认清各种消费活动产生反弹效应的程度可以为消费者选择反弹效应相对较小的消费活动提供指导。Hofstetter P.,Madjar M. 和 Ozawa T.(2006)把由需求满足程度和幸福提高程度组成的心理反弹得分,以及由成本、时间、空间和其他稀缺资源、信息和技能组成的物质反弹得分纳入传统生命周期评价中,开发了一个评价表,用来对一些具体消费活动的环境影响和可持续性进行评价。这种方法不仅可以预测反弹效应的潜力,还可以很好地避免采用那些可能导致反弹效应的产品和活动,并且为如何利用反弹效应的知识来减少产品和活动的环境影响提供了指导。

在减排行动(减少特定商品或服务消费的行动)中关注消费者的作用也为减轻反弹效应提供了机会。Throne-Holst H. 等(2007)利用"欧洲发展高效产品信息计划"和"利益相关者参与建设可持续家庭计划"两项研究的数据,对纸巾消费、能源使用和废弃物处理三种消费行为进行分析,证明了零排放技术和系统规避反弹效应的可能性,但是只有当零排放技术和系统在更大程度上关注消费者的作用,并且消费者的减排行动包含社会、政治和道德因素时,这种可能性才会存在。

具体来说,通过鼓励消费者把减排行动中所节省的开支用于绿色投资以及消费低温室气体排放的产品和服务,可以有效地减轻反弹效应。Nassen J. 和 Holmberg J.(2009)使用瑞典家庭预算调查数据,对减排行动中节省开支的重新分配情况进行分析发现,如果在高温室气体排放的消费类别中利用减排行动来减少消费,并把所节省的开支用于低温室气体排放的消费中,反弹效应一般较小;而如果把所节省的开支用于其他高温室气体排放的消费中,反弹效应一般较大。Druckman A. 等(2011)调查了英国家庭花费或储存减排行动中节省开支的相对比例及其对反弹效应的影响,对能源、食物和运输三种有代表性的家庭活动中的减排行动进行分析后指出,如果家庭把减排行动中所节省的开支存入银行,反弹效应会减小;如果用于绿色投资,反弹效应几乎为零;而如果把钱投资到其他的低碳技术当中,可能会产生负的反弹效应。

6. 可持续消费的政策措施

不少西方学者把可持续消费政策分为软弱的可持续消费政策、强硬的可持续消费政策两类。他们认为软弱的可持续消费政策即绿色发展政策，强调资源利用效率提高和技术进步，主张通过技术方案和市场途径实现可持续消费；强硬的可持续消费政策要求进行社会变革，强调自给自足地促进经济增长，呼吁生产和消费环保产品，寻求解决消费的公平公正，实现能源消费的总量控制，避免可持续消费的反弹效应（Fuchs and Lorek，2005；Hobson，2013；Lorek and Fuchs，2013）。软弱的可持续消费政策是自上而下形成的，强硬的可持续消费政策更多的是自下而上产生的（Akenji，2014）。

国内学术界有人按层次将绿色消费政策分为统领层政策、总体部署层政策、具体工作层政策（赵雯砚、杨建新，2016）。有人则将促进绿色消费的政策工具分类为管制工具、经济工具和信息工具（张新宁、王敏达、包景岭，2012）。国合会（2014）根据各类政策工具所采用的方法对可持续消费政策进行分类，分为以下五大类：战略及行动方案；监管手段（包括环境质量标准、技术/排放标准、限制和禁令），经济工具，信息化政策工具（其中最重要的是经第三方认证程序通过获得的产品标识），自愿协议。吴宇晖、张昱、付淳宇（2016）认为经济学家提出的矫正经济活动负外部性的两种经济政策——管制和"庇古税"也是可持续消费的两种主要政策。尽管学者们、机构的划分有所差异，但基本没有突破国外学者们所认为的命令控制政策、市场政策、自我监督政策、信息政策的范围（Kemp，1997；K. Hamilton，1998；Tsireme A. I.，Nikolaou E. I.，Georgantzis N.，et al.，2012；Gabaldon-Estevan D.，Mezquita A.，Ferrer S.，et al.，2016；Shittu O.，2019）。

Dendler 和 Dewick（2016）研究发现，程序问题是中国有机标签计划更广泛制度化的主要障碍。Schroeder（2014）在进行专家评估和案例研究后指出，在许多方面，中国的可持续消费和生产治理体系仍然是不足的。具体来说，自上而下的方法通常被认为是更有效的举措，是中国可持续消费和生产（SCP）治理体系的独特元素。但是，来自中国的自下而上的举措表明，由民间社团、社区和小型企业共同实施的小规模地方举措可以非常成功地在区域级别（尤其是在农村地区）实施可持续生产和消费。Chang、Soebarto、Zhao 和 Zillante（2016）研究了中国旨在促进向可持续过渡的政策体系。他们确定了当前政策体系面临的两个新挑战：缺乏对可持续建设的社会和经济影响的考虑以及某些关键政策（例如环境影响评估政策）处于无效状态。朱迪（2017）认为可持续消费行为的政策范式应从强调"教育"和"补贴"转变为强调"供给"，从强调"教育消费者"转变为"服务消费者"。还主张提供引导性、助推式的行为激励，强调基础设施的设计应更为便利、友好，从而使得消费者在生活中的"默认选项"变为可持续消费行为。

二、简评与展望

综上所述，中外学术界可持续消费研究注重利益相关者对可持续消费的驱动，注重多角度评价可持续消费，注重从可持续消费实践中发现问题和解决问题。无论是在可持续消费理论的丰富方面，还是在对可持续消费实践的指导方面，都为进一步研究奠定了坚实的基础。

可持续消费的经济动因方面的研究，从关注消费者的自身福利，发展到关注消费者选择、环境标志产品供给、环境经济政策、经济形势变化，体现了可持续消费经济动因研究向广度拓展、向深度挖掘的趋势。促使人们对可持续消费动因的理解更加系统、更加深入，为政府制定更加有效的促进可持续消费的政策、为企业制定更加有效的环境标志产品营销策略提供了富有启发性的经验借鉴。

可持续消费的心理动因方面的研究，从消费者外在的社会因素、有形性到消费者个体自我、认知与情感，再到习惯养成，全方位剖析可持续消费行为的心理动因。促使人们深刻洞察消费者的社会人、复杂人属性，从而深入挖掘可持续消费的非经济动因。为政府制定更加人性化、人文化的促进可持续消费的柔性化政策，为企业更好地提升顾客可持续消费的感知价值提供着力点。

可持续消费的评价方法方面的研究，从单一采用环境投入产出分析法，发展到环境投入产出分析法与数据包络分析、国家生态足迹账户、家庭支出数据的结合。废弃物投入产出模型及多指标评价法的采用，使从多角度、多方位评价可持续消费及消费的直接和间接环境影响成为可能；也使人们对可持续消费的评价更趋于科学、合理、有效；同时也为学术界研究可持续消费提供了新的工具、新的视野。

可持续消费政策方面的研究，从软弱的可持续消费政策，发展到探讨强硬的可持续消费政策；从政策的设计，到关注政策的实施与效果。为政策设计者构建政策闭环系统提供了有启发性的思路和依据。

可持续消费的效果分析方面的研究，从研究可持续消费的正向影响转向关注其反弹效应，既能促进人们对可持续消费效果的认识更加全面、透彻，也有助于政策制定者辨识可持续消费反弹效应的类型，以及不同消费活动产生反弹效应的潜力，据此制定与实施针对性强的有效政策措施。

需要指出的是，目前可持续消费研究还有许多有待解决的问题。第一，对消费者个人和家庭的可持续消费研究相对较多，而从组织角度对组织自身生产和生活方面的可持续消费研究相对较少，未来应该加强对组织可持续消费的研究，探索从源头上促进组织可持续消费的方法。第二，目前大部分的可持续消费研究都集中在经济、心理影响因素上，而对转变模式的探索相对不足，未来如何明确转变不可持续消费方式是研究的重要目标，应加强对可持续消费转变模式的研究。第三，目前对可持续消费研究较多，基本未涉及典型的不可持续消费问题，未来应该研究典型不可持续消费行为的形成机理及政策干预路径。第四，对城镇居民的可持续消费研究较多，而对农村居民尤其是低收入居民的可持续消费研究较少，未来应该加强对农村居民尤其是低收入居民的可持续消费的研究。第五，目前研究运用经济学、心理学理论分析的成果多，未来应该更多地结合社会学、管理学、计算机科学等领域的相关理论与方法对可持续消费进行研究。此外，无论研究对象是什么，未来关于可持续消费的研究宜置于数字化、智能化等新科技革命背景及新时代中国特色社会主义建设背景下。

第三节 研究目的与内容

一、研究目的

总体目标是发展中国情境下的可持续消费行为理论，为研究发展中国家居民可持续消费行为增加中国新知识，有效指导中国可持续消费战略的制定与实施。具体目的如下：

（1）揭示中国城乡居民可持续消费行为具体形式——生态消费、绿色消费、低碳消费的形成机理。

（2）揭示市场影响在中国城镇居民可持续消费行为形成中的链式中介效应，阐释后新冠肺炎疫情时代中国消费者可持续饮食行为的形成机理。

（3）探究中国消费者不可持续消费行为(以典型非绿色行为为例)的形成机理，从政府层面提出政策建议。

（4）开发或完善中国情境下可持续消费行为测量量表。

（5）为政府制定促进全社会可持续消费方式形成、加快建立健全绿色低碳循环发展经济体系的相关政策提供决策依据，为企业研发有机产品、道德产品/服务，制定、实施可持续营销战略提供市场数据支撑以及可参考的战略思路。

二、研究内容

本书共九章，各章的主要内容如下：

第一章是绪论。主要阐述研究可持续消费行为的背景、理论意义、实际意义；系统梳理国内外相关研究成果并进行简要评价，展望未来的研究方向。在此基础上，提出本书的研究目的、研究思路、研究内容、研究方法、研究特色和创新之处。

第二章是城市居民环保消费行为的内在机理。本章在对国内外相关文献进行系统梳理的基础上，构建城市居民环保行为内在机理的概念模型。通过配额抽样方式发放问卷收集数据，运用结构方程模型和多群组分析对概念模型及假设进行实证检验。根据实证结果提出政策建议。

第三章是城市居民低碳利益关注和低碳责任意识对低碳消费的影响。本章在剖析低碳经济的实践与理论背景的基础上，从消费者行为的原驱力及终极需求出发，结合态度—情境—行为理论，构建城市居民低碳利益关注和低碳责任意识对低碳消费影响的概念模型。选取东部上海、深圳，中部长沙，西部成都这四个城市进行问卷调研获取数据，利用 SPSS 16.0、LISREL 8.7 和 AMOS 18.0 软件，运用结构方程模型和多群组分析方法对概念模型及其假设进行实证检验。根据实证结果，从企业层面提出管理建议。

第四章是农村消费者生态心理意识对生态消费的影响。本章在借鉴国外相关研究成果的基础上，构建农村居民生态心理意识对生态消费影响的概念模型。根据湖南十四个市州的经济发展状况、人们消费水平与生活习惯，结合调查的便利性分别选择了湘潭、益阳、邵阳，进入农民家中面对面发放问卷收集数据，运用 K-Means 聚类方法、二元 Logistic 回归模型、多因素方差分析方法对概念模型进行实证检验。根据实证结果，分别从政府、非营利组织、企业的角度提出相应建议。

第五章是农村居民低碳消费行为的影响因素。本章在对国内外相关文献进行系统梳理的基础上，以行为科学理论、理性行为理论为依据，构建农村居民低碳消费行为影响因素的概念模型。在东部山东省、中部湖南省和河南省、西部四川省和新疆维吾尔自治区，进入农村居民家中进行面对面问卷调查收集数据。利用 SPSS 13.0 和 LISREL 8.7 及 AMOS 7.0 等软件，运用因子分析、结构方程模型和多群组分析方法对概念模型及其假设进行实证检验。根据实证结果，从政府层面提出政策建议，从企业层面提出营销建议。

第六章是绿色农产品购买意愿的影响机制。本章在分析绿色农产品供需两侧现状的基础上，以健康信念理论为指导，构建中国城镇居民绿色农产品购买意愿影响机制的概念模型。以湖南长沙城镇居民为问卷调研对象，采取街头拦截方式发放问卷收集数据，运用因子分析法、多元回归分析法对概念模型进行实证检验。根据实证结果，分别从政府、企业层面提出管理建议。

第七章是健康信念对可持续饮食行为的影响。本章以可持续发展战略及新冠肺炎疫情为背景，在系统梳理国内外相关文献的基础上，以扩展了的健康信念理论为指导，构建健康信念对可持续饮食行为影响的概念模型。选取东部的北京、青岛，中部的太原、长沙，西部的重庆、成都等地，以配额抽样方式进行实地问卷调研。使用 AMOS 24.0、SPSS 23.0 软件，运用结构方程模型、层次回归法等进行数据分析，实证检验概念模型。根据实证结果，给予政府、企业管理建议。

第八章是生态价值观对可持续消费行为的链式中介影响。本章对国内外相关文献进行了系统梳理，以感知市场影响理论、价值观—信念—行为理论为基础，构建感知市场影响在生态价值观作用于可持续消费行为中的链式中介模型。选取东部的北京、上海，中部的郑州、长沙，西部的昆明、贵阳 6 个城市为调研地点，通过随机拦截方式在 6 个城市的商场、公园和广场发放问卷收集数据。利用 AMOS 24.0 软件采用结构方程模型、Bootstrap 方法、层次回归分析方法等对概念模型进行实证检验。根据实证结果，给予政府、企业管理建议。

第九章是典型非绿色消费行为的影响因素。本章分析研究典型非绿色消费行为的理论与实践背景，界定非绿色消费行为的基本定义，以扩展了的消费者选择理论为基础，构建典型非绿色消费行为影响因素的概念模型。选取中国东部青岛(居民消费支出居副省级城市前列)、中部长沙和武汉(居民消费支出居中部省会城市前列)以及西部南宁(居民消费支出增长率居西部省会城市前列)这 4 个城市进行调研，采用实地拦截为主、网络调研为辅的调研方式获取数据。运用因子分析、回归分析等方法对概念模型进行实证检验。根据研究结果提出政府政策建议及餐饮企业营销建议。

第四节　研究方法与创新

一、研究方法

本书采取理论分析与实证检验相结合的研究方法。实证数据获取主要采用问卷调研法，数据分析主要采用因子分析、多层回归分析、K-Means 聚类、结构方程模型、多群组分析、Bootstrap 分析等方法。具体如下：

(1)理论分析方法。本书运用管理学、经济学、消费者行为学、心理学等学科相关理论，厘清中国城乡居民可持续消费行为、非可持续消费行为的影响机理，为本书实证研究奠定理论基础。

(2)问卷调研。本书根据经济发展状况、人们消费水平与生活习惯，选定东、中、西部地区调研，以国家统计局《中国统计年鉴》为依据按人口比例确定各地问卷发放比例。采取配额抽样、随机拦截、入户等方式进行问卷调研。

(3)数理统计分析方法。本书利用 SPSS 、LISRAL 、AMOS 等统计软件进行分析，运用变量描述性统计分析、因子分析、K-Means 聚类、结构方程模型、多群组分析、Bootstrap、多层线性回归分析等数据分析方法对本书的研究假设进行验证。主要分为四个步骤：第一，利用有效回收数据进行内部一致性评价对量表的信度进行检验，利用主成分分析、验证性因子分析等方法对量表的效度进行检验，并利用变量描述性统计分析对收集到的数据进行描述。第二，运用结构方程模型检验模型拟合和直接路径；使用多群组分析检验研究假设在不同消费者群组之间是否存在显著差异。第三，采用 Bootstrap 分析法验证独立中介效应以及链式中介效应。第四，采用多层线性回归分析验证调节变量在模型中的调节效应。

二、主要特色

本书有三大特色：

（1）突出实证分析。本书理论分析与实证分析结合，以大量实地调研基础上的实证分析为主。通过大样本问卷调研获取有效数据，运用结构方程模型、多群组分析、Logistic 回归模型、K-Means 聚类方法、多因素方差分析、Bootstrap 分析法等数据分析方法，对提出的概念模型进行实证检验。

（2）注重创新性。一是用新的理论分析可持续消费行为。例如，在国内率先运用近年国际上提出的感知市场影响理论，分析可持续消费行为。二是用扩展了的经济学经典理论分析学术界尚未关注的非绿色消费行为。例如，用扩展了的消费者选择理论分析典型非绿色消费行为的前因。三是紧密结合环境新变化探究相应的可持续消费行为。例如，在全球新冠肺炎疫情蔓延的背景下，以健康信念理论为基础分析可持续饮食行为的前因。四是在国内同行中较早运用较新的数据分析方法。例如，多群组分析法、Bootstrap 分析法等。

（3）研究对象城乡结合。以往的研究成果要么以城市居民为研究对象，要么以农村居民为研究对象，而本书既研究城市居民的可持续消费行为，又研究农村居民的可持续消费行为。

三、主要创新

本书的主要创新之处有：

（1）多角度集中系统探讨中国城乡居民可持续消费行为及其多种具体行为形式的影响机理。以往关于可持续消费的学术专著，主要是从经济学视角进行宏观分析，对微观层面的可持续消费行为多有忽略（杨家栋、秦兴方，2000；孙启宏、王金南，2001；俞海山，2002、2006；周梅华，2003；徐瑞蓉，2009；高志英，2011；周国梅，2015）；

个别从微观层面探讨可持续消费行为的著作，也仅以某一个城市居民为例进行实证分析（刘倩，2010）。本书以管理学、心理学视角为主，经济学视角为辅，既从可持续消费行为总体，又从可持续消费具体行为形式(绿色消费、低碳消费、生态消费、可持续饮食)，探讨其影响机理；既在东、中、西部选择若干城市进行实地调研收集数据，也在东、中、西部选择若干农村家庭入户进行面对面调研收集数据，探讨城乡居民可持续消费行为具体形式的影响机理；既探讨可持续消费行为，也探讨非可持续消费行为。这种多角度集中系统探讨中国城乡居民微观可持续消费行为的学术著作，是以往欠缺的。

(2)明确界定了非绿色消费行为的概念，提出了一个包括经济因素与非经济因素在内的非绿色消费行为影响因素概念模型。以往的研究倾向于绿色消费，并且没有考虑相反的消费者选择，即非绿色消费。本书明确界定了非绿色消费行为的概念，在扩展的消费者选择模型基础上，提出了一个包含经济因素和非经济因素的概念模型。更重要的是，用中国消费者的样本对概念模型进行了实证检验。将消费者挥霍性宴席消费相关的概念，即预算约束、消费者偏好、参照群体、社会责任意识、面子观念，以及奢侈氛围，作为调节因素，对理解中国消费者的非绿色消费有一定的启示，并为今后的研究提供了理论基础。

(3)率先将低碳利益关注作为测量城市居民低碳消费的前因变量，对中国东、中、西部城市居民在不同假设路径中的影响差异进行多群组分析。消费的最终目的是获得需求的满足，而低碳利益关注既是消费者低碳消费需求的原始驱动力，也是消费者的终极需求。本书研究低碳利益关注对低碳消费的影响，抓住了关键影响变量。以往相关研究未涉及这一变量。同时，本书运用多群组结构方程模型，对中国东部、中部和西部城市居民在不同假设路径中的影响进行差异分析。这种分析视角在国内其他公开文献中较为罕见。

(4)用新的理论探究可持续消费行为影响机理，用扩展了的经典理论探讨新环境下的可持续饮食行为。本书运用近年国外产生的感知市场影响理论探究感知对消费者影响、感知对组织影响在生态价值观作用于规范型和自我增强型可持续消费行为中的链式中介作用；立足于后新冠肺炎疫情时代，运用扩展了的健康信念理论，剖析可持续饮食行为的影响机理；并通过选取东、中、西部城市居民进行实地问卷调研收集数据，实证检验理论模型。这是目前国内公开出版的文献中很少见到的内容。

第二章　城市居民环保消费行为的内在机理

本章根据行为科学相关理论，结合中国城市居民环保行为的特征，构建城市居民环保行为内在机理模型。通过问卷调查，运用验证性因子分析、结构方程模型对假设模型进行实证检验，以人口统计变量为依据进行多群组分析，检验性别、婚姻状况、年龄、文化程度、家庭人均月收入等变量在不同假设路径中的影响差异。据此，提出相关政策建议。

第一节　城市居民环保消费行为内在机理模型

一、问题的提出

随着温室效应、沙漠化、生物多样性锐减、水污染、空气污染等环境问题的日益突出，我国环境形势日益严峻。2010年，由美国耶鲁大学和哥伦比亚大学联合推出的"年度全球环境绩效指数"排名显示，中国环境绩效指数排在163个国家中的第121位（沈姝华，2010），环境问题已经成为制约中国经济发展和社会稳定的重要因素。联合国环境与发展大会通过的《里约环境与发展宣言》指出：环境问题最好是在全体有关公民的参与下，促进和鼓励公众意识和参与（United Nations Environment Programme. Rio Declaration on Environment and Development，1992）。这表明了城市居民参与环境保护对改善环境有着重要作用。近年来，中国政府及有关部门为保护环境投入大量人力、物力、财力，各级媒体也通过各种方式加强对环境保护的宣传与引导，越来越多的人形成了对环境保护的积极态度。但是，保护环境最终必须要落实到每个居民的积极行为上。那么，影响城市居民环保行为的因素有哪些呢？城市居民环保行为的内在机理是怎样的呢？

目前，国外学术界关于公众环保行为研究取得了丰富的理论成果，而国内学术界在1990年以前还没有对环境行为的直接探讨，20世纪90年代仅有5篇文章直接论述环境行为。截至2011年7月中旬，直接论述环境行为（包括环保行为）的文献共计72篇，这说明我国环境行为研究相对薄弱，而关于环保行为的直接研究则更少。从对现有文献的回顾中发现，国内关于环保行为的理论和实证研究刚进入成长阶段，多数研究仅是对国外理论和研究的引进及扩展，实证研究并不多见（曾圣钧，2003），对环保行为内在机理的实证研究则更少。鉴于此，本研究结合我国城市居民环保行为的现状和特征，试图构建一个符合中国国情的城市居民环保行为内在机理的模型，并对此进行实证检验以获得相应的启示。

二、相关文献回顾

国外学者对于环保行为进行了多学科、深入的研究，提出了基于社会心理学和环境教育学等学科的典型研究范式。这些研究范式被广泛运用到国内外环保行为的研究中，取得了丰富的实证研究成果。Sia 等人（1985）认为，环境敏感度、环境行动策略知识、性别、对污染的态度等都对环保行为具有显著的影响。Sivek 等人（1990）的实证研究也证明了这一结论。Hines 等学者（1986）运用元分析对 128 篇有关环保行为的研究文献进行整合研究，发现环境问题知识和环境行动策略的知识、个人责任感等对环保行为意向有显著影响，进而对环保行为有显著影响，且收入、教育、年龄等与环保行为之间存在着相关性。David B. Rockland（1995）对美国小学生的调查研究也证实了环境知识与环境活动的正相关关系。Kaise（1999）对瑞士 3000 多名会员进行了研究，认为环境知识、环保行为意愿和环境价值观三个变量是环保行为的主要影响因素，实证结果表明，环保行为意愿能解释 70% 的环保行为变异量。Chan（1998）对香港 173 名居民的废物再利用行为的调查也证实了环保行为意愿和环保行为存在显著正相关关系。

国内的环保行为研究首先开始于对环境意识现状的调查，后逐步深入到对环境意识与环保行为关系的探究。《2007 年全国公众环境意识调查报告》显示：环境知识、环保责任感、受教育程度等对环保行为有重要影响（中国环境意识项目办公室，2008）。吴祖强（1997）调查了上海市居民环境意识，相关分析结果表明环境知识以及年龄、家庭月收入等人口统计学变量会对环保行为产生影响。任莉颖（2002）运用多元线性回归法，得出个人的社会背景、环保知识、对环境污染后果的感知等是影响公众参与环境保护的重要因素。李文娟（2006）对福建武夷山居民的实证研究则表明，性别、教育、环境知识等是影响个人环保行为的重要因素，而家庭月收入、当地的自然状况对个人环保行为不具备任何解释力。王凤（2008）根据环境意识和社会背景对环保行为的交互作用机理，调查了陕西省城乡居民环保行为，发现环保知识、受教育程度对公众环保行为的影响呈显著正相关。李慧杰、赵毅红等（2009）结合心理学的相关知识，对个人参与环保行为的影响因素进行了理论方面的探讨，认为环保行为倾向等可以从根本上推动环保行为的产生。王建明（2010）对消费者资源节约与环境保护行为的影响因素进行了深入研究，考察了资源环境知识、社会责任意识、个人消费观念对资源节约与环境保护购买、使用、处理行为的影响。王琪延、侯鹏(2010)对北京城市居民环境行为意愿的调查发现，高学历的年轻居民和学生群体的环境行为意愿较低。

从以上文献的梳理中可以发现，国内外关于环保行为的研究主要涉及人口统计学特征、环境知识、环境问题感知、社会责任意识、环保行为意向等一个或几个变量的影响，而缺乏研究所有这些变量对环保行为的影响，更缺乏研究这些变量对环保行为影响的群组差异。这就为本章从多群组视角研究环保行为内在机理提供了契机。

三、理论模型

行为科学理论认为，人的意识可以预测行为。基于此，借鉴上述文献的研究结论，本研究选取环境知识、环境问题感知、个人消费观念和环保责任意识作为影响环保行为的解释变量。理性行为理论认为，行为的产生直接取决于个体执行特定行为的行为意向，且行为意向是任何行为表现的必需过程，所有可能影响行为的因素都是通过行为意向来间接影响行为的(Ajzen I.，Fishbein M.，1980)。故本研究选定环保行为意向作为中介变量，构建城市居民环保行为内在机理的理论模型如图2.1所示。同时，本研究还考察了人口统计变量(性别、年龄、婚姻状况、文化程度、家庭人均月收入)的调节作用。

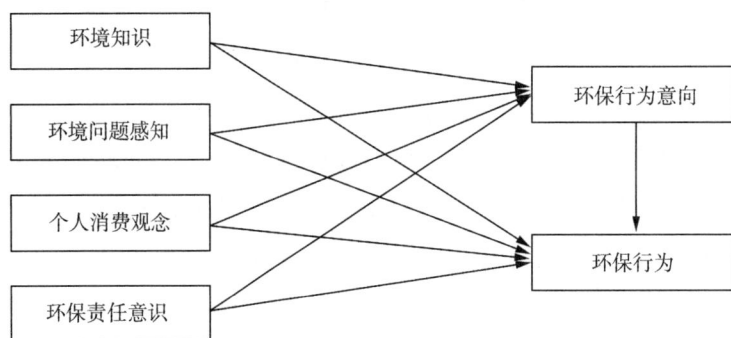

图 2.1 理论模型

第二节 城市居民环保消费行为内在机理的实证检验

一、研究假设

(1)环保行为。环保行为，是指行为主体在环保责任意识支配下、积极主动采取的有助于缓解或消除环境污染、降低环境负荷的行为。环保行为可以分为两个层次：日常性环保行为和参与性环保行为。日常性环保行为是指个人在日常生活中做出的有利于环境的行为，如不使用塑料袋、不使用一次性餐具、购买绿色食品、生态旅游等。本研究的环保行为主要是指日常性环保行为，即环保消费行为。

（2）环保行为意向。环保行为意向是指居民践行环保行为的倾向。计划行为理论认为，行为意向是决定是否执行某种特定行为的最直接、主要的因素；基于意向和行为的关系，对行为意向的预测是解释特定行为的最好方式（Ajzen I.，1991）。因此，提出如下假设：

H_1：环保行为意向对环保行为有显著正向影响。

（3）环境知识。环境知识是对环境现状以及环境相关问题的经验和科学认知。如对"白色污染""三废""垃圾分类""低碳生活"等的认知。Kaise 等人（1999）的实证研究表明，环境知识对环保行为意向有显著正向影响。因此，提出如下假设：

H_2：环境知识对环保行为意向有显著正向影响。

H_3：环境知识对环保行为有显著正向影响。

（4）环境问题感知。环境问题感知的概念有狭义和广义之分。广义环境问题感知是指个体周围的环境在其头脑中形成的映像，以及这种映像被修改的过程；狭义的环境问题感知是指环境质量在个体头脑中形成的映像。本研究中，环境问题感知是指个体对周围环境的现状、存在的问题的感觉和知觉。从现实层面讲，人们的环保行为意愿会受到周围环境状况的影响，当人们感受到周围环境比较美好时，会有自觉维护环境的意愿，而当感知到的环境比较恶劣时则正好相反（王琪延、侯鹏，2010）。王建明（2007）的实证研究表明，消费者对垃圾问题的感知越强烈，越倾向于循环行为。Balderjahn I.（1988）认为，消费者对污染问题的感知会影响其生态消费。Schwepker Jr. C. H.，Cornwell T. B.（1991）发现，消费者对污染问题的感知、对乱丢垃圾问题的态度显著影响其生态购买行为。台湾学者许世璋（2003）的研究显示，环境敏感度扮演环境行为的前因或基础变量角色。因此，提出如下假设：

H_4：环境问题感知对环保行为意向有显著正向影响。

H_5：环境问题感知对环保行为有显著正向影响。

（5）个人消费观念。个人消费观念是个人对消费所持有的态度和价值意识，具有很大的个体性和主观性（董雅丽、刘军智，2010）。王建明（2010）对消费者资源节约与环境保护行为的研究发现，个人消费观念对资源节约与环境保护的购买行为和使用行为产生直接影响。因此，提出如下假设：

H_6：个人消费观念对环保行为意向有显著正向影响。

H_7：个人消费观念对环保行为有显著正向影响。

（6）环保责任意识。环保责任意识是指居民主动参与环保行为，承担相应的环保义务，并积极为环境保护做出贡献的自觉意识。Webster. Jr. F. E.（1975）研究发现，具有社会责任感的人更有可能采取环保行为。因此，提出如下假设：

H_8：环保责任意识对环保行为意向有显著正向影响。

H_9：环保责任意识对环保行为有显著正向影响。

二、量表设计和数据收集

（一）量表设计

本研究所用量表包括环保行为及其预测变量和个人背景资料两个部分。本研究量表是在借鉴国内外比较成熟量表的基础上，结合中国城市居民环保行为的实际情况，对原题进行适当修改并形成初始量表，然后征求专家对初始量表的修改意见，并对城市居民进行预调查，再反复修改形成的最终问卷，如表2.1所示。总量表共分为六个维度，即环境知识、环境问题感知、个人消费观念、环保责任意识、环保行为意向和环保行为；采用 Likert 5 级量表，"1""2""3""4""5"分别表示对测量题项"很不赞同""不太赞同""不清楚""比较赞同""很赞同"。量表的个人背景资料部分选择了性别、婚姻状况、年龄、文化程度、家庭人均月收入五个人口统计学变量。

表 2.1 本研究量表

变量名称	测量题项
环境知识（A）	您了解什么是"白色污染"吗（A_1）
	您了解什么是"三废"吗（A_2）
	您了解什么是垃圾分类吗（A_3）
	您了解什么是低碳生活吗（A_4）
环境问题感知（B）	本地的环境污染与生态破坏严重（B_1）
	环境污染已经影响本地居民的日常生活（B_2）
	本地自然环境到了要特别加强保护的地步（B_3）
个人消费观念（C）	在消费上，您是时尚的（C_1）
	您喜欢尝试购买新产品（C_2）
	您喜欢拥有许多高档消费品（C_3）
环保责任意识（D）	保护环境是政府的责任，与个人无关（D_1）
	个人对于保护环境不能发挥什么作用（D_2）
环保行为意向（E）	您愿意为保护环境做出贡献（E_1）
	为了保护环境，您愿意换用环保型产品或服务（E_2）

续表

变量名称	测量题项
环保行为(F)	购物时，您特意不使用塑料袋((F_1)
	在外就餐时您特意不使用一次性餐具(F_2)
	装修时，您总尽量使用环保家具或建材(F_3)
	您常购买绿色食品(F_4)
	生态旅游是您的主要旅游方式(F_5)

(二)数据收集

本研究数据收集时间为 2010 年 1 月 8 日至 2 月 9 日，在湖南省会城市长沙进行。问卷调研采取配额抽样方式，在长沙市 6 个城区及下辖 3 个县城在配额内随机拦截发放问卷。为了确保被调查人员对题项的准确理解，问卷调查中对居民难以理解的问题，调查人员进行了耐心的解释。调查共发放问卷 400 份，对作答有关键漏项、答案有明显逻辑错误、答题态度明显不认真的问卷进行剔除，共剔除 30 份问卷，最后得到 370 份有效问卷，问卷有效回收率为 92.5%。

对有效问卷基本信息整理如表 2.2 所示。调查样本中，男女比例大体相当，女性占样本总数的 51.9%；未婚者居多，占总样本的 57.1%，这与样本的年龄结构有关，调查样本中年龄在 35 岁以下者居多，占样本总数的 76.1%；文化程度方面，大专及以上文化占 63.7%，大专以下文化占 36.3%；样本中有 40.5% 的家庭人均月收入超过 3000 元。

表 2.2　样本基本信息

变量	类别	有效百分比/%	变量	类别	有效百分比/%
性别	男	48.1	婚姻状况	已婚	42.9
	女	51.9		未婚	57.1
文化程度	高(大专及以上)	63.7	家庭人均月收入	高(>3000 元)	40.5
	低(大专以下)	36.3			
年龄	大(≥35 岁)	23.9		低(≤3000 元)	59.5
	小(<35 岁)	76.1			

三、实证结果与分析

(一)信度和效度检验

1. 量表信度检验

笔者采用 Cronbach's α 值检验量表信度,利用 SPSS 16.0 对数据进行运算。量表 Cronbach's α 值运算结果如表 2.3 所示。各分量表 Cronbach's α 值均在 0.6 以上,总量表 Cronbach's α 值为 0.685,表明量表具有较好的信度。

表 2.3 量表的信度

量表	环境知识	环境问题感知	个人消费观念	环保责任意识	环保行为意向	环保行为	总量表
Cronbach's α	0.698	0.753	0.635	0.772	0.611	0.748	0.685

2. 量表的效度检验

在探索性因子分析之前,先对数据进行了适宜性检验。检验结果显示,KMO 值为 0.692,大于标准值 0.6,Bartlett 球形检验结果显著($p = 0.000$),说明数据适合做探索性因子分析。对数据进行因子分析,共提取 6 个因子,累积解释变异为 63.23%。采用方差最大正交旋转之后,每个测量题项均按预期分布于 6 个因子,且在相应因子上的载荷均大于 0.5,每个题项的因子载荷在 6 个因子间均具有较好的区分度,说明量表具有较好的建构效度。

为检验量表的汇聚效度,利用 LISREL 8.7 对数据进行一阶验证性因子分析。分析结果显示,模型中各题项因子载荷均大于 0.5,T 值均大于 2,说明量表具有良好的汇聚效度。模型拟合指数如表 2.4 所示。

表 2.4 量表验证性因子分析拟合指数

指标	绝对拟合度				简约拟合度		增值拟合度		
	χ^2/df	GFI	SRMR	RMSEA	PNFI	PGFI	NFI	NNFI	CFI
评价标准	<3	>0.9	<0.08	<0.08	>0.5	>0.5	>0.9	>0.9	>0.9
模型结果	2.02	0.93	0.052	0.053	0.69	0.67	0.87	0.91	0.93
拟合情况	理想	理想	理想	理想	理想	理想	基本理想	理想	理想

从表 2.4 可以看出,各拟合指数基本都达到了理想水平,说明量表验证性因子分析模型具有较理想的拟合度。

（二）研究假设检验

以环境知识、环境问题感知、个人消费观念和环保责任意识为外生潜变量，以环保行为意向、环保行为为内生潜变量进行结构方程运算。模型拟合指数见表 2.5，模型与数据的整体拟合度较为理想，可以用于验证研究假设。研究假设验证结果见表 2.6。

表 2.5　理论模型拟合指数

指标	绝对拟合度				简约拟合度		增值拟合度		
	χ^2/df	GFI	SRMR	RMSEA	PNFI	PGFI	NFI	NNFI	CFI
评价标准	<3	>0.9	<0.08	<0.08	>0.5	>0.5	>0.9	>0.9	>0.9
模型结果	1.92	0.922	0.0508	0.0508	0.688	0.671	0.861	0.908	0.927
拟合情况	理想	理想	理想	理想	理想	理想	基本理想	理想	理想

表 2.6　研究假设验证结果

假设路径	标准化路径系数	T 值	结论
H_1：环保行为意向→环保行为	0.44	4.01	支持
H_2：环境知识→环保行为意向	0.17	2.25	支持
H_3：环境知识→环保行为	−0.04	−0.57	不支持
H_4：环境问题感知→环保行为意向	0.18	2.54	支持
H_5：环境问题感知→环保行为	0.15	2.26	支持
H_6：个人消费观念→环保行为意向	0.02	0.20	不支持
H_7：个人消费观念→环保行为	0.07	0.96	不支持
H_8：环保责任意识→环保行为意向	0.47	5.25	支持
H_9：环保责任意识→环保行为	−0.00	−0.04	不支持

由表 2.6 判断，假设 H_3、H_6、H_7、H_9 被拒绝，因此删除这些假设路径，再运用 LISREL 8.7 对修正之后的模型进行重新检验。修正模型拟合指数见表 2.7，表明修正模型具有理想的拟合度。修正模型研究假设验证结果见表 2.8，修正模型各路径的 T 值均大于 2，接受各假设。

表 2.7　修正模型拟合指数

指标	绝对拟合度				简约拟合度		增值拟合度		
	χ^2/df	GFI	SRMR	RMSEA	PNFI	PGFI	NFI	NNFI	CFI
评价标准	<3	>0.9	<0.08	<0.08	>0.5	>0.5	>0.9	>0.9	>0.9
模型结果	2.62	0.928	0.0540	0.0672	0.674	0.619	0.904	0.901	0.924
拟合情况	理想	理想	理想	理想	理想	理想	理想	理想	理想

表 2.8　研究假设检验结果

假设路径	标准化路径系数	T 值	结论
H_1：环保行为意向→环保行为	0.49	4.36	支持
H_2：环境知识→环保行为意向	0.20	2.52	支持
H_4：环境问题感知→环保行为意向	0.18	2.36	支持
H_5：环境问题感知→环保行为	0.15	2.27	支持
H_8：环保责任意识→环保行为意向	0.45	5.11	支持

模型修正过程中删掉了"个人消费观念"这一潜变量，修正模型的具体路径图见图 2.2。

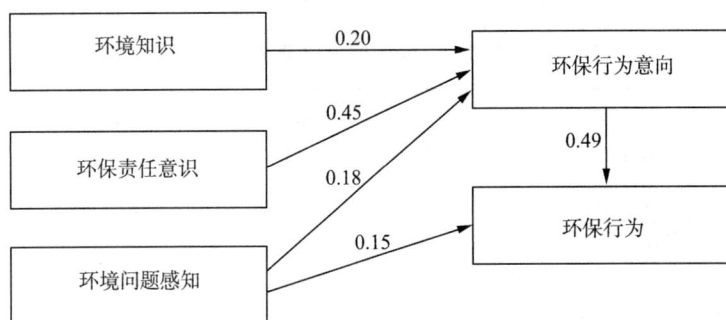

图 2.2　修正模型

本研究计算了潜变量之间的直接效应、间接效应和总效应(见表 2.9)，以进一步了解各变量对城市居民环保行为的影响程度。表 2.9 显示，对环保行为影响最大的变量是环保行为意向(0.49)，其次是环境问题感知(0.238)、环保责任意识(0.221)和环境知识(0.098)。因此，环保行为意向是影响环保行为的关键变量。

表 2.9　潜变量之间的直接效应、间接效应和总效应

变量关系	直接效应	间接效应	总效应
环保行为意向→环保行为	0.49	—	0.49
环境知识→环保行为	—	0.098	0.098
环保责任意识→环保行为	—	0.221	0.221
环境问题感知→环保行为	0.15	0.088	0.238

第三节　城市居民环保消费行为内在机理的多群组分析

一、多群组分析的基本原理

多群组结构方程模型分析在于评估适配于某一样本的模型是否也适配于其他不同样本的群体，即评估研究者所提出的假设模型在不同样本群体间是否相等或参数是否具有不变性(吴明隆，2010)。如果多群组分析结果表明，在所选总样本群体中，假设模型是合适而可以被接受的，同时，在各个分样本群体(根据调节变量特征将所选总样本群体划分为若干个分样本群体)中，假设模型亦合适且可以被接受，那么此调节变量对研究者所提供的假设模型具有调节作用。因此，本章运用结构方程模型分析方法综合探讨人口统计学变量对假设模型的调节作用。

在多群组分析时，需要对各种参数进行限定，以找出最适配的路径模型(张连刚，2010)。按照参数限定的严格程度，可以将其分为全部恒等性检验(或全部不变性检验)、部分恒等性检验(或部分不变性检验)和最宽松模式。鉴于本章研究隶属于探索性研究，所引进、修改、设计、再开发的量表没有得到大量的验证，故本研究放宽了参数限定的要求，对路径模型图的参数均未做任何限制，即选择最宽松模式。对于多群组分析模型与样本数据适配度的检验，我们选用比较拟合指标(CFI)、拟合优度指标(GFI)、平均近似值误差平方根(RMSEA)三个指标来评价。

二、城市居民环保消费行为内在机理的人口统计学特征差异分析

本章根据人口统计变量将总样本分为两组子样本，进行多群组分析。运用 AMOS 17.0进行运算，通过适配度检验，选择预设模型作为多群组分析模型。多群组模型的 CFI 和 GFI 值介于 0.901 至 0.938 之间，都高于 0.90 的标准值；RMSEA 值介于 0.069 至 0.075 之间，都小于 0.08 的适配临界值；卡方统计量的 p 值未达到显著水平。以上指标说明多群组分析模型与样本数据适配情况良好。多群组分析的估计结果见表 2.10。

表 2.10　多群组分析估计结果

假设路径	性别		婚姻状况		年龄	
	男	女	已婚	未婚	低	高
H_1	0.460*	0.509***	1.178**	0.250*	0.375**	1.094*

续表

假设路径	性别		婚姻状况		年龄	
	男	女	已婚	未婚	低	高
H_2	0.280**	0.216**	0.406***	0.115	0.176*	0.391*
H_4	0.073	0.117	−0.024	0.193*	0.104	0.027
H_5	0.236*	0.148**	0.045	0.230*	0.182*	−0.035
H_8	0.599***	0.472***	0.607***	0.401***	0.454***	0.337

假设路径	文化程度		家庭人均月收入	
	低	高	低	高
H_1	0.633**	0.414**	0.915**	0.305*
H_2	0.139	0.273**	0.245*	0.179
H_4	0.147	0.088	0.189	0.122
H_5	0.007	0.229**	0.080	0.126
H_8	0.416**	0.527***	0.590***	0.364**

注：* 表示 $p<0.05$，** 表示 $p<0.01$，*** 表示 $p<0.001$。

多群组分析的结果表明，在环保行为意向对环保行为的正向影响方面（H_1），女性（$\beta=0.509$，$p<0.001$）比男性（$\beta=0.460$，$p<0.05$）影响更为显著；已婚群体（$\beta=1.178$，$p<0.01$）比未婚群体（$\beta=0.250$，$p<0.05$）影响更为显著；文化程度高的群体（$\beta=0.414$，$p<0.01$）和文化程度低的群体（$\beta=0.633$，$p<0.01$）都有较为显著的影响；低收入群体（$\beta=0.915$，$p<0.01$）比高收入群体（$\beta=0.305$，$p<0.05$）影响更为显著。

在环境知识对环保行为意向正向影响的路径 H_2 中，男性（$\beta=0.280$，$p<0.01$）比女性影响更显著（$\beta=0.216$，$p<0.01$）；对于已婚群体，环境知识对其环保行为意向的影响显著（$\beta=0.406$，$p<0.001$），而对未婚群体不显著；年龄高的群体（$\beta=0.391$，$p<0.05$）比年龄低的群体（$\beta=0.176$，$p<0.05$）影响更显著；文化程度高的群体（$\beta=0.273$，$p<0.01$）和低收入群体（$\beta=0.245$，$p<0.05$）影响显著，而文化程度低和高收入群体影响不显著。本研究认为，男性通常对社会环境更加关注，因而可能接触更多的环境知识，有更强的环保行为意向；已婚群体与年龄高的群体大部分相重合，一般而言，随着年龄的增长，人们对环境的认识通常会越来越深刻，环境知识也越来越丰富；文化程度低的群体通常缺乏环境知识，从而较少地具备环保行为意向；而低收入群体生活压力比较大，生存环境相对较差，这促使他们更多地了解环境知识，通过改善生活环境来提高生活质量，从而对其环保行为意向产生影响。

从环境问题感知对环保行为意向的影响效果来分析（H_4），男性和女性、年龄低和年龄高、文化程度低和文化程度高、家庭人均月收入低和家庭人均月收入高的影响都不显著；未婚群体（$\beta = 0.193$，$p < 0.05$）正向显著影响，而已婚群体影响不显著。本研究认为，未婚群体通常没有太重的家庭负担，不会过多地考虑因实施环保行为而带来的生活成本的提高，因而更乐意将对环境问题的感知转化为保护环境的意愿。

从环境问题感知对环保行为的影响效果来分析（H_5），男性（$\beta = 0.236$，$p < 0.05$）比女性（$\beta = 0.148$，$p < 0.01$）影响更为显著；未婚群体（$\beta = 0.230$，$p < 0.05$）和年龄低群体（$\beta = 0.182$，$p < 0.05$）影响显著，而已婚群体和年龄高群体影响不显著；文化程度高群体（$\beta = 0.229$，$p < 0.01$）影响显著，而文化程度低群体不显著；家庭人均月收入低和家庭人均月收入高的群体影响都不显著。本研究认为，相对于男性而言，女性通常更加注重自身或家庭的生活方式和质量，而较少关注周围环境的变化，因而缺乏对周围环境问题的感知；年龄低、未婚、文化程度高的群体通常是一些受过良好教育的年轻人，他们在日常生活中更容易通过各种信息渠道接收到关于环境问题的讯息，这使得他们更加关注周围环境的现状，因而对环境问题感知更深刻，进而对他们的环保行为产生影响。

从环保责任意识对环保行为意向正向影响效果来分析（H_8），男性（$\beta = 0.599$，$p < 0.001$）和女性（$\beta = 0.472$，$p < 0.001$）影响都比较显著；已婚群体（$\beta = 0.607$，$p < 0.001$）和未婚群体（$\beta = 0.401$，$p < 0.001$）影响都比较显著；年龄低群体（$\beta = 0.454$，$p < 0.001$）影响显著，而年龄高群体影响不显著；文化程度高群体（$\beta = 0.527$，$p < 0.001$）和家庭人均月收入低群体（$\beta = 0.590$，$p < 0.001$）比文化程度低群体（$\beta = 0.416$，$p < 0.01$）和家庭人均月收入高群体（$\beta = 0.364$，$p < 0.01$）影响更显著。结合 H_2、H_5 的分析，可以发现，年龄低的群体同时也是那些环境知识水平高、对环境问题感知程度高的群体，并具有较高文化程度，这些因素共同导致该群体环保责任意识强烈，因而对其环保行为意向产生正向影响。此外，低收入群体的生活环境可能容易遭受破坏，使得这类群体有更强的环保意识，进而影响其环保行为意向。

第四节　结论与政策启示

一、研究结论

本章为探索城市居民环保行为的规律性，根据行为科学相关理论，结合中国城市居民环保行为的特征，构建了城市居民环保消费行为内在机理模型。在湖南省会城市长沙采取配额抽样确定各区问卷发放比例，采取随机拦截方式发放问卷调查获取数据。运用验证性因子分析、结构方程模型对假设模型进行了实证检验，运用多群组分析验证假设模型在不同人口统计学特征样本群组间的适配性。主要结论如下：

（1）环保行为意向对环保行为正向影响显著。这与大部分研究结论是一致的。具有环保行为意向的人会积极主动地调节和控制自己的行为，使之有利于保护和改善环境，而环保行为意向较弱的人则较少实施环保行为。

（2）环境知识对环保行为意向正向影响显著，但对环保行为正向影响不显著。环境知识对环保行为意向有显著正向影响，这意味着具有较多环境知识的居民具有更强的环保消费意愿，这证实了亨格福德等关于环境素养模型的观点：具有环境素养的个体有能力和意愿采取环境友好行为（Sia，A. P.，Hungerford，H. R.，and Tomera，A. N.，1985）。而环境知识对环保行为影响不显著，本研究认为，环境知识是多维度的，包括抽象的环境知识和具体的环境知识，本研究的环境知识量表测量的是抽象的环境知识，而抽象环境知识与具体环保行为的相关性较低，这验证了沙恩和霍尔泽的观点（Schahn J.，Holzer E.，1990）。

（3）环境问题感知对环保行为意向和环保行为正向影响显著。通常情况下，当消费者开始意识到环境污染和破坏问题，感受到环境污染和破坏给自身带来的危害时，他们的消费行为将会随之改变（王建明，2010）。当城市消费者感知到"本地的环境污染与生态破坏严重""环境污染已经影响到本地居民生活"时，他们更倾向于选择"生态旅游""购买绿色食品""使用环保家具或建材"等环保行为。当人们感知到生活质量真正面临比较严重的环境问题时，如缺水或空气污染，可能促使他们的行为立刻发生变化。这说明环境问题感知对环保行为有显著正向影响。

（4）个人消费观念对环保行为意向和环保行为没有显著正向影响。这一结论与王建明（2010）的研究结论相悖。本研究认为，在个人消费观念对环保行为意向和环保行为影响的路径中，可能存在其他因素，个人消费观念必须通过这些因素才能起作用。

（5）环保责任意识对环保行为意向正向影响显著，且是影响最显著的变量，但对环保行为直接正向影响不显著。该结论与 Hines 等人（1986）的研究结论是一致的。说明消费者对环境保护的责任意识越强烈，其环保行为倾向也越明显。可见，只有通过增强消费者的环保责任意识，并促使其转化为环保意愿，才能进一步影响消费者的环保行为。

（6）多群组分析结果表明，性别、婚姻状况、年龄、文化程度、家庭人均月收入等变量在不同假设路径中的影响均存在较大差异。男性通常较女性拥有更丰富的环境知识和更强的环保责任意识，具有更强的环保行为意向，但是男性环保行为意向转化为环保行为的效果较女性不显著。当未婚群体环境问题感知较强时，其环保行为意向和环保行为就较强。将年龄作为调节变量的分析结果显示，年龄低的群体环境问题感知转化为环保行为以及环保责任意识转化为环保行为意向的效果显著，在具有环保行为意向后，年龄低的群体比年龄高的群体更容易将环保行为意向转化为环保行为。文化程度高的群体除了在环境问题感知对环保行为意向影响路径中不显著外，在其他 4 条路径中都显著，说明文化程度高的群体环保行为意向强，环保行为也很明显。对低收入群体而言，迫于生存环境的压力，环保知识更容易转化为环保行为意向；家庭人均月收入低和家庭人均月收入高的群体在环保责任意识对环保行为意向的影响以及环保行为意向对环保行为的影响路径中均比较显著。综合这几个调节变量在不同路径中的影响，还可以发现，对于文化程度高、家庭人均月收入低、未婚的男性群体，环境知识对环保行为意向的影响以及环境问题感知对环保行为意向和环保行为的影响显著，但是，这类群体同时存在环保行为意向不能有效地转化为环保行为的问题。本研究认为，这类群体年龄偏低，较易接受新的环保理念，文化程度高，具备一定的环境知识，且收入不高，能够更多地感受到环境污染和破坏的各种问题，因而更多地具备环保行为意向，但正是由于其收入的限制，使得环保行为意向不能有效地转化为环保行为。

二、政策启示

(1)加强对城市居民环境知识的教育。可以通过举办培训班、培训讲座等形式，提高居民的环境知识水平。对文化程度低的群体尤其应加强教育。在教育的内容上，既要加强对抽象环境知识的传授，更要注重具体环境知识的普及，并将环境知识融入人们的日常生活中，使人们掌握更加贴近生活实际、具有较强针对性和可操作性的环境知识。

(2)加大对环境问题的宣传力度。可以充分利用媒体的力量，借助报纸、广告、宣传画、宣传单等各种途径使人们充分感知到环境现状以及环境问题对人们生活的危害，自觉将面临的环境问题与自身的切身利益结合起来，使个人利益与社会利益保持一致，从而更好地实施环保行为。

(3)加强对年轻人环保行为的引导。年轻人比较容易接受新的环保理念，还是消费的主体，因此应加强对年轻人环保观念的培养。通过组织各种环保活动，鼓励年轻人积极参与，激发其环保责任意识，促使其形成环保行为意向，并自觉将这种意向转化为环保行为。

(4)开发满足特定群体需要的环保产品。例如，文化程度高、年龄偏低的已婚女性，她们通常是家庭消费的主导者，其消费行为环保与否有时会影响整个家庭的环保理念。针对这一类群体，企业可以研究开发性价比高、低污染或无污染又不乏时尚的环保产品，满足消费者对商品基本需求的同时提供更多附加价值。

(5)加大对环保行为的激励力度。可以通过物质奖励、通告表扬等各种激励措施引导文化程度高、家庭人均月收入低、未婚的男性群体将环保行为意向转化为环保行为。另外，企业可以将员工的环保行为作为考核和评价员工的一项标准，促使员工将环保行为意向有效地转化为环保行为。

第三章　城市居民低碳利益关注和低碳责任意识对低碳消费的影响

本章在全球气候变暖、低碳经济成为新的经济发展模式的背景下，通过梳理前人相关文献，以知信行行为理论为基础，构建城市居民低碳利益关注和低碳责任意识对低碳消费影响的概念模型。选取东部上海、深圳，中部长沙，西部成都这四个城市，采取实地拦截式问卷调研为主、网络调研为辅的方式收集数据。运用一阶验证性因子分析、结构方程全模型等实证方法对概念模型进行检验；运用多群组结构方程模型验证概念模型在不同人口统计学特征样本群体和不同区域样本群体中的适配性。根据实证结果，为企业提出相应的低碳营销建议。

第一节　城市居民低碳利益关注和低碳责任意识对低碳消费影响的理论模型

一、问题的提出

21 世纪以来，全球气候变暖的问题日益凸显。联合国政府间气候变化专门委员会（IPCC）第四次评估报告认为，气候变暖的原因除了自然因素之外，还与人类活动中排放二氧化碳等温室气体的程度密切相关。因此，为了更为有效地控制全球温度急剧上升的速度，人类不能无所作为，在未来 10—20 年中，世界各国必须致力于减缓碳排放增长速度，力争到 2050 年碳排放水平比 1990 年减半。人类在生产、生活中，大量消耗化石能源，致使地下沉积碳库中的碳以很快的速度流向大气层中，进而引发环境污染、温室效应等全球性问题。据世界银行统计，在 20 世纪的 100 年当中，人类共消耗石油 1420 亿吨，消耗煤炭 2650 亿吨，消耗铜 4.8 亿吨，消耗铝 7.6 亿吨，消耗钢铁 380 亿吨。与此同时排放出大量的二氧化碳等温室气体，这使得大气中二氧化碳的浓度从 20 世纪初期的不到 300ppm（百万分率）上升到接近 400ppm，并且显著地威胁全球生态平衡（冯之浚等，2009）。这些气体在地球大气表层制造出一个隐形的温室，热量被封闭在大气层内，造成地球温度上升。全球气候变暖已严重影响人类环境和自然生态，导致水资源失衡、生态系统严重损害、农业减产，给人类可持续发展带来了巨大冲击。

在此背景之下，改变全球气候变暖已然成为世界各国都无法回避的责任，低碳经济的概念应运而生。2003年2月24日英国政府在《能源白皮书》中首次提出"低碳经济"（Low Carbon Economy）概念，引起国际社会的广泛关注（Great Britain Parliament House of Commons Environmental Audit Committee，2003）。引领全球经济向低碳经济转型，这不仅是一个选择和一种必须，而且在一定程度上是如何迅速并在什么规模上促进低碳经济转型的问题。金融危机和全球经济减缓为世界各国向低碳经济转型提供了新的机遇。低碳经济，不仅可以成为渡过目前经济难关的有效方式，而且是确保中长期经济持续增长最可行的手段之一（庄贵阳，2009）。

在2007年9月APEC第十五次领导人非正式会议上，时任国家主席胡锦涛同志提出中国要大力发展低碳经济、增加森林碳汇、研发和推广低碳能源技术、促进碳吸收技术（冯之浚等，2009）。《中华人民共和国国民经济和社会发展第十二个五年规划纲要》在"指导思想"中明确指出：坚持把建设资源节约型、环境友好型社会作为加快转变经济发展方式的重要着力点。深入贯彻节约资源和保护环境基本国策，节约能源，降低温室气体排放强度，发展循环经济，推广低碳技术，积极应对全球气候变化，促进经济社会发展与人口资源环境相协调，走可持续发展之路。一个社会要推动一项经济模式的发展，必须以大众的消费模式为根基，因此，低碳经济作为一种全新的经济发展模式，必然以低碳消费为根基，使每一个人充分意识到低碳消费乃全人类共同的责任。

目前，国内学者对低碳消费问题的研究集中在低碳消费和低碳生活方式的内涵、低碳消费的必要性、低碳经济与低碳消费的关系以及引导低碳消费的政策措施，更多的是从宏观层面来讨论，而缺乏对低碳消费深层次问题（例如低碳利益关注、低碳责任意识及其与低碳消费之间的关系等问题）的研究，很少有学者从微观视角来系统研究低碳消费。在研究方法上，普遍采用的是思辨研究，实证研究甚少。国外学者很少直接论及低碳消费，而只是对消费中的"节能""减排"进行了相关研究。因此，本章拟从低碳生活消费的角度出发，就城市消费者低碳利益关注和低碳责任意识对低碳消费的影响进行实证研究，以期为企业低碳营销提供参考。

二、理论框架与研究假设

（一）概念界定

"低碳消费"一词是继2003年"低碳经济"概念出现之后正式提出的。国内学者陈晓春等（2009）指出，低碳消费是一种基于文明、和谐、健康、科学、安全的生态化消费方式，其实质是消费者对低碳产品的选择、购买与消费的活动，具体包括五个层次，即"恒温消费""经济消费""安全消费""可持续消费"以及"新领域消费"。陈柳钦（2010）提出，低碳消费包括三层含义：一是在产品购买阶段，绿色产品应是消费者的首选；二是在消费过程中注重低碳处理，尽量降低环境污染；三是转变消费观念，崇尚资源节约与环境友好的理念，以实现可持续消费。张勇（2010）认为，低碳消费是消费环保化和节能化的综合表述，体现了资源节约和环境友好双重价值观念。高志英等（2010）提出，低碳消费是指消费者在消费时追求物质、能源以及废弃物排放的减量化，是着眼于未来的、有责任心的消费新理念，是一种健康、自然、简单、简约和简朴的全新生活方式，蕴含着环保和道德责任。王建明（2010）认为，低碳消费是指人们在日常消费过程中，自觉降低能耗、减少二氧化碳排放的消费。刘妙桃（2011）认为，低碳消费是一种符合生态文明的、更为理性的、健康科学的生态化消费方式，是发展生态文明的必然要求和人类行为自律的结果，是以"低碳"为导向的一种共生型消费方式。刘敏等（2010）提出，低碳消费是指人们尽量购买和消费碳排放量少的产品或服务，以低能耗、低排放、低污染为基本特征，是一种文明、科学、健康的生态化消费模式。亦有学者从低碳生产消费和低碳生活消费这两个角度来对低碳消费的内涵展开论述。潘安敏等（2011）提出，低碳消费包括低碳生产消费和低碳生活消费，它是指人类在生产或生活中，在选择生产资料或物质产品时，自觉选择二氧化碳排放量较低的生产或生活方式，以满足自身"低碳"需求，它将改变消费者传统的消费理念和消费习惯，引导消费者拥有低碳消费资料，选择低碳消费手段，以此来满足自身的生存与发展需要。陈宽（2011）认为，低碳消费是指在符合低碳原则的前提下，在一定的生产力水平和生产关系下，人们消费行为的程式、规范和质的规定性，具有公平性和可持续性的特点，其中公平性可以分为两种，即横向公平与纵向公平。这些研究成果无论是站在低碳生产消费的角度，还是低碳生活消费的角度，还是二者结合的角度，尽管对低碳消费内涵的描述形式不尽相同，但最本质最核心的思想都是一致的，即低碳消费是在满足人类健康生存基本要求的基础上，追求人与自然、经济社会与生态环境和谐共生的一种生态化消费方式，其实质是人们在消费过程中减少煤炭、石油等化石能源的消耗，降低二氧化碳等温室气体的排放，努力缓解由此而造成的环境污染。

除了低碳消费，还有另外几种类似的消费模式，如生态消费、绿色消费，它们和低碳消费一起出现在学术期刊和社会大众的视野内，造成人们认识上的混淆或误解。实际上，它们都是在环境严重破坏、资源日益短缺的背景下相继出现的消费模式，一定程度上体现了人类对可持续发展的共同追求。然而，本研究并非专门研究低碳消费、绿色消费和生态消费的异同，只是为了凸显本研究的侧重点，体现研究特色，明确研究目的，将低碳消费与以往的绿色消费和生态消费研究区分开来，因此，本研究在简要回顾相关研究成果的基础上，仅对低碳消费、绿色消费和生态消费进行简要的辨析。

贺爱忠等（2009）提出，生态消费是指一种以满足人类需要（包括物质需要与生态需要）为目的，以不损害生态环境并尽可能保护自然资源与生态环境为前提，合目的性与合规律性相统一的可持续消费模式。中国消费者协会认为，绿色消费包括三层含义：一是在消费观念上，引导人们在满足生活所需的同时，以环境保护为重心，以资源节约为导向，以实现可持续消费为目的；二是在消费内容上，引导消费者购买绿色产品；三是在消费过程中，要重视对消费所产生的废弃物的处置，减少对环境的污染。所谓低碳消费是指在满足人类健康生存基本要求的基础上，追求人与自然、经济社会与生态环境和谐共生的一种生态化消费方式，是绿色消费、生态消费、可持续消费的延伸和具体化，其实质是人们在消费过程中减少煤炭、石油等化石能源的消耗，降低二氧化碳等温室气体的排放，从而缓解由此而造成的环境污染。

从上述概念描述来看，低碳消费、绿色消费和生态消费都是在资源短缺、环境恶化、生态失衡的背景下产生的，均以可持续发展思想为指导，都是为了适应当时生产力，确保经济平稳健康地发展，促进人与自然、经济社会和生态环境和谐共生的可持续发展，均体现了"以人为本""适度消费"观念。虽然这三种消费方式归根结底均属于可持续消费模式，但是它们各有侧重点，生态消费对应的是非生态消费，强调的是保持生态平衡，主张经济发展与生态的协调，注重消费系统与生态系统的有机结合；绿色消费对应的是黑色消费（郭立伟、饶宝红，2011），强调的是人类在消费过程中注重环境保护，以经济发展与环境的和谐为目标；而低碳消费对应的是高碳消费，强调的是人类在消费过程中减少二氧化碳等温室气体的排放，目的是应对气候变化问题，强调提高能源利用率和使用清洁能源。此外，这三种消费方式还存在一种微妙的包含关系，即绿色消费是生态消费的延伸和具体化，而低碳消费又是绿色消费的延伸和具体化。

（二）前人相关研究成果

从获得的资料来看，截至2011年10月国内此领域的研究比较少。张银太（2009）认为，低碳消费的形成需要人们低碳意识的提高。巢桂芳（2010）通过调查发现，政府部门对低碳知识的宣传力度不够，影响消费者参与低碳消费的程度。徐国伟等（2010）通过实证研究发现，在中国发展低碳经济，应当以企业为主要责任者，企业参与低碳消费的程度，在一定程度上由企业承担的社会责任程度来估量，而消费者感知企业社会责任、社会规范、感知效能和自我强化等显著影响消费者对企业社会责任活动的参与。王建明（2010）通过质化研究，运用扎根理论方法发现，消费者低碳意识和社会参照规范是低碳消费的内部和社会心理归因，将低碳心理意识划分为环境问题感知、个体责任意识、低碳消费知识和感知个体效力。王建明等（2010）通过调查发现，城市年轻人低碳意识水平较低，而低碳消费模式的形成需要年轻人环境意识水平的提高。刘树君等（2011）通过对廊坊市消费者的调查发现，公众对低碳消费观念表示认可，对低碳消费也持积极态度，但是实际低碳消费行为明显不足，整体上表现为知强行弱。郑岩等（2011）通过对大连市游客进行调查发现，游客对低碳旅游感知程度较低，对低碳旅游的态度与行为偏差较大。

通过对已获得的西方文献进行梳理，我们发现西方学者很少直接论及低碳消费，但是对低碳消费组成部分的节约能源使用、减少碳排放、消费者心理变量与消费者节能行为决策的关系进行了相关研究。据经济合作与发展组织（OECD）计算，家庭能源消耗占能源使用总量的15%—20%，因此，家庭节能减排成为西方学者们关注的焦点。Biesiot等（1999）对荷兰家庭能源使用的案例研究发现，时间、金钱、知识和技能等因素会影响家庭节能减排行为。Brandon（1999）通过实证研究发现，节能知识显著正向影响城市家庭节能行为。Kreuter 等（1999）认为，家庭成员对健康的关注程度会影响家庭节能行为。Abrahamser 等（2005）指出，改变个人消费观念、偏好以及能力，可以达到干预家庭节能行为的目的。Sardianou 等（2007）通过对希腊家庭节能方式的实证分析发现，电力开支和消费者年龄负向影响节能志愿者的数量。Steg（2008）提出，个人的知识、观念、认知、动机和规范会影响个人节能行为决策。Upham 等（2011）通过对公众"碳标签"意识与家庭碳减排的关系研究发现，公众"碳标签"意识显著正向影响家庭碳减排。

以上研究成果对研究低碳消费的心理影响因素具有重要的指导和借鉴意义，但遗憾的是它们都未能抓住消费者心理需求的核心影响因素——利益。

（三）理论模型与研究假设

能否正确地引导消费者进行低碳消费，关键在于能否抓住消费者的核心心理需求，而消费者低碳利益关注既是消费者践行低碳消费的原始驱动力，也是其践行低碳消费的终极需求，它影响消费者的态度，故模型中引入低碳利益关注作为影响低碳消费的前因变量。一个人有了责任意识之后，才能明确自己的责任，端正自己的态度，从而更加理性地进行消费。因此，在模型中引入低碳责任意识作为前因变量。国内外很多研究得出，态度是行为的预测指标，因此，本研究引入态度作为中介变量。依据传统态度三维论，将低碳态度分为低碳认知、低碳情感和低碳行为倾向三个维度；根据消费的过程，将低碳消费分为低碳购买、低碳使用和低碳处理三个维度。对照知—信—行理论（Knowledge-attitude and beliefs-practice），低碳利益关注、低碳责任意识可以归为"认知"，低碳态度属于"信念和态度"中的"态度"，低碳消费无疑是"行"。据此，构建城市居民低碳利益关注和低碳责任意识对低碳消费影响模型，如图3.1所示。

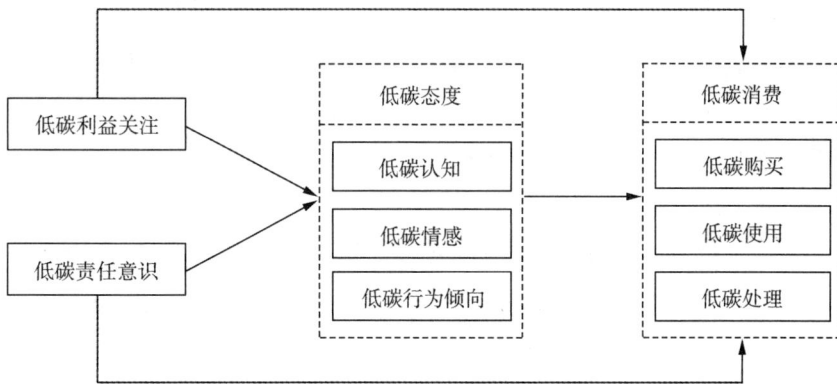

图 3.1　理论模型

低碳消费的目的是满足消费者的低碳需求，更好地提高生活质量，进而促进人类社会的可持续发展。消费者低碳利益关注是低碳消费需求的重要组成部分之一，是消费者践行低碳消费的原始驱动力、核心需求。若消费者对低碳利益关注程度越高，则其态度理应更加积极，践行低碳消费的可能性就越大。因此，本研究认为，低碳利益关注对城市居民低碳态度以及低碳消费有显著正向影响。据此，我们提出以下研究假设：

H₁：低碳利益关注对城市居民低碳态度有显著正向影响。

H₂：低碳利益关注对城市居民低碳消费有显著正向影响。

一个人有了低碳责任意识，才能深刻认识到什么是低碳责任，才能端正自己的态度，认真、自觉地履行低碳责任。消费既是消费者的个人行为，也是消费者的社会行为（唐未兵，2008）。消费者要有低碳责任意识，以维护整个消费环境的健康、安全和可持续发展。因此，一个有低碳责任意识的消费者在消费产品或服务前，应当理性审视自己的消费行为，认清自己的消费行为会对环境产生怎样的影响，并对产生的社会后果负责。波德里亚在《消费社会》中指出，消费者在进行"浪费性消费"和"炫耀性消费"时，其背后滋长的是人际关系的空虚。人们心灵的无所约束，存在着不负责任的心理（波德里亚，2000）。而低碳消费反对"浪费性消费""炫耀性消费""奢侈消费"，是一种健康、文明、和谐的消费观念，既是对当代人负责，也不损害后代人的利益。因此，本研究认为，低碳责任意识显著正向影响城市居民低碳态度和低碳消费。据此，我们提出以下研究假设：

H₃：低碳责任意识对城市居民低碳态度有显著正向影响。

H₄：低碳责任意识对城市居民低碳消费有显著正向影响。

学术界有关态度对行为的影响研究结论较为一致，普遍认为，态度是行为的预测变量，影响消费者的行为。例如，态度—情境—行为理论（Guagnano，Stern，and Dietz，

1995)，理性行为理论（Fishbein and Ajzen，1975），知—信—行理论（科特勒等，2006），价值观—态度—行为系统理论（Fulton，Manfredo，and Lipscomb，1996）等。据此，本研究提出如下假设：

H_5：低碳态度对城市居民低碳消费有显著正向影响。

第二节　城市居民低碳利益关注和低碳责任意识对低碳消费影响的实证检验

一、量表设计与数据收集

（一）变量的操作性定义

本研究包括低碳利益关注、低碳责任意识、低碳态度、低碳消费四个变量。各个变量的操作性定义如下：

低碳利益关注：是指消费者对青睐低碳产品，践行低碳消费，发展低碳经济，构建低碳社会所能为他们带来好处的关注程度。

低碳责任意识：是指人们主动预测自身行为对低碳生产和低碳生活的影响，主动承担相应的义务，并尽自己的职责做出贡献以构建低碳社会的心理体验和特征。

低碳态度：是指一个人对低碳生产、低碳生活的关注程度，好与坏的认识上的评价与情感上的感受，以及行动倾向。它会导致人们对某一事物产生喜欢或厌恶、亲近或疏远的心情，能使人们对相似的事物产生相当一致的行为。包括低碳认知、低碳情感和低碳行为倾向这三个维度。

低碳消费：是在满足人类健康生存基本要求的基础上，追求人与自然、经济社会与生态环境和谐共生的一种生态化消费方式，是绿色消费、生态消费、可持续消费的延伸和具体化，其实质是人们在消费过程中减少对煤炭、石油等化石能源的消耗，降低二氧化碳等温室气体的排放，以及缓解由此而造成的环境污染。包括低碳购买、低碳使用、低碳处理这三个维度。

（二）量表设计

本研究所用问卷包括低碳利益关注、低碳责任意识、低碳态度、低碳消费和人口统计学特征五个部分。从本章文献回顾部分可以看出，国内外没有关于低碳利益关注、低碳责任意识、低碳态度和低碳消费的成熟量表。我们从国内外有关生态意识（消费）、环境意识、循环消费、绿色消费、可持续消费的成熟量表中挑选出符合测量低碳利益关注、低碳责任意识、低碳态度和低碳消费的题项，结合中国实际情况，对原题进行适当修改，然后征求专家意见，形成本研究的初始量表。量表测量维度及开发主要参考依据如表 3.1 所示。本研究量表（除了人口统计学变量之外）均采用 Likert 5 级量表的形式，"1""2""3""4""5"分别代表"非常不同意""不同意""不确定""同意""非常同意"。问卷的人口统计学变量包括：性别、婚姻状况、年龄、文化水平、职业、家庭人均月收入。

表 3.1　量表开发主要参考依据

变量名称		相关的量表参考文献
低碳利益关注		Jacob B. Hirsh（2010）
低碳责任意识		王建明（2007）
低碳态度	低碳认知	YAMAMOTO（2008），SAUER 等（2010），TACIANO 等（2010），CHEN（2007）
	低碳情感	
	低碳行为倾向	
低碳消费	低碳购买	贺爱忠、戴志利（2009），王建明（2007），全民节能减排手册（2009），BARR 等（2005）
	低碳使用	
	低碳处理	

在正式调查之前，先对中南大学、湖南大学在校本科生和研究生进行了试调查，共发放调查问卷 100 份，回收有效问卷 95 份，有效率为 95%，对量表的信度和效度进行初步检验，又剔除了一些不可靠的指标，形成本研究的最终问卷，如表 3.2 所示。

表 3.2　本研究量表

变量名称	测量题项
低碳利益关注（A）	提倡节约能源有利于省钱（A_1）
	提倡低碳消费有利于改善生活品质（A_2）
	提倡低碳消费有利于人的身体健康（A_3）
	提倡低碳消费有利于人的心情舒畅（A_4）
低碳责任意识（B）	我愿意从身边小事做起，为构建低碳社会做贡献（B_1）
	我有义务节约能源、降低碳排放（B_2）

续表

变量名称		测量题项
低碳态度	低碳认知(C)	如果不控制高能耗、高排放产品的消费，全球气候将会日益恶化(C_1)
		我认为科学技术(如新能源开发技术)有助于低碳社会的构建(C_2)
	低碳情感(D)	当发现身边有人的行为不符合低碳行为时，我会感到气愤(D_1)
		当我浪费能源的时候，我有罪恶感(D_2)
		看到别人在公共场所吸烟时，我会反感(D_3)
		即使放弃一些消费，也要节约能源、降低碳排放(D_4)
		当我践行低碳消费(节能减排)的时候，我感到很愉快(D_5)
	低碳行为倾向(E)	低碳产品是我购物的首选(E_1)
		我会向亲人或朋友宣传低碳产品的优点(E_2)
		我很乐意向朋友或亲人推荐低碳产品(E_3)
		我会鼓励我的朋友或亲人购买低碳产品(E_4)
低碳消费	低碳购买(F)	购买灯泡时，我尽量购买节能灯泡(F_1)
		购买热水器时，我尽量购买太阳能热水器(F_2)
		购买房子时，我尽量购买使用了节能建筑材料的房子(F_3)
		购买汽车时，我尽量购买低排量的汽车(F_4)
	低碳使用(G)	出门前，我经常随手关灯，并且拔掉部分插头(G_1)
		关电视时，我会直接关掉电源，而不是用遥控器关闭(G_2)
		为了节能，我通常会使冰箱空间的利用率保持在80%左右(G_3)
	低碳处理(H)	我通常把废旧书籍、报纸积累起来，然后卖掉或送人(H_1)
		我通常把空饮料瓶、酒瓶等可回收、可循环利用的瓶罐积累起来，然后卖掉或送人(H_2)
		我通常将生活废水(如洗过衣服或菜的水)蓄积起来，用于洗拖把、冲厕所、浇花等(H_3)

（三）数据收集

2003年国家统计局依据各地区经济发展水平与地理位置，将中国大陆地区划分为东、中、西三大经济区域。因此，为了体现本研究抽样的典型代表性与科学性，我们选取东部上海、深圳，中部长沙，西部成都这四个城市进行调研。为了使本研究的数据收集更具广泛性和灵活性，提高问卷收集速度，我们采用实地拦截调研为主、网络调研为辅的调研方式。调研时间为2010年10月25日到2010年11月30日。总共发放问卷390份，对于填答不完整、答案前后有明显逻辑矛盾、做题态度不认真的问卷进行了剔除，最后得到有效问卷 327 份，问卷有效率为 83.85%。各地问卷回收情况见表 3.3 所示，其中，深圳采用的是网络调研方式，首先在知己知彼网上创建问卷，然后通过电话或电子邮件等方式招募受访者，最终收集 60 份问卷，其中有效问卷 51 份，有效率为 85.00%；上海、长沙、成都全部采用的是实地拦截调研方式，分别发放问卷 80、100、150 份，分别收回有效问卷 69、81、126 份，有效率分别为 86.25%、81.00%、84.00%。

表 3.3　问卷回收情况

	上海	深圳	长沙	成都	合计
发放数量	80	60	100	150	390
回收有效数	69	51	81	126	327
有效率/%	86.25	85.00	81.00	84.00	83.85

对收集起来的有效问卷基本信息进行整理，如表 3.4 所示。被调查者中，男女性别比例、已婚未婚比例、各职业间的比例基本保持平衡；年龄低是指年龄小于 25 岁的受访者，占总体样本的 50.5%，年龄高是指年龄在 25 岁及以上的受访者，占总体样本的49.5%；文化水平低是指文化水平在高中/中专及以下的受访者，占总体样本的 33.3%，文化水平高是指文化水平在大专及以上的受访者，占总体样本的 66.7%；家庭人均月收入水平低是指家庭人均月收入低于 3000 元的受访者，占总体样本的 53.2%，家庭人均月收入水平高是指家庭人均月收入在 3000 元及以上的受访者，占总体样本的 46.8%。

表 3.4　样本基本信息

变量	类别	人数/个	比例/%	变量	类别	人数/个	比例/%
性别	男	165	50.5	婚姻状况	已婚	137	41.9
	女	162	49.5		未婚	190	58.1
职业	政府部门	58	17.7	年龄	年龄低	165	50.5
	企业员工	96	29.4		年龄高	162	49.5
	个体工商户	45	13.8	家庭人均月收入	收入水平低	174	53.2
	学生	49	15.0		收入水平高	153	46.8
	自由职业者	44	13.5	文化水平	文化水平低	109	33.3
	其他	35	10.7		文化水平高	218	66.7

二、实证结果与分析

为了验证研究假设，本研究利用 SPSS 16.0、LISREL 8.7 和 AMOS 18.0 软件，对数据进行分析。对于量表的信度，采用最常用的 Cronbach's α 值来检验；对于量表的建构效度，采用 KMO 值是否大于 0.5，以及 Bartlett 球形检验是否显著来进行检验；对于量表的汇聚效度，采用验证性因子分析来检验；对于研究假设 $H_1 \sim H_5$ 的验证，采用结构方程模型全模型方法来进行验证。

（一）量表的信度和效度检验

1. 量表的信度检验

利用 SPSS 16.0 对数据进行运算，Cronbach's α 结果如表 3.5 所示，模型各变量及其维度的 Cronbach's α 值均大于标准值 0.6，因此，各变量及其维度量表具有较好的信度。

表 3.5　量表的信度

	低碳利益关注	低碳责任意识	低碳认知	低碳情感	低碳行为倾向	低碳购买	低碳使用	低碳处理
Cronbach's α	0.700	0.681	0.600	0.757	0.798	0.797	0.660	0.767

2. 量表的效度检验

在探索性因子分析之前，我们先对数据进行了适宜性检验。检验结果表明，KMO 值为 0.852，远远大于标准值 0.5，Bartlett 球形检验结果显著（$p = 0.000$），说明相关系数矩阵与单位矩阵有显著差异，因此该数据适合做探索性因子分析。通过对量表 27 个测量题项进行探索性因子分析，利用特征值大于 1，从中提取 8 个公因子，方差累积贡献率为 63.857%。采用方差最大正交旋转之后的因子负荷矩阵结果显示每个测量题项均按预期分布于 8 个因子，且在相应因子上的载荷均大于 0.5，每个题项的因子载荷在 8 个因子间均具有较好的区分度，这说明，量表具有较好的建构效度。

利用 LISREL 8.7 对数据进行一阶验证性因子分析，模型中各个变量及其维度相应的测量题项因子载荷均大于 0.5，T 值均大于 2，说明量表的汇聚效度良好。各模型拟合指数如表 3.6 所示。除了个别指标（GFI = 0.89）略低于标准值之外，$\chi^2/df = 1.85$，SRMR = 0.052，RMSEA = 0.050，PNFI = 0.78，PGFI = 0.70，NFI = 0.92，NNFI = 0.96，CFI = 0.96 均达到理想水平，说明量表验证性因子分析模型具有较为理想的拟合度。

表 3.6　量表验证性因子分析拟合指数

指标	绝对拟合度				简约拟合度		增值拟合度		
	χ^2/df	GFI	SRMR	RMSEA	PNFI	PGFI	NFI	NNFI	CFI
评价标准	<3	>0.9	<0.08	<0.08	>0.5	>0.5	>0.9	>0.9	>0.9

续表

指标	绝对拟合度				简约拟合度		增值拟合度		
	χ^2/df	GFI	SRMR	RMSEA	PNFI	PGFI	NFI	NNFI	CFI
模型结果	1.85	0.89	0.052	0.050	0.78	0.70	0.92	0.96	0.96
拟合情况	理想	基本理想	理想	理想	理想	理想	理想	理想	理想

（二）研究假设检验

由于结构方程模型可以全面揭示多个外生潜变量和多个内生潜变量之间的复杂关系，克服传统线性回归分析、Logistic 回归等研究方法的不足，因此本研究采用这一方法来验证低碳利益关注、低碳责任意识对低碳态度和低碳消费的影响。

在结构方程全模型中以城市居民的低碳利益关注、低碳责任意识为外生潜变量，以城市居民低碳态度、低碳消费为内生潜变量进行运算。绝对拟合度、简约拟合度和增值拟合度三类整体模型拟合指数，如表 3.7 所示，各项指标均达到理想水平，模型与数据的整体拟合度非常理想。从模型的内在拟合度来看，低碳利益关注、低碳责任意识、低碳态度以及低碳消费的信度都在 0.6 以上，这说明本研究的模型具有较好的内在拟合度。因此，本研究的结构方程模型具有较为理想的拟合度，可以用它的结果来验证研究假设。

表 3.7　城市居民低碳利益关注、低碳责任意识对低碳态度、低碳消费影响关系全模型拟合指数

指标	绝对拟合度				简约拟合度		增值拟合度		
	χ^2/df	GFI	SRMR	RMSEA	PNFI	PGFI	NFI	NNFI	CFI
评价标准	<3	>0.9	<0.08	<0.08	>0.5	>0.5	>0.9	>0.9	>0.9
模型结果	2.124	0.939	0.0507	0.0594	0.702	0.617	0.925	0.945	0.958
拟合情况	理想	理想	理想	理想	理想	理想	理想	理想	理想

检验城市居民低碳利益关注、低碳责任意识对低碳态度和低碳消费的影响这一假设，从全模型输出的结果（如表 3.8 所示）得出如下结论：

1. 低碳利益关注对低碳态度、低碳消费影响的标准化路径系数分别为 0.32、0.21，T 值分别为 3.42、2.47，均达到显著水平，因此假设 H_1、H_2 得到验证。这说明，城市居民低碳利益关注程度越高，其低碳态度就越好，越有可能践行低碳消费。

2. 低碳责任意识对低碳态度、低碳消费影响的标准化路径系数分别为 0.24、0.54，T 值分别为 2.17、5.60，均达到显著水平，因此假设 H_3、H_4 得到验证。这说明，城市居民低碳责任意识越高，其低碳态度就越好，越有可能践行低碳消费。

表 3.8 研究假设的验证结果

研究假设	标准化路径系数	T 值	结论
H_1: 低碳利益关注→低碳态度	0.32	3.42	支持
H_2: 低碳利益关注→低碳消费	0.21	2.47	支持
H_3: 低碳责任意识→低碳态度	0.24	2.17	支持
H_4: 低碳责任意识→低碳消费	0.54	5.60	支持
H_5: 低碳态度→低碳消费	0.51	4.10	支持

为了进一步探讨各个潜变量之间的直接效应、间接效应和总效应，本研究将计算结果汇总于表 3.9。表 3.9 显示，对城市居民低碳态度影响最大的变量是低碳利益关注 (0.320)；而对城市居民低碳消费影响最大的变量是低碳责任意识 (0.662)，其次是低碳态度 (0.510)。城市居民低碳利益关注对低碳消费影响的直接效应 (0.21) 大于低碳利益关注通过低碳态度来影响低碳消费的间接效应 (0.163)；城市居民低碳责任意识对低碳消费影响的直接效应 (0.54) 大于低碳责任意识通过低碳态度来影响低碳消费的间接效应 (0.122)。

表 3.9 潜变量之间的直接效应、间接效应和总效应

路径	直接效应	间接效应	总效应
H_1	0.32		0.320
H_2	0.21	0.163	0.373
H_3	0.24		0.24
H_4	0.54	0.122	0.662
H_5	0.51		0.510

注：路径 $H_1 \sim H_5$ 与表 3.8 中假设一致。

第三节 城市居民低碳利益关注和低碳责任意识 对低碳消费影响的多群组分析

方差分析只能分析不同群体对某个 (或某类) 变量的认知水平差异，对不同变量之间的效应差异分析却无能为力，而多群组结构方程模型弥补了方差分析在这方面的不足。因此，本研究采用多群组结构方程模型方法来分析基于不同人口统计学变量和区域变量的城市居民群体对各个路径影响的差异。

一、基于人口统计学变量的多群组结构方程模型分析

利用 AMOS 18.0 对数据进行运算，并对运算结果进行整理得到表 3.10。从模型适配标准来看，CFI 值介于 0.802 至 0.993 之间，均高于 0.80（尚可）的标准值；PNFI 值介于 0.514 至 0.677 之间，均高于标准值 0.5；RMSEA 值介于 0.025 至 0.079 之间，均小于标准值 0.08。因此，多群组结构方程模型与观察数据能够较好地契合。

表 3.10 基于人口统计学变量的多群组结构方程模型估计结果

路径	性别		婚姻状况		年龄	
	男	女	已婚	未婚	年龄低	年龄高
H_1	0.507***	0.274	0.425**	0.219	0.308**	0.742***
H_2	0.140	−0.271**	0.005	−0.151	−0.064	−0.262
H_3	0.516***	0.531	0.285*	0.762***	0.617***	0.188
H_4	0.389*	−0.050	0.325*	−0.441	0.170	0.172
H_5	0.401	1.035***	0.521	1.379*	0.688**	0.857*

路径	职业					
	政府部门	企业员工	个体工商户	学生	自由职业者	其他
H_1	0.427	0.486***	0.016	0.373	0.582	1.279*
H_2	−0.124	−0.005	−0.004	−0.467	−6.843	1.197
H_3	0.824**	0.444***	0.400	0.576*	0.738*	0.094
H_4	−0.141	0.123	0.432	−0.067	−8.379	0.254
H_5	1.021	0.692*	0.629	1.259	12.106	−0.412

路径	家庭人均月收入		文化水平	
	收入水平低	收入水平高	文化水平低	文化水平高
H_1	0.344**	0.443**	0.859**	0.337**
H_2	−0.221	−0.191	−11.004	−0.013
H_3	0.729***	0.363**	0.419	0.568***
H_4	−0.233	0.127	−4.951	0.200
H_5	1.221	0.807**	13.002	0.658***

注：* 表示 $p<0.05$，** 表示 $p<0.01$，*** 表示 $p<0.001$；路径 $H_1 \sim H_5$ 等与前文假设及表 3.8 中假设一致。

多群组结构方程模型结果（如表 3.10 所示）表明，在低碳利益关注对低碳态度正向影响的路径 H_1 中，男性影响显著（$\beta=0.507$，$p<0.001$），女性影响不显著。主要原因可能是，从整体上来说，与女性相比，男性更加关注国家宏观经济的发展，更加支持国家

政策，从而更加关注低碳利益，这使得男性群体在路径 H_1 中影响更为显著。已婚群体影响显著（$\beta = 0.425$，$p < 0.01$），而未婚群体影响不显著；年龄高的群体（$\beta = 0.742$，$p < 0.001$）比年龄低的群体（$\beta = 0.308$，$p < 0.01$）影响更为显著；收入水平高的群体（$\beta = 0.443$，$p < 0.01$）比收入水平低的群体（$\beta = 0.344$，$p < 0.01$）影响更为显著。这是因为已婚群体、年龄高的群体、收入水平高的群体往往相互交错，往往要持家，更加理性和成熟一些，支付能力会更高些，有更多的话语权，觉得自己更有责任去关注资源节约与环境保护。文化水平低的群体（$\beta = 0.859$，$p < 0.01$）比文化水平高的群体（$\beta = 0.337$，$p < 0.01$）影响更为显著，这是因为文化水平低的人往往处于社会底层，很多情况下都是被迫使然，并非主动，从而造成这种假象，而文化水平高的群体往往更加关注自身的生活标准与社会地位是否匹配，从而崇尚面子消费、奢侈消费。企业员工群体影响显著（$\beta = 0.486$，$p < 0.001$），可能的原因是，与其他职业群体相比，企业员工群体处于生产经营一线，更能直接感受碳排放的危害，因而更关注低碳利益。

在低碳利益关注对低碳消费正向影响的路径 H_2 中，除了女性（$\beta = -0.271$，$p < 0.01$）之外，其他的人口统计学变量几乎不产生显著的影响。之所以会出现女性群体低碳利益关注对低碳消费产生显著的负向影响，是因为受中国传统文化"男主外，女主内"的影响，总的来说，女性可能更加关注自身家庭生活而很少关注环境保护。

在低碳责任意识对低碳态度正向影响的路径 H_3 中，男性群体影响显著（$\beta = 0.516$，$p < 0.001$），主要原因在于，受中国传统文化的影响，男性群体理应承担更多的责任。年龄低的群体影响显著（$\beta = 0.617$，$p < 0.001$），这是因为与年龄高的群体相比，年龄低的群体更容易接受新生事物。文化水平高的群体影响显著（$\beta = 0.568$，$p < 0.001$），主要原因在于，文化水平高的群体对"低碳"的知晓程度以及综合素质相对要高一些。而女性、年龄高和文化水平低的群体影响不显著。未婚群体（$\beta = 0.762$，$p < 0.001$）比已婚群体（$\beta = 0.285$，$p < 0.05$）影响更为显著。可能原因是未婚群体整体文化水平比已婚群体要高一些，其接受有关低碳方面的知识更多一些。

在低碳责任意识对低碳消费正向影响的路径 H_4 中，男性（$\beta = 0.389$，$p < 0.05$）和已婚群体（$\beta = 0.325$，$p < 0.01$）的影响显著，其他均不显著。

在低碳态度对低碳消费正向影响的路径 H_5 中，女性群体影响显著（$\beta = 1.035$，$p < 0.001$），这是因为，与男性群体相比，女性群体的态度要端正一些。收入水平高（$\beta = 0.807$，$p < 0.01$）和文化水平高（$\beta = 0.658$，$p < 0.001$）的群体影响显著，主要原因在于这两个群体在一定程度上具有共通性，从整体上讲，收入水平高的群体往往文化水平也高，从而使得这两个群体影响规律一致。男性、收入水平低和文化水平低的群体影响不显著。未婚（$\beta = 1.379$，$p < 0.05$）比已婚（$\beta = 0.521$，$p < 0.05$）群体的影响更为显著，年

龄高($\beta=0.857$，$p<0.05$)比年龄低($\beta=0.688$，$p<0.01$)的群体影响更为显著；与其他职业相比，只有企业员工群体($\beta=0.692$，$p<0.05$)的影响是显著的。

二、基于东、中、西部地区的多群组结构方程模型分析

利用 AMOS 18.0 对数据进行运算，并对运算结果进行整理得到表 3.11。从模型适配标准来看，CFI 值介于 0.880 至 0.964 之间，均高于 0.80(尚可)的标准值；PNFI 值介于 0.51 至 0.608 之间，均高于标准值 0.5；RMSEA 值介于 0.051 至 0.075 之间，均小于标准值 0.08。因此，多群组结构方程模型与观察数据能够较好地契合。

表 3.11　基于东、中、西部不同地区的多群组结构方程模型估计结果

路径	东部	中部	西部
H_1	−0.003	0.406**	0.711***
H_2	0.334	0.067	−10.173
H_3	0.759**	0.410**	0.580**
H_4	−0.336	0.424**	−7.852
H_5	0.950**	0.446*	14.489

注：* 表示 $p<0.05$，** 表示 $p<0.01$，*** 表示 $p<0.001$；路径 H_1~H_5 与表 3.8 中假设一致。

多群组分析结果表明(如表 3.11 所示)，在低碳利益关注对低碳态度正向影响的路径 H_1 中，中部、西部地区影响显著，而东部地区影响不显著，且西部比中部地区影响更为显著。这可能跟各地的经济发展水平有关，经济发达地区的城市居民对待低碳的态度，并非主要取决于发展低碳经济、践行低碳消费能给他们带来的利益。在低碳利益关注对低碳消费正向影响的路径 H_2 中，东、中、西部地区影响均不显著，这主要是因为我国还处于向低碳经济转型初期，各个地区城市居民的低碳利益认知水平不高。在低碳责任意识对低碳态度正向影响的路径 H_3 中，东、中、西部地区影响均显著，且东部地区影响最为显著，这主要是因为东部地区相对较为富裕，城市居民综合素质相对较高，从而使东部地区的城市居民低碳责任意识对低碳态度的影响更显著。在低碳责任意识对低碳消费正向影响的路径 H_4 中，只有中部地区影响显著，这可能是因为"两型社会"试验区主要集中在中部地区，相比之下，中部地区城市居民对低碳的认知水平要高一些。在低碳态度对低碳消费正向影响的路径 H_5 中，东部、中部地区影响显著，且东部比中部地区影响更为显著，主要原因在于，与西部地区相比，东部、中部地区经济发达，人们相对富裕，更有经济能力践行低碳消费。

第四节 结论与讨论

一、研究结论

本章以对东、中、西部地区四个代表性城市问卷调查获取的数据为基础，运用描述性统计分析、探索性因子分析、一阶验证性因子分析、结构方程全模型以及多群组结构方程模型等多种分析方法，系统探讨了低碳利益关注和低碳责任意识对低碳消费的影响。实证分析结果显示，研究模型具有较为理想的拟合度，有益于补充以往的相关研究。具体研究结论如下：

(1)本研究设计开发的有关低碳利益关注、低碳责任意识、低碳态度和低碳消费量表具有较好的信度和效度，比较适合于研究城市居民低碳消费问题。

(2)低碳利益关注和低碳责任意识显著正向影响城市居民低碳态度和低碳消费，低碳态度显著正向影响城市居民低碳消费。也就是说，城市居民对低碳利益关注程度越高，消费者的态度就会越"低碳"，消费者在消费的过程当中就会越注重"低碳"；城市居民的低碳责任意识越强烈，消费者的态度就会越"低碳"，消费者在消费的过程当中就会越注重"低碳"。

(3)性别、婚姻状况、年龄、家庭人均月收入以及文化水平这5个人口统计学变量在不同假设路径中的影响较为显著，而职业的影响效应差异并不显著。男性群体的责任意识明显比女性群体强一些。已婚群体在5个路径假设中除了低碳利益关注对低碳消费影响的路径中不显著以外，在其他路径中均显著。年龄高的群体在5个路径假设中，除了在低碳责任意识对低碳态度影响的路径中比年龄低的群体低一些之外，在其他路径中均要高一些。家庭人均月收入水平高的群体在5个路径假设中，除了在低碳责任意识对低碳态度影响的路径中比收入水平低的群体低一些之外，在其余路径中基本上更为显著。文化水平低、高两个群体差异规律不一致。

(4)在各个假设路径中，中国东部、中部和西部不同地区城市居民的影响存在较为显著的差异。从整体上讲，中部地区城市居民的影响更为显著，这主要是因为我国"两型社会"试验区试点城市——武汉、长沙均处于中部地区，中部地区城市居民对"低碳"的知晓程度比东、西部地区更高一些。

二、管理建议

基于以上研究结论，为企业管理者提供如下建议：

（1）企业在制定战略时，应当融入"低碳理念"，抓住低碳契机，树立良好的"低碳形象"。如，企业加大对"低碳"公益广告的投入，主动承担大力宣传低碳知识的责任，主动降低自身能源消耗与碳排放等。管理大师彼得·德鲁克在《21世纪的管理挑战》中指出，如果用不正确的假设去制定战略，将不可避免地把组织引向不正确的轨道（彼得·德鲁克，2009）。因此，在当今背景之下，企业制定战略的时候应当以"低碳"为导向。

（2）企业应当深入研究消费者的低碳心理需求，抓住"低碳卖点"。市场营销的真谛是经营人心，管理需求。低碳利益关注是消费者践行低碳消费的原始驱动力和终极需求。21世纪，企业之间竞争的关键是"低碳卖点"的竞争，谁能够拥有"低碳技术"，抓住"低碳卖点"，满足消费者的"低碳利益需求"，谁就能引领潮流，成为行业的领跑者。

（3）企业应当大力开发和生产低碳环保产品。作为低碳生产的主体，企业既要主动降低自身能源消耗与碳排放，也要积极开发和生产低碳环保产品，营造"低碳消费"氛围，从而使消费者有更多的选择。

（4）企业在细分市场的时候应当抓住主要矛盾，挖掘关键客户群。如，根据多群组分析结果年龄低的群体在各个假设路径中的影响显著，这说明，年龄低的群体是未来低碳消费领域的主力军，是企业的关键客户群。

（5）企业低碳产品拓展不同区域市场时应采取先易后难的策略。例如，可以首先在中部地区尤其是武汉、长沙等城市突破，积累经验后，再向东部地区推进。

三、创新之处

本章的创新之处主要有三点：

（1）率先实证研究低碳利益关注对低碳态度、低碳消费的影响。消费的最终目的是获得需求的满足，而低碳利益关注既是消费者消费需求的原始驱动力，也是消费者的终极需求。以往相关研究未涉及这一变量。

（2）运用多群组结构方程模型分析人口统计学变量在不同假设路径中的影响差异。根据我们掌握的资料，本章主要内容在2011年成稿时只有张连刚（2010）运用多群组结构方程模型分析过人口统计学变量对绿色购买行为影响因素的调节作用，而未涉及其他领域。

（3）运用多群组结构方程模型，对中国东部、中部和西部城市居民在不同假设路径中的影响进行差异分析。这种分析视角在国内公开文献中很少发现。

此外，开发或修改了具有良好信度和效度的低碳利益关注、低碳责任意识、低碳态度和低碳消费量表。

四、研究局限

本研究仍然存在一定的局限，具体如下：

（1）本研究的样本数量有限。虽然本研究综合考虑了中国的东、中、西部样本选取，但是由于在不同的地方取样有限，这在一定程度上影响了研究结论的普适性，因此，有待于在今后的研究中扩大样本量。

（2）本研究虽然综合探讨了低碳利益关注、低碳责任意识对低碳态度和低碳消费的影响，但是没有研究这些因素之间的相互关系，也未涉及其他心理因素，例如个人消费观念、个体感知效力、环境问题感知等。有待于在后续研究中加以改进。

（3）我国低碳经济发展水平尚处于初级阶段，城市居民的低碳认知水平和低碳消费水平整体偏低，没有必要在分析时将低碳态度和低碳消费按维度展开，只要挖掘整体效应即可。但是随着城市居民低碳认知水平和低碳消费水平的提升，很有必要研究低碳态度和低碳消费各个维度的影响效应，找出关键变量，从而为企业提供更为具体的营销策略。因此，在后续研究中有待加强。

第四章 农村消费者生态心理意识
对生态消费的影响

20世纪中叶生态消费生活方式在西方国家应运而生，20世纪80年代逐渐传入中国。之后20余年实业界与学术界都非常关注城市居民生态消费问题，却严重忽视了农村居民生态消费问题。本章将通过对生态意识、生态消费及其相互关系的以往研究成果进行系统梳理，构建农村居民生态心理意识对生态消费影响的理论模型，并设计问卷，在湖南益阳、湘潭、邵阳面向农村居民发放问卷。在检验数据可靠性和有效性的基础上，采用描述性统计方法、K-Means聚类方法和logistic回归模型等方法对理论模型进行实证检验，以弥补理论界的不足，并希望能为企业开拓农村生态消费市场提供一定的营销管理建议。

第一节 农村消费者生态心理意识对生态
消费影响的理论假设

一、问题的提出

人类从依赖自然的狩猎文明到顺从自然的农业文明，再到征服自然的工业文明，每一次变迁都更大程度满足了人类的需要，但伴随工业文明的异化消费也给人类带来了生态危机。当有识之士逐渐察觉到生态危机并非仅仅是威胁自然生态系统的平衡，还威胁社会生态系统的平衡，进而威胁人类的生命、健康与发展时，他们纷纷呼吁世界各国改变以往以人类中心主义为特征的经济发展观念与模式。消费作为经济发展的起点与归宿越来越受到关注，尽可能考虑生态环境保护的消费方式在20世纪中叶应运而生，20世纪80年代传入中国。生态消费逐渐由精英化消费向大众化消费扩散，生态消费市场在国内外均随之扩大。

中国共产党第十七次全国代表大会报告指出："建设生态文明，基本形成节约能源资源和保护生态环境的产业结构、增长方式、消费模式。"报告还强调，要使"生态文明观念在全社会牢固树立"。农村消费者是庞大的消费群体，在全社会消费中占据着十分重要的地位，是中国生态消费和生态文明建设的一支重要生力军。中国消费经济学创始人之一尹世杰教授(2000)认为："逐步提高全民的生态意识(环保意识)，这是发展生态消费、满足生态需要的思想基础和前提条件。"而中国环境意识项目和中国社会科学院社会学研究所(2008)的全国公众环境意识调查结果表明：64%的公众环保意识较低，其中，农村人口占71.9%。可见，强化农村消费者的生态意识，促进农村生态消费，是建设生态文明的重要一环，是时代的必然要求。没有农村消费者的生态意识和生态消费，就很难有社会主义新农村，就很难有全国的生态文明建设。

所谓生态意识，就是人们为谋求人与自然和谐相处而形成的一套既能确保自己的生活质量不断提高又不会对生态环境构成危害的思想观念，主要包括生态价值意识、生态心理意识、生态责任意识等内容。所谓生态消费，是指人们为满足个人对优美的生态环境和绿色消费品的需要而消耗各种物资资料和精神产品的行为。它反映人与大自然的协调发展，反映人在大自然中得到美的享受、精神上的享受(尹世杰，2002)。自20世纪中叶西方国家提出生态消费以来，学者们对生态消费的测量和生态消费的影响因素进行了广泛研究，并且以规范的实证研究方法居多。生态消费研究自20世纪80年代传入中国，国内学者也对生态消费进行了较为广泛的研究，但国内学者集中研究的是生态价值意识、生态责任意识及影响生态消费行为的非心理因素，忽视了对生态心理意识(即人们对生态环境及人与生态环境关系的感知、态度)的研究；国外学者虽然研究了生态心理意识及其对生态消费的影响，但其结论在中国尤其是中国农村的适用性有待检验。而生态心理意识对人的生态消费行为的影响更为深刻、持久。因此，本章就农村消费者生态心理意识对生态消费的影响进行实证研究，以期为促进农村生态消费、建设农村生态文明提供参考。

二、文献回顾

(一)生态意识

1968年美国学者Roth首先提出与生态意识含义接近的名词——环境素养。1972年联合国斯德哥尔摩人类环境会议通过《人类环境宣言》，生态意识作为新的世界观逐渐为全世界接受。1983年苏联学者基鲁索夫明确提出了生态意识的定义，认为生态意识是根据自然和社会两者的具体可能性，最优解决自然和社会关系问题，反映社会和自然相互关系问题的情感、理论和观点的总和(包庆德，2005)。

国外学者对生态意识的研究主要集中在生态意识的测量方面。早期研究主要通过测量被调查者对空气污染、水污染、耕地使用、废弃物处理、能源消费等具体问题的态度来反映其生态意识，关于具有普通意义的生态意识测量的研究较早始于 Dunlap 和 Van Liere(1978)。之后 Geller 和 Lasley(1985)研究发现可以通过测量被调查者对以下三个观点的态度来测量其生态意识：人类是自然的一部分，生态系统给予人类发展的空间是有限的，技术进步具有完全解决生态问题的能力。早期对生态意识的测量是单维度的，然而 Albrecht 等人(1982)、Noe 和 Snow(1990)、Shetzer 等人(1991)通过实证研究对此提出了质疑，认为生态意识是多维度的，主要是生态平衡、发展的有限性、人类征服自然三个维度。从此越来越多的学者从多维度对生态意识测量问题进行了研究。Kinnear、Taylor 和 Ahmed(1974)认为生态意识应该包括生态态度与生态行为两个维度，消费者不仅态度上要体现生态意识，购买行为也应该体现维持生态平衡的原则。Roberts 和 Bacon (1997)认为生态意识主要包括同自然和谐相处的期望，人类对待自然的认识，发展有限性的认识，人类应该适应自然而非改造自然的认识。而 Schwepker 和 Cornwell(1991)对生态意识的测量主要有污染感知，对乱丢垃圾的态度，对生态生活的态度，生态责任感知，自我效能感知五个方面。Rosenberg 和 Hovland(1960)认为生态意识是个体对自然环境整体及它的组成部分的态度，包括生态感知、生态情感、生态行为意愿。生态感知是指知道什么是对的，什么是错的；生态情感是指对自然物体的情感反映；生态行为意愿，顾名思义即是否愿意进行某项生态行为(一般作为生态行为变量使用)。当这一观点提出之后，Maloney，Ward M. P. 和 Braucht G. N. (1975)首先对这一观点进行了传播。然而，也有学者将其中的某一个或两个维度当做生态意识整体进行研究(Arbuthnot J.，Dispoto R. G.，1977，Schahn J.，Holzer E.，1990，Elena Fraj，Eva Martinez，2006)。

生态意识概念引入中国后，国内学者对其进行了传承与发展。赵建军和修涛(1992)认为生态意识是自自我意识阶段、社会意识阶段之后，人类意识发展的高级阶段，是人类能动反省人与自然相互作用的结果，强调整体性、关注未来、主张生态伦理观。余谋昌(1991)认为生态意识来源于对人类违反生态规律带来生态危机的反省与觉醒，来源于对人类未来发展的关注及对后代的责任感，来源于对地球生态系统整体性特征的认识；它是全球村意识，主体是人和社会，而客体是人和自然的关系，它关注长期生态意义并更注重未来，不受过去理论结构限制，有其鲜明的意识形式特点即限制功能；具有价值判断、约束条件、预测未来发展三大意义。薛纪恬(1992)认为生态意识是人对社会活动系统与周围生态系统间相互作用及机理的自觉反映，是生态价值意识、整体性意识、全球意识、危机意识、协调意识、决策意识。陈铁民(1992)认为生态意识是根据社会生态系统运动规律，如何从最优角度反映和解决人、社会和自然关系问题的认识；反映对象的综合性与整体性，生态规律作用范围广、作用结果时间连续性强，要求不断审度和更新人与自然关系观念、脱离过去理论框架限制,具有行为规范性质;将引导人类从生态学视角处理人、社会与自然的关系,强化了人的主体性,可推动人类文明发展。王茹松(1988)认为生态意识是指处理人类活动与周围自然环境间相互关系时的基本立场、观点和方法,包括系统意识、效率意识、功能意识、生态库意识;建议通过宣传生态与经济的统一性,普及生态学知识与哲学教育,制定生态法规政策提高全民生态意识。刘湘溶(1994)认为生态意识是人类以对一切生物和环境的关系的认识成果为基础形成的特定价值取向,包括生态科学意识、伦理意识、忧患意识、生态消费意识、生活质量意识、人均资源意识、环保参与意识。陈清硕(1991)将生态意识提升到具有永恒意义的文化命题进行了探讨。贺爱忠和戴志利(2009)指出,生态意识就是人们为谋求人与自然和谐相处而形成的一套既能确保自己的生活质量不断提高又不会对生态环境构成危害的思想观念,主要包括生态价值意识、生态心理意识、生态责任意识等内容。

(二)生态消费

国外学者关于生态消费内涵的研究主要体现在生态消费的测量。Fraj 和 Martinez(2006)认为生态消费问题的研究引起越来越多学者的浓厚兴趣,已有研究从不同方式或不同角度对生态消费进行了定义与测量,但它们相互之间又具有联系,大部分研究成果涉及购买、使用、处理、重复使用、回收、支付更多钱购买生态产品的意愿、环境问题担忧等主题。Stone,Barnes 和 Montgomery(1995)把生态消费作为生态责任进行研究;Sanchez,Gil 和 Gracia(1998)把生态消费作为生态意识水平进行研究;还有学者把生态消费当作是消费者对有利于提高生态环境消费行为的生态承诺,并通过测量消费者对回收废弃物和购买低污染产品的态度来测量消费者承诺(Guagnano et al.,1995;Calomarde J. V.,1971;Ling-yee L.,1997)。通过研究消费者的购买意愿来研究生态消费也引起了学者们的注意。他们主要是研究消费者对购买生态产品、回收废弃物、采用环境保护消费行为的意愿(Kaiser F.,Ranney M.,Hartig T. et al.,1999;Chan R. Y. K.,2001)。Granzin 和 Olsen(1991)也通过测量消费者的重复使用和回收行为测量生态消费。还有一些学者通过测量消费者自然资源保护消费行为和生态意识来测量生态消费行为(Kotchen M. J.,Reiling S. D.,2000;Laroche M.,Bergeron J.,Barbaro-Forleo G.,2001)。因为可以从不同视角对生态消费进行研究,所以大部分学者认为生态消费更是一个具有宽泛意义而非具体生态消费行为的概念(Kaiser F.,1998;Kaiser F.,Wilson M.,2000)。正因为如此,Axelrod 和 Lehman(1993)将生态消费定义为消费者为保护和保持环境而努力的消费行为。Kinnear、Taylor 和 Ahmed(1974)认为生态消费应该是有利于维持生态系统而不会破坏生态系统的消费。Balderjahn(1988)认为生态消费是关心环境保护的消费行为,并且认为可以通过购买可回收的产品、包装节约型的产品等环保产品的意愿与实际购买行为来衡量个人的生态消费程度。Schwepker 和 Cornwell（1991）也认为生态消费是有利于保护生态环境，减少环境污染的消费行为，并且在他们的研究中以购买包装袋可分解的、包装袋可回收的、尽量节约包装袋而不在乎包装袋外形的产品的意愿来测量生态消费程度。Roberts 和 Bacon（1997）认为生态消费是当消费者购买产品或服务时感觉该产品或服务能对生态环境有积极影响的消费；认为生态消费可以通过回收纸产品的使用、为了节约能源和减少对国外石油的依赖尽可能少地开私家车、一般意义的回收问题以及关心微生物、消费者购买决策生态化、通过明智而审慎地减少购买和使用器具以便减少用电、通过购买更小瓦数或更节能的灯泡节约用电来测量。Fraj 和 Martinez（2006）认为生态消费是消费者不仅为了身体更健康并且为了后代的发展保持环境而在购物时选择生态产品，或者因为生态原因转换生态产品，或者停止购买容易引起环境污染的企业生产的产品。

国内学者关于生态消费内涵的研究主要以思辨性研究为主。尹世杰（2000）较早提出了生态消费概念并较有代表性，之后的学者关于生态消费概念的论述基本是对其继承与发展，他认为生态消费是满足生态需要的一种消费模式，它既符合物质生产发展水平并满足消费需求，又符合生态生产发展水平，不对生态环境造成危害，要求消费品本身、生产过程、消费过程、消费结果都是生态型的；生态需要即对优美生态环境的需求，是生存需要、享受需要与发展需要，能陶冶人的情操，发展人的思维、智力、体力，有利于人的身心健康和全面发展。秦鹏（2006）认为生态消费是一种生态化的消费模式，是既符合生产力的发展水平，又符合人与自然的和谐、协调，能满足人的消费需求但不对生态环境造成危害的消费行为。姚永利（2007）认为生态消费是一种高层次的理性消费、人类最基本最重要的消费形式，可以满足人的生态需要，应该建立在人、自然和社会和谐统一的基础上。黄志斌和赵定涛（1994）认为生态消费是以尽可能低的物质消耗换取尽可能高的生活质量的消费模式，并从服饰、饮食、住宅、交通、礼仪等方面勾画了未来生态消费模式图景。邱耕田（1999）认为具有保护环境功能的消费行为就是生态消费，并具有适度性、持续性、全面性、精神消费第一性等特征。穆建叶（2008）认为生态消费具有可持续性、节约性、无害性、科技性、生态性、协调性和和谐性特征。

（三）生态意识、生态消费的影响因素及生态意识对生态消费的影响

国内学者张久恒（1988）提出生态意识具有能动性、系统性、综合性、新颖性和社会性等特征。余谋昌（1991）认为生态意识来源于人们对以往人类活动中违反生态规律带来的严重后果的反省、对现存严重生态危机的觉醒、对人类未来的关注和对后代的责

任感、对地球生态系统整体性的认识。李笑春等人(2004)发现自然环境的变迁、政策法规的干预、经济利益的诱导、牧民身边每时每刻发生的变化都会影响牧民的生态意识。陈福亮、侯佩旭(2005)通过调查发现国内生态旅游者生态意识淡薄、环境责任感欠缺、严重缺乏公共意识;张维梅、王丽琼(2007)调查发现湖南生态旅游者只具有表层的生态意识;李文实等(2009)调查发现旅游者具有中等或表层的生态意识、浅显的环境责任感。刘水芬(2008)通过分析发现,农业生产的具体方式决定了农民生态意识的主要内容,在我国现阶段,石油农业带来的是高收入、高污染,经济效益和生态效益的截然对立,导致农民生态意识淡薄。尹世杰(2002)提出生态消费文化影响生态消费,姚永利(2007)提出消费者收入水平、对生态消费品的偏好、生态知识水平与信息的拥有量、个性特征、可供消费者选择的产品范围都会影响消费者的生态消费行为。王建明、李颖灏(2006)通过实证研究发现,性别、婚否、年龄、家庭人口、就业状况、职业等人口统计学变量会影响城镇居民的生态消费行为,学历与收入水平对城镇居民的生态消费行为无显著影响。朱洪革(2009)调查发现居民对生态消费的认知水平、居民对环保标识的信任水平、政策宣传状况、商品质量的可靠程度显著正向影响城市居民购买生态环保商品。这些成果既没有考虑生态心理意识,也没有探讨生态意识对生态消费的影响。

关于生态心理意识对生态消费的影响,国外学者以城市居民为对象进行了一定研究。Kassarjian(1971)发现生态环境关心程度影响消费者的消费行为。Fraj、Martinez(2006)发现消费者的环境保护意识显著影响其生态行为。Balderjahn(1988)认为消费者对污染问题的感知影响其生态消费。Crosby、Gill、Taylor(1981)发现消费者对乱丢垃圾问题的态度影响其生态型购买。Schwepker、Cornwell(1991)则发现消费者对污染问题的感知、对乱丢垃圾问题的态度显著影响其生态型购买。Mostafa(2007)发现生态保护意识对消费者的生态消费具有预测作用,并且男性的环境问题意识高于女性的环境问题意识,且男性环境问题意识对生态型购买的预测作用比女性大。Diamantopoulos(2003)等通过研究消费者人口统计学变量对其生态心理意识与生态消费的影响发现性别、年龄显著影响消费者的环境意识,性别、婚姻状况、收入水平显著影响消费者的生态型购买,性别、年龄、文化水平、收入显著影响消费者的生态型使用。目前国内尚未见到同类实证研究成果。

三、研究假设

借鉴国内外以上研究成果,本章提出如下假设。

H_1：环境关心程度对农村消费者生态消费有显著影响。

H_2：污染感知程度对农村消费者生态消费有显著影响。

H_3：对乱丢垃圾问题的态度对农村消费者生态消费有显著影响。

H_4：人口统计学变量(性别、婚姻状况、年龄、文化水平、家庭人均月收入)对农村消费者生态消费有显著影响。

H_5：人口统计学变量(性别、婚姻状况、年龄、文化水平、家庭人均月收入)对农村消费者生态心理意识有显著影响。

第二节　农村消费者生态心理意识对生态消费影响的研究设计

一、问卷设计

本章所用问卷包括三个部分：生态心理意识量表部分、生态消费量表部分、个人背景资料部分。本章中的生态心理意识量表、生态消费量表在借鉴国外较成熟的相应量表基础上(Balderjahn，1988；Schwepker 等，1991)，结合中国实际情况和本章研究对象为农村消费者的特殊背景，对原题进行了适当修改，形成初始量表。在正式量表形成之前，征求了专家对初始量表的修改意见，并对农村消费者进行了预调查，反复修改最终确定量表。量表测量维度及题项如表 4.1 所示，生态心理意识量表包括环境关心、污染感知、对乱丢垃圾的问题态度三个维度；生态消费量表包括生态购买、生态使用两个维度；采用 5 级 Likert 量表，"1""2""3""4""5"分别表示对测量题项"非常不同意""不同意""不确定""同意""非常同意"。问卷的个人背景资料部分选择了性别、婚姻状况、年龄、文化水平、家庭人均月收入五个人口统计学变量，由于研究对象为农村消费者，其职业绝大部分为农民，因此没有引入职业作为人口统计学变量。

表 4.1　生态心理意识量表及生态消费量表

量表名称	维度名称	测量题项
生态心理意识	A 环境关心	A_1 我平时关心周边的环境状况 A_2 购买产品时，我尽量考虑产品的使用会对环境与他人造成什么影响 A_3 我总会考虑所买产品的环境安全性
	B 污染感知	B_1 中国正面对垃圾处理问题 B_2 如果不控制，我担心以后没地方堆放垃圾 B_3 人们可以适量减少塑料袋和包装袋的使用
	C 对乱丢垃圾问题的态度	C_1 看见路上或其他地方垃圾满地会让我心烦 C_2 看见有人乱丢垃圾会让我心烦

续表

量表名称	维度名称	测量题项
生态消费	D 生态购买	D_1 与包装袋不可自然降解的产品相比,我更愿意购买包装袋可以自然降解的类似产品 D_2 与包装袋不可回收的产品相比,我更愿意购买包装袋可以回收的类似产品 D_3 与小包装袋的产品(如小包装袋的洗衣粉)相比,我更愿意购买大包装袋的类似产品(如大包装袋的洗衣粉)
	E 生态使用	E_1 我平时很节约用电 E_2 我常把家庭的废纸、塑料瓶等收起来卖掉

二、数据收集

数据收集在湖南完成,根据湖南十四个市州的经济发展状况、人们消费水平与生活习惯将其划分为长株潭城市群、长株潭城市群周边五市、湖南其他六个市(州)三个大区域,然后在三个大区域中各选择一个市(州)进行调查。出于调查的便利性,分别选择了湘潭、益阳、邵阳。调查时间为2009年2月8日到2009年2月27日,课题组进入农村居民家中进行面对面问卷调查,分别完成60、74、74份问卷,共208份问卷。由于农村消费者文化水平比较低,为了减少其对题项理解的偏差,问卷调查中对农村消费者难以理解的问题,都进行了耐心解释。对于作答有关键漏项、答案有明显逻辑错误、作答态度明显不认真的问卷进行剔除,共剔除无效问卷6份,得到有效问卷202份,问卷有效回收率为97%。

根据有效问卷,对样本基本信息进行整理,如表4.2所示。调查样本中,男性偏多,共141人,占样本总数的69.8%,因为农村大多是男性为一家之主,女性大多会主动将问卷推给男性填写;已婚者较多,共130人,占到64.4%;年龄主要集中在45岁及以下,占到总样本的80.7%;调查样本的文化水平主要是初中文化,占到56.4%;家庭人均月收入主要在501~900元,占到总样本的54.4%。

表4.2 样本基本信息

人口统计学变量	类别	人数/个	比例/%
性别	男	141	69.8%
	女	61	30.2%
婚姻状况	已婚	130	64.4%
	未婚	72	35.6%

续表

人口统计学变量	类别	人数/个	比例/%
年龄	25 岁及以下	70	34.6%
	26~35 岁	45	22.3%
	36~45 岁	48	23.8%
	46~55 岁	27	13.4%
	56 岁及以上	12	5.9%
文化水平	小学	33	16.4%
	初中	114	56.4%
	高中或中专	38	18.8%
	大专及以上	17	8.4%
家庭人均月收入	100 元及以下	6	3.0%
	101~300 元	7	3.5%
	301~500 元	28	13.9%
	501~700 元	59	29.2%
	701~900 元	51	25.2%
	901 元以上	51	25.2%

三、研究方法

1. 数据分析方法。本章采用 SPSS 13.0 进行分析。将运用因子分析方法来检验量表效度；借助聚类分析方法(即一种能够将一批数据的样本或变量的特征按照关系远近程度进行分类的统计分析方法)中的 K-Means 聚类方法(K-Means 聚类方法是指能够快速将数据分成 K 个类别的聚类方法)，对不同生态心理意识水平、生态消费水平的样本进行分类，以便采用二元 Logistic 回归模型分析农村消费者生态心理意识、人口统计学变量对生态消费的影响；使用多因素方差分析方法并结合描述性统计分析方法来了解不同样本群体生态心理意识水平的差异性。其中 Logistic 回归模型的具体形式为：

$$Y = \ln\left(\frac{P_i}{1 - P_i}\right) = B_0 + B_1 X_1 + \cdots + B_n X_n \qquad (1)$$

(1)式中，Y 为因变量，P_i 表示事件发生的概率，B_0 为常数项，B_1，$\cdots$，B_n 分别为自变量 X_1，$\cdots$，X_n 的系数。

2. 变量说明。本章中 Logistic 回归模型的因变量为农村消费者生态消费水平，自变量包括生态心理意识水平、人口统计学变量。由于二元 Logistic 回归模型的因变量需为分类变量，因此，本章将通过聚类分析方法将生态消费变量转换成分类变量，将具体借助聚类分析方法中的 K-Means 聚类方法将不同生态消费水平的样本分成生态消费水平相对较低与生态消费水平相对较高的两类样本群体，并将生态消费水平相对较低的样本赋值为 0，生态消费水平相对较高的样本赋值为 1。生态心理意识变量作为 Logistic 回归模型的自变量，数理统计意义上可以为连续型变量，为了能对回归结果进行有效的理论解释，同样将通过 K-Means 聚类方法将生态心理意识三个测量变量转换成分类变量。将环境关心程度相对较低、污染感知程度相对较低、乱丢垃圾问题态度相对不强烈的样本赋值为 0，反之，赋值为 1。人口统计学变量取值为问卷设计时的取值。本章变量具体说明如表 4.3 所示。

表 4.3 变量说明

变量	取值	定义
生态消费水平（Y）	0 或 1	相对较低 = 0，相对较高 = 1
环境关心程度（X_1）	0 或 1	相对较低 = 0，相对较高 = 1
污染感知程度（X_2）	0 或 1	相对较低 = 0，相对较高 = 1
乱丢垃圾问题态度（X_3）	0 或 1	相对不强烈 = 0，相对强烈 = 1
性别（X_4）	0 或 1	男 = 0，女 = 1
婚姻状况（X_5）	0 或 1	已婚 = 0，未婚 = 1
年龄（X_6）	1～5	25 岁及以下 = 1，26～35 岁 = 2，36～45 岁 = 3，46～55 岁 = 4，56 岁及以上 = 5
文化水平（X_7）	1～4	小学 = 1，初中 = 2，高中或中专 = 3，大专及以上 = 4
家庭人均月收入（X_8）	1～6	100 元及以下 = 1，101～300 元 = 2，301～500 元 = 3，501～700 元 = 4，701～900 元 = 5，901 元以上 = 6

第三节　农村消费者生态心理意识对生态消费影响的实证检验

一、量表的信度、效度检验

1. 生态心理意识量表的信度、效度检验。本章采用最常用的 Cronbach's α 系数检验量表的信度，利用因子分析方法验证量表的效度。在进行因子分析前，先对数据进行适宜性检验。检验表明，KMO 值为 0.809，Bartlett 球形检验结果显著（$p = 0.000$），说明本章数据适合做因子分析。通过对生态心理意识量表 8 个测量题项进行因子分析，从中提取了 3 个公共因子（如表 4.4 所示），累积解释变异为 66.9%。旋转后的因子负荷矩阵结果显示每个测量题项均按预期分布于 3 个因子，并且在相应因子上的负荷大于 0.5，每个题项的因子负荷在 3 个因子间均具有较好的区分度，因此，生态心理意识量表效度良好。计算生态心理意识量表环境关心、污染感知、乱丢垃圾问题态度三个维度分量表的 Cronbach's α 系数值分别为 0.685、0.646、0.777，生态心理意识量表信度较好。

表 4.4 生态心理意识量表的因子分析结果

测量题项	因子负荷		
	环境关心	污染感知	乱丢垃圾问题态度
A1	0.683	0.055	0.366
A2	0.763	0.143	0.229
A3	0.740	0.445	−0.038
B1	0.245	0.721	0.229
B2	0.096	0.782	0.082
B3	0.134	0.662	0.180
C1	0.141	0.184	0.877
C2	0.284	0.235	0.805

注：KMO 值为 0.809，Bartlett 球形检验结果显著（$p=0.000$），3 个因子的累积解释变异为 66.9%。

2. 生态消费量表的信度、效度检验。如表 4.5 所示，对数据进行适宜性检验，KMO 值为 0.595，Bartlett 球形检验结果显著（$p=0.000$），数据适合做因子分析。进行因子分析共提取 2 个公共因子，累积解释变异为 67.9%，每个测量题项均按预期分布于 2 个因子，在相应因子上的负荷大于 0.5，每个测量题项的因子负荷在 2 个因子间均具有较好的区分度。计算生态消费量表生态型购买、生态型使用两个维度分量表的 Cronbach's α 系数值分别为 0.635、0.725。以上结果表明，生态消费量表具有较好的效度和信度。

表 4.5 生态消费量表的因子分析结果

测量题项	因子负荷	
	生态型购买	生态型使用
D1	0.852	−0.084
D2	0.810	0.060
D3	0.578	0.390
E1	0.026	0.880
E2	0.071	0.859

注：KMO 值为 0.595，Bartlett 球形检验结果显著（$p=0.000$），2 个因子的累积解释变异为 67.9%。

二、生态心理意识、人口统计学变量对生态消费的影响分析

1. 聚类分析结果。为满足 Logistic 回归模型分析对变量的要求，本章借助聚类分析方法中的 K-Means 聚类方法将不同生态消费水平的样本分成生态消费水平相对较低与生态消费水平相对较高的两类样本群体。具体操作过程在 SPSS 13.0 软件中完成，操作过程中以生态消费变量的测量题项得分均值进行聚类，计算机运行后将样本群体分成生态消费水平相对较低与相对较高两类，本章中将生态消费水平相对较低的样本赋值为 0，生态消费水平相对较高的样本赋值为 1。随后，利用同样的方法分别以环境关心、污染感知、乱丢垃圾问题态度变量的测量题项得分均值进行聚类，将样本分别分成环境关心程度、污染感知程度、乱丢垃圾问题态度强烈程度相对较低与相对较高的样本群体（见表 4.6）。将环境关心程度、污染感知程度、乱丢垃圾问题态度强烈程度相对较低的样本赋值为 0，相对较高的样本赋值为 1。

表 4.6　K-Means 聚类结果

分类变量	样本组	样本数	类中心
生态消费水平	低样本组	72	3.28
	高样本组	130	4.16
环境关心程度	低样本组	108	3.06
	高样本组	94	4.24
污染感知程度	低样本组	42	2.97
	高样本组	160	4.24
乱丢垃圾问题态度强烈程度	低样本组	31	2.63
	高样本组	171	4.15

2. Logistic 模型回归结果。本章运用 SPSS 13.0 统计软件进行回归分析，以生态消费作为因变量，以环境关心、污染感知、乱丢垃圾问题态度、性别、婚姻状况、年龄、文化水平、家庭人均月收入作为自变量。回归分析结果如表 4.7 所示。

（1）环境关心程度对农村消费者生态消费的影响。农村消费者环境关心程度在 10% 水平上显著正向影响其生态消费，对环境越关心的农村消费者越倾向于生态消费。在环境问题日益突出的农村地区，越关心环境的消费者，在平时的消费行为中更会考虑环境保护因素，更愿意选择生态消费方式为改善环境尽一份力量。假设 H_1 得到验证。

（2）污染感知程度对农村消费者生态消费的影响。农村消费者污染感知程度在 5% 水平上显著正向影响其生态消费，对污染感知程度越高的农村消费者越倾向于生态消

费。越深刻感觉到污染问题的消费者，越能体会到污染问题给自身及其他农村居民生产、生活带来的危害，在平时的消费中更加倾向于能够减少污染的生态消费行为。假设 H_2 得到验证。

（3）对乱丢垃圾问题的态度对农村消费者生态消费的影响。农村消费者对乱丢垃圾问题的态度正向影响其生态消费，但不显著，可能是由于农村消费者缺乏生态知识而没有意识到进行生态消费可以有效减少乱丢垃圾行为，认为减少乱丢垃圾现象主要依靠个人修养。假设 H_3 不成立。

（4）人口统计学变量对农村消费者生态消费的影响。农村消费者的年龄在 10% 水平显著正向影响其生态消费，年龄越大的农村消费者越倾向于生态消费，年龄越大的农村消费者对生态环境恶化的危害认识越深刻，往往更注重生态消费。农村消费者文化水平在 10% 水平上显著负向影响其生态消费，文化水平越低的农村消费者越倾向于生态消费，文化水平越高的农村消费者往往更能跟上消费的潮流，注重物质消费而忽视生态消费。性别、婚姻状况、家庭人均月收入等人口统计学变量对农村消费者生态消费影响均不显著，假设 H_4 得到部分验证。

表 4.7 Logistic 模型回归分析结果

X	B	S. E.	Wald	Sig.	Exp（B）
环境关心	0.542*	0.328	2.732	0.098	1.720
污染感知	1.029**	0.414	6.179	0.013	2.799
乱丢垃圾问题态度	0.379	0.458	0.685	0.408	1.461
性别	0.109	0.348	0.098	0.754	1.115
婚姻状况	−0.423	0.448	0.892	0.345	0.655
年龄	0.320*	0.195	2.699	0.100	1.378
文化水平	−0.351*	0.213	2.715	0.099	0.704
家庭人均月收入	0.101	0.140	0.523	0.470	1.107
常数项	−2.984**	1.388	4.620	0.032	0.051

注：①变量进入采用的是 Enter 方法，卡方检验结果为 23.734，自由度为 8，显著性概率为 0.003；最终模型的拟合优度检验：−2LL 值为 239.407，Cox & Snell R^2 为 0.111；Nagelkerke R^2 为 0.152。②** 、* 分别表示 $p<0.01$、$p<0.05$。

三、不同样本群体的生态心理意识差异性分析

为了更深层次了解农村消费者生态心理意识情况，从而为促进生态消费提供更全面、更科学、更有针对性的建议，我们利用多因素方差分析方法并结合均值比较分析方

法分析了不同样本群体间生态心理意识的差异性，假设 H_5 得到了部分验证。

1. 不同样本群体环境关心的差异性分析。以人口统计学变量为因素变量对环境关心变量做多因素方差分析，结果如表 4.8 所示，不同性别、不同婚姻状况、不同年龄、不同文化水平、不同家庭人均月收入的农村消费者环境关心程度不存在显著性差异。

表 4.8　环境关心变量多因素方差分析结果

因素变量	自由度	均方	F 值	Sig.
性别	1	0.013	0.031	0.860
婚姻状况	1	0.406	0.984	0.324
年龄	4	0.685	1.662	0.164
文化水平	3	0.246	0.596	0.619
家庭人均月收入	5	0.350	0.849	0.518

2. 不同样本群体污染感知的差异性分析。以人口统计学变量为因素变量对污染感知变量做多因素方差分析，结果如表 4.9 所示，只有不同文化水平的农村消费者在污染感知方面存在显著性差异。不同性别、不同婚姻状况、不同年龄、不同家庭人均月收入的农村消费者在污染感知方面没有显著性差异。

表 4.9　污染感知变量多因素方差分析结果

因素变量	自由度	均方	F 值	Sig.
性别	1	0.000	0.001	0.975
婚姻状况	1	0.722	1.857	0.176
年龄	4	0.310	0.797	0.530
文化水平	3	0.833	2.144	0.099
家庭人均月收入	5	0.702	1.805	0.118

为了进一步了解不同文化群体污染感知差异的具体表现，对不同文化水平的样本群体的污染感知做了均值比较，结果如表 4.10 所示。文化水平在大专以下的农村消费者，文化水平越高污染感知的程度也越高，而文化水平在大专及以上的农村消费者污染感知程度低于初中及高中或中专文化水平农村消费者但高于小学文化水平的农村消费者。小学文化的农村消费者污染感知程度最低的原因主要是这一类消费群体经济收入较低，没有形成高质量的生活需求。而大专及以上文化水平的消费者更能跟上消费的潮流，注重物质消费，产生的废弃物更多，进而对主要由于自身造成的污染的感知小于文化程度相对更低的农村消费者。总体来看，初中与高中或中专文化水平的农村消费者污染感知程

度明显高于小学与大专及以上的农村消费者，呈橄榄型分布。

表 4.10 不同文化水平样本群体污染感知均值比较

文化水平	样本数/个	比例/%	均值	标准差
小学	33	16.3%	3.7374	0.7301
初中	114	56.5%	4.0263	0.6242
高中或中专	38	18.8%	4.0789	0.6686
大专及以上	17	8.4%	3.8627	1.0142

3. 不同样本群体对乱丢垃圾问题态度的差异性分析。以人口统计学变量为因素变量对乱丢垃圾问题态度变量做多因素方差分析，结果如表 4.11 所示，不同性别、不同家庭人均月收入的农村消费者对乱丢垃圾问题态度分别存在 10% 水平、5% 水平显著性差异。不同婚姻状况、不同年龄、不同文化水平的农村消费者在乱丢垃圾问题态度方面不存在显著性差异。

表 4.11 乱丢垃圾问题态度变量多因素方差分析结果

因素变量	自由度	均方	F 值	Sig.
性别	1	1.212	2.989	0.087
婚姻状况	1	0.174	0.429	0.514
年龄	4	0.567	1.399	0.239
文化水平	3	0.218	0.538	0.657
家庭人均月收入	5	1.131	2.790	0.021

其中，女性比男性的均值更高（见表 4.12），女性比男性更在乎乱丢垃圾问题的原因可能是农村消费者一般是男主外女主内，男性从事的工作一般是农业生产，从事农业生产会产生更多的废弃物，进而对一般的乱丢垃圾问题不太敏感，而女性一般是在家里从事家务劳动，两者的工作性质对乱丢垃圾问题的态度起了关键性区分作用。

表 4.12 不同性别样本群体对乱丢垃圾问题态度的均值比较

性别	样本数/个	比例/%	均值	标准差
男性	141	69.8%	3.8582	0.78223
女性	61	30.2%	4.0574	0.70769

至于不同家庭人均月收入的农村消费者，由表 4.13 可知 300 元及以下的样本在 2 个区间中一共才 13 个，会在很大程度上影响结果的准确性，因而本章主要分析家庭人

均月收入在301元及以上的农村消费者,结果表明收入越高均值越高。主要由于收入高的农村消费者有更好的经济条件打造更生态的生活环境,家庭人均月收入低的农村消费者由于经济窘迫,大部分经济收入用于解决家庭基本生存问题,不会很注重生态生活条件,不会太在乎乱丢垃圾问题。

表4.13 不同家庭人均月收入的样本群体对乱丢垃圾问题态度的均值比较

家庭人均月收入	样本数/个	比例/%	均值	标准差
100元及以下	6	3.0%	3.8333	0.81650
101~300元	7	3.5%	3.9286	1.09653
301~500元	28	13.9%	3.4286	0.93010
501~700元	59	29.2%	3.9237	0.66185
701~900元	51	25.2%	4.0196	0.68528
901元以上	51	25.2%	4.0882	0.71907

以上分析进一步揭示了农村消费者乱丢垃圾问题态度对生态消费没有显著性影响的原因。女性虽然比男性更在乎乱丢垃圾问题,但生态消费往往成本更高,很大程度减少了非常重视经济成本的女性的生态消费行为;家庭经济收入越高的农村消费者虽然在乎乱丢垃圾问题,但是他们在进行生态消费的同时也偏好物质消费。因此,乱丢垃圾问题态度很难对生态消费产生显著性影响。

第四节　结论与讨论

一、研究结论

通过实地进入农村居民家中发放调研问卷获取农村消费者生态心理意识与生态消费信息的第一手资料,综合运用多种统计分析方法实证研究了农村消费者的生态心理意识对生态消费的影响,得出了以下主要结论:

第一,农村消费者环境关心、污染感知程度显著正向影响其生态消费,乱丢垃圾问题态度对生态消费有正向影响,但不显著。平时越关心环境、对污染问题感知越强烈的农村消费者越重视生态消费。

第二,农村消费者的年龄显著正向影响其生态消费。年龄越大的农村消费者越倾向于生态消费。

第三,特定农村消费者群体的生态心理意识强度存在显著性差异。初中与高中或中专文化水平的农村消费者污染感知明显高于小学与大专及以上文化水平的农村消费者。女性农村消费者比男性农村消费者更在乎乱丢垃圾问题。家庭收入水平越高的农村消费者越在乎乱丢垃圾问题。

二、促进农村生态消费的建议

根据以上研究结论,就促进农村生态消费提出如下建议:

(1)政府要有组织、有计划、分步骤地综合运用教育、经济、行政、法律等手段引导不同区域的农村生态消费。民间机构和社会团体等非营利组织要运用社会营销方法和技术分类促使农村消费者接受生态消费行为。

(2)企业开拓农村生态消费市场,需要准确评估农村市场人口容量。对农村市场的评估除了对农村消费者购买力的评估和对农村消费者购买意愿的评估,还需重点对农村消费者人口容量进行评估。而企业对农村市场人口容量进行评估要根据农民数量及结构的变化而更新,就目前来看,虽然农村市场主要由农民组成并且大多数农民属于农村市场消费者,但并不是所有农民都属于农村市场消费者,并且可能还会随着城镇化的推进与城乡二元体制的改革发生新的变化,因此,要用发展的眼光看待农村市场人口容量同农民数量与结构的关系。

(3)企业要通过针对性较强的市场营销推广活动促进农村消费者的生态消费。例如,企业在对农村消费者的环境关心、污染感知、乱丢垃圾问题态度进行影响时可以根据人口统计学变量进行市场细分,选择特定的目标市场进行相应的营销推广。由于农村消费者年龄越大,环境关心程度越高,大专及以上文化水平的农村消费者污染感知程度低并倾向物质型消费忽视生态型消费,男性及家庭人均月收入低的农村消费者不太在乎乱丢垃圾问题,企业可以综合运用经济、法律、文化、传播、沟通、公益营销等多种手段提高年轻农村消费者的环境关心程度,提高高文化水平农村消费者的污染感知程度并引导其树立崇尚节俭、反对浪费、节约资源、保护环境的消费观念,提高男性及家庭人均月收入低的农村消费者对乱丢垃圾所造成危害的认识程度,从而促进农村生活生态环境的改善。

(4)企业开拓农村生态消费市场,可以打破事先找准生态消费的影响因素再对此一一攻略的传统营销模式,逆向突破从生态消费本身着手,先让利让农村居民参与生态消费并逐渐形成生态消费偏好。农村居民的生态消费体现的更是一种经济节约型消费,不是经济节约型的生态产品很难在农村消费市场畅销,因此,企业可以先采用价格优惠的策略让农村居民尝试生态消费逐渐体会到生态消费所带来的经济上的好处和巨大的生态福利,进而形成生态消费偏好,再逐渐提价。

三、主要创新

（1）与生态消费问题的已有研究成果主要以城市居民为研究对象相比，本研究在国内同行中率先采用实证研究的方法将生态消费问题的研究对象延伸到了农村居民。

（2）在国内同类研究中率先采用二元 Logistic 回归模型这一数据分析方法。同时对不同人口统计学变量样本群体的农村居民生态心理意识是否存在差异进行了识别和比较。

四、研究局限

（1）本研究的样本数量有限。本研究虽然收集了 202 份有效问卷，符合研究的基本要求，但对于几亿农村居民这样庞大的数据，研究结论的普适性难以保障。

（2）本研究的研究区域较窄。本研究只根据调查的便利性调查了湖南省益阳、湘潭、邵阳三个市的农村居民，有可能降低研究结论在全国甚至中部地区的普适性。

五、未来研究方向

（1）扩大研究样本、拓宽研究区域。扩大研究样本、拓宽研究区域有利于提高研究成果的普适性。如果条件允许的话，还可以选择不同的农村区域进行深入研究或对比研究，如牧区农村居民、平原地区农村居民、丘陵地区农村居民生态消费的深入研究与对比研究，东、中、西部农村居民生态消费的深入研究与对比研究，等等。

（2）弥补除城市与农村生态消费研究外的中间遗忘地带。目前对生态消费的研究，以城市居民为研究对象的研究成果较多，并且大多以大城市、省会城市居民为研究对象；少数文献对农村居民的生态消费问题进行了研究，本研究也专门对农村居民的生态消费问题进行了探讨。除了大城市居民、省会城市居民、农村居民的生态消费问题研究，还很有必要对地级市居民、县城居民，甚至发达城镇居民、低收入城乡居民的生态消费问题进行研究或者将其与大城市居民、省会城市居民、农村居民的生态消费问题进行对比研究。

（3）丰富生态消费研究的关系变量。本研究只选用了生态心理意识变量作为生态消费的关系变量，并且没有引入任何中间变量与调节变量进行研究。在进一步的研究中可以选择政策法规、价格、价值观、性格等关系变量，除研究这些变量间的直接效应，还可以研究这些变量之间的间接效应、调节效应，更深层次、更清晰地研究农村居民生态消费机理。

第五章　农村居民低碳消费行为的影响因素

低碳经济是经济发展方式、能源消费方式、人类生活方式的一次新革命，其根基是低碳消费。本章在对低碳消费行为的影响因素以往研究成果进行系统梳理的基础上，以态度—情境—行为理论和理性行为理论为指导，构建农村居民低碳消费行为影响因素的概念模型。在东部山东省、中部湖南省和河南省、西部新疆维吾尔自治区和四川省面向农村居民发放问卷收集数据，运用描述性统计、单因素方差分析、结构方程模型、多群组结构方程模型对概念模型进行实证检验。根据实证结果，分别对政府提出政策建议、对企业提出营销建议。

第一节　农村居民低碳消费行为影响因素的理论模型

一、问题的提出

全球能源经济安全和环境恶化，特别是碳排放带来的温室效应给人类生存和发展带来的严峻挑战，促进了低碳经济的产生和发展。英国 2003 年在《能源白皮书》中指出，低碳经济是通过更少的自然资源消耗和更少的环境污染，获得更多的经济产出；低碳经济是创造更高的生活标准和更好的生活质量的途径和机会，也为发展、应用和输出先进技术创造了机会，同时也能创造新的商机和更多的就业机会（UK Government，2003）。表面上低碳经济是为减少温室气体排放所做努力的结果，但实质上，低碳经济是经济发展方式、能源消费方式、人类生活方式的一次新革命，将全方位地改造建立在化石燃料基础之上的现代工业文明，转向生态经济和生态文明（鲍键强等，2008）。低碳消费是低碳经济的根基，要想推动低碳经济的发展，不仅仅需要物质方面的基础，还要在思想上改变人们的传统思维，使低碳消费由时尚变为每个人的共同职责（郭力方，2009）。以消费方式创新推进低碳经济，在不降低社会人群生活质量的前提下，进行消费领域的节能和减少二氧化碳排放，这有着巨大潜力（冯之浚、牛文元，2009）。2010 年 3 月，时任总理温家宝在政府工作报告中提出，"要努力建设以低碳排放为特征的产业体系和消费模式",可见推进低碳消费意义重大。

关于低碳消费行为的研究,国外已有成果具有重要的参考价值。但是,由于中国文化与外国存在很大差异,况且,低碳消费在国外也是一个前沿课题,因此对中国消费者的低碳消费行为进行研究非常必要。中国是一个人口大国,大部分居民生活在农村,农村生态文明建设直接影响到国家的生态文明建设。农村市场是一片蓝海,有着巨大的市场空间。随着农民经济收入和生活水平的提高,他们的需要既会有量的增加,也会有质的提升,将吸引越来越多的企业开拓、巩固农村市场。本章试图在生态文明建设背景下,识别影响农村居民低碳消费行为的关键因素,探究农村居民低碳消费行为的影响机理,为企业开辟农村低碳市场、国家促进农村低碳经济发展提供理论依据。

二、文献回顾与研究设计

(一)低碳消费概念

从国外文献看,研究者很少使用低碳消费的概念,研究主要集中在居民节能行为、居民能源消费行为和居民能源使用行为,这些研究也紧紧抓住了低碳消费的本质——节约能源、减少碳排放。2009年底哥本哈根气候会议召开以后,国内学术界开始界定低碳消费的含义,但是目前在这一方面还存在分歧。有学者认为,低碳消费是基于经济社会发展过程中造成的能源消耗大、资源浪费、碳排放日益增多、环境污染、生态平衡严重失调等问题而提出的一种新型消费方式(李琴,2010)。陈晓春等人(2009)认为,低碳消费是一种基于文明、和谐、健康、科学、安全的生态化消费方式,其实质是消费者对低碳产品的选择、购买与消费的活动,具体包括五个层次:一是"恒温消费",即消费过程中温室气体排放量最低;二是"经济消费",即对资源和能源的消耗量最小、最经济;三是"安全消费",即消费结果对消费主体和人类生存环境的健康危害最小;四是"可持续消费",即对人类的可持续发展危害最小;五是"新领域消费",即转向消费新能源,鼓励开发新低碳技术、研发低碳产品,拓展新的消费领域,更重要的是推动经济转型,形成生产力发展新趋势,将扩大生产者的就业渠道、提高生产工具的能源效益、增加生产对象的新价值标准。而陈柳钦(2010)认为低碳消费概念由三个层次组成:一是消费者购买未被污染或有助于公众健康的绿色食品;二是消费过程中注重对垃圾的处理,不污染环境;三是消费者转变消费观念,崇尚自然、追求健康,在追求生活舒适的同时,注重环保、资源节约和能源使用。一些学者(东郭苇场、纪石、王建明等,2010)指出:低碳,即较低的温室气体(二氧化碳为主)排放;低碳消费,是指消费者按照低碳的要求,购买、使用和处理生活所需的能源资源和物质产品。郭立伟、饶宝红(2011)认为,低碳消费包括低碳生产性消费和低碳生活性消费,指在消费领域人们购买和使用资源节约型和环境友好型的产品，最大限度地节约资源、保护环境，降低二氧化碳为主的温室气体排放，以应对气候变化，其实质是可持续消费。

虽然以上学者在低碳消费概念界定上存在一定的分歧，但本质内涵是一致的，即节约能源消费、减少消费过程的碳排放。陈柳钦、王建明等从消费过程，即购买、使用、处理的角度阐述了低碳消费，颇有启迪。因此，本章从低碳消费过程的角度界定低碳消费的概念。低碳消费，是指消费者按照低碳的要求，购买、使用和处理生活所需的能源资源和物质产品。本章根据消费过程设计了低碳消费行为量表。

（二）低碳消费行为的影响因素

国外研究成果主要集中在家庭节能行为、家庭能源消费行为的影响因素等方面。Walsh（1989）研究发现，家庭收入在统计上与大型的节能投资明显正相关，家庭规模直接影响能源消费。Sardianou（2007）实证研究了私人月收入、年龄、家庭规模教育水平等变量对家庭能源消费的影响作用。研究结果表明，私人月收入对于节能活动数量的影响在统计上是显著的变量，呈正相关关系；年龄与家庭的能源消费水平正相关，即老年人不倾向于减少能耗；家庭规模与家庭内能源消费存在正相关关系，成员数目较多的家庭比较倾向于采取节能措施；教育水平对家庭节能活动的数量没有显著影响，但与不同节能措施的采用程度呈显著的正相关关系，家庭成员受教育程度越高，越偏好通过技术节能来提高能效减少能源消费，反之则更倾向行为节能措施。Vringer 和 Blok（1995）发现年龄在 40~50 岁的居民家庭能源消耗最大，而这也正是收入最高的群体。Gwendolyn Brandon（1999）针对降低家庭能源消费进行了量化和质化研究，研究发现收入和人口统计特征不影响家庭能源消费，环保态度和反馈影响家庭能源消费。Stern（2000）通过实证研究发现，包括环境关注在内的态度类变量对家庭能源消费行为有较弱影响。Linden 和 Earlsson-Kanyam（2005）把影响瑞典居民能源行为的因素分为内部因素和外部因素。其中内部因素包括居民对能源问题的态度和关注、生活习惯等；外部因素主要是各种相关政策。Wokje Abrahamser 和 Linda Steg（2005）通过对家庭节能行为干预研究的述评发现，个人消费观念、偏好影响家庭节能行为。Linda Steg（2007）研究发现，环境关注影响能源节约行为，环境关注也是影响节能政策接受度的重要因素。Paul Upham（2010）通过对公众"碳标签"认知与家庭碳减排的关系研究发现，公众"碳标签"认知显著正向影响家庭碳减排。

国内学者王效华等（2001）对中国农村家庭能源消费行为进行了实证研究，发现人均有效热、人均电力及商品能比例影响农村家庭能源消费行为。李国柱（2007）调查研究了中国农村居民能源使用的情况，发现价格和能源产品获得的便利性影响农村居民的能源产品选择。陈利顺等（2008）对城市居民三类能源消费行为——能源购买行为、住宅能源使用、交通能源行为进行了实证研究，开发了适用于我国城市居民能源消费行为的测量量表，并构建了居民能源消费行为评价模型。其通过问卷调查发现：节能产品的技术与可靠性、节能产品的价格、社会规范、政策法规、信息指导与宣传等影响居民能源消费行为。陈普兴（2009）对农村消费信贷对农村消费的影响进行了实证研究，运用协整分析、格兰杰因果检验等计量方法，研究发现农村消费信贷显著正向影响农村消费（包括能源消费）。张奎等（2010）的研究也证实了这一结论。巢桂芳（2010）经实证调查发现，政府对低碳经济知识宣传力度不够，影响消费者参与低碳消费的程度，并且大多数人的低碳消费意愿不足。余艳等（2010）研究了低碳经济环境下的消费行为，指出产品本身价值、低碳认知、消费者群体、国家相关政策影响消费者的低碳消费行为。王建明（2010）通过深度访谈，运用扎根理论研究了公众低碳消费行为的心理归因。研究发现，环境问题认知、个人责任意识、低碳消费知识、感知个体效力显著影响低碳消费行为。王淑新、何元庆等（2010）提出，影响我国居民低碳消费模式的因素有宏观和微观之分。宏观层面（能源制度及消费政策、消费行为导向）和微观层面（家庭收入、家庭规模、个人偏好）对居民低碳消费模式都有重要影响。王兆华等（2011）随机调查了816个北京家庭节约用电行为，并利用逻辑回归方法进行分析，发现政府政策正向影响节约用电行为，感知到的不便利性负向影响节约用电行为。牛文静和陈红（2011）从社会消费文化视角探讨了低碳消费模式的形成，通过社会消费文化对个体消费行为包裹作用的研究发现，要想使个体消费者最终选择低碳消费行为，要么提高社会消费文化的强度，加大对个体消费行为的包裹作用；要么改变舆论导向，改变消费者的消费价值观。贺爱忠、李韬武、盖延涛（2011）通过问卷调查的方式，运用结构方程模型实证分析了城市居民的低碳消费行为，研究结果表明，城市居民低碳利益关注和低碳责任意识显著正向影响低碳消费。

（三）农村居民低碳消费行为的影响因素

对居民低碳消费行为影响因素的研究主要集中在城市，而对农村居民低碳消费行为影响因素的研究还很少。Tommi Ekholm（2010）基于印度NSSO在1999—2000年间的调查数据，分析了影响印度农村家庭燃料选择的因素。分析结果表明，燃料选择的不便利性造成的成本影响印度农村家庭的燃料选择，进而影响家庭能源使用效率。Guozhu Li等人（2009）调查研究了中国农村居民能源使用的情况，发现能源产品获得的便利性影响农村居民的能源产品选择。陈普兴（2009）对农村消费信贷对农村消费的影响进行了实证研究，运用协整分析、格兰杰因果检验等计量方法，研究发现农村消费信贷显著正向影响农村消费（包括能源消费）。张奎等（2010）的研究也证实了这一结论。李娜、林骋（2009）将农村能源划分为薪柴、秸秆、沼气、电力和煤五种形式，并以北京市农村居民为研究对象，对这五种能源形式对总能源消费的作用进行了回归分析。研究结果表明，薪柴和沼气对总能源消费的影响作用不显著，作为可再生清洁能源的沼气在北京市的农村推广效果不太理想。陈敏娟和邓国用(2010)研究发现，农村居民的生活垃圾排放增加、节约能源使用知识缺乏、家禽养殖污染等，是在农村引导居民的消费向着低碳的方向发展亟待解决的问题。刘叶志(2009)对福建省农村居民能源消费的影响因素进行了实证研究，结果表明福建农村地区居民的能源消费还受能源获取的难易程度和供给的稳定程度影响。

通过文献梳理发现，以上国内外学者的研究主要集中在家庭能源消费(或家庭节能行为)影响因素分析上，并且影响因素不尽相同。少量文献研究了居民低碳消费行为影响因素，但是多集中在城市或特定的消费群体(如大学生)，目前对农村居民的低碳消费行为研究还很少。尽管如此，我们可以借鉴以上学者的研究成果，构建影响农村居民低碳消费行为的理论模型。

行为科学理论认为，人的行为既受个人内在因素的影响，也受外在因素的影响。根据上文所述的前人研究成果，本章选定低碳认知水平、个人消费观念、环境关注程度等内在因素及低碳产品购买便利程度、消费信贷水平、政府政策效果等外在因素为影响低碳消费行为的解释变量。根据理性行为理论，行为的产生直接取决于个体执行具体行为的行为意向，并且行为意向是任何行为表现的必须过程，所有可能影响行为的因素都是通过行为意向来间接影响行为(Fishbein and Ajzen，1980)。所以，本章选定低碳消费意向为中介变量，构建了影响农村居民低碳消费行为的理论模型(如图5.1)，并考察了人口统计学变量(性别、年龄、婚姻状况、家庭规模、年收入、学历、地区差异)的调节作用。

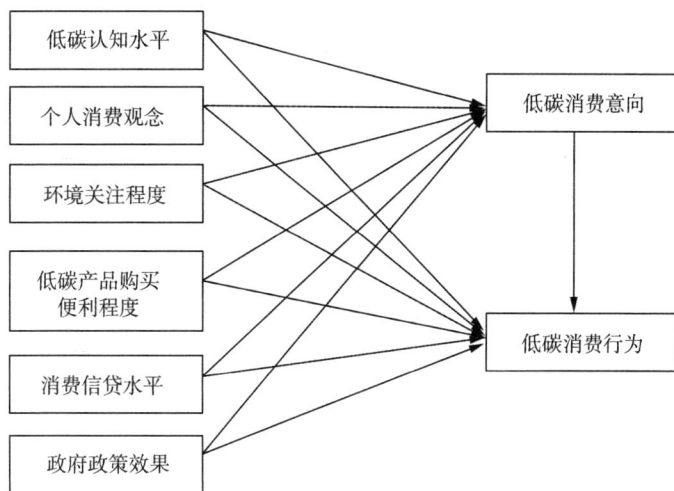

图 5.1　农村居民低碳消费行为影响因素的理论模型

根据本章的理论模型，提出如下假设：

H_1：低碳认知水平对低碳消费行为有显著正向影响。

H_2：个人消费观念对低碳消费行为有显著正向影响。

H_3：环境关注程度对低碳消费行为有显著正向影响。

H_4：低碳产品购买便利程度对低碳消费行为有显著正向影响。

H_5：消费信贷水平对低碳消费行为有显著正向影响。

H_6：政府政策效果对低碳消费行为有显著正向影响。

H_7：低碳认知水平对低碳消费意向有显著正向影响。

H_8：个人消费观念对低碳消费意向有显著正向影响。

H_9：环境关注程度对低碳消费意向有显著正向影响。

H_{10}：低碳产品购买便利程度对低碳消费意向有显著正向影响。

H_{11}：消费信贷水平对低碳消费意向有显著正向影响。

H_{12}：政府政策效果对低碳消费意向有显著正向影响。

H_{13}：低碳消费意向对低碳消费行为有显著正向影响。

第二节　农村居民低碳消费行为影响因素的实证检验

一、量表设计、数据收集

（一）变量的操作性定义

本章概念模型包含了6个解释变量、1个中间变量和1个结果变量，具体的操作性定义如下：

低碳认知是指人们关于为什么和如何去践行低碳消费行为的认识。

个人消费观念是指消费者在进行或准备进行消费活动时对消费对象、消费行为方式、消费过程、消费趋势的总体评价与价值判断。它是个体的价值观念、生活方式、性格趋向、个性特征、消费理念的综合（王建明，2010）。

环境关注是关于保护、控制以及干预自然环境和人造环境的观念总体，同时也包括与这些环境相联系的行为准备（Dunlap and Jones，1992）。

低碳产品购买便利性主要指农村基础设施建设和市场流通体系是否便于低碳产品购买。

消费信贷是指银行向消费者提供的用来满足其消费方面货币需求的贷款（邹东海，1999）。

政策感知效果是指居民对政府政策的感知效果。

低碳消费意向是指居民践行低碳消费的倾向。

低碳消费行为是指消费者按照低碳的要求，购买、使用和处理生活所需的能源资源和物质产品的行为。

（二）量表开发

本章所用问卷包括低碳消费行为影响因素和个人基本信息两部分。由于现有文献还没有关于低碳消费行为方面的成熟量表，本研究在借鉴国内外学者关于消费行为研究的量表的基础上，结合中国农村实际和低碳消费的特征，开发了一份量表。然后，组织本研究团队对量表进行了讨论、审查和科学性的修改，形成了初始问卷。由于初始量表中部分量表是自行开发的，所以在正式调查之前，通过预调查对量表进行了信度和效度分析。预调查选择农村的在校大学生为调查对象，发放问卷 100 份，收回 98 份，且都有效。通过 SPSS 13.0 软件对总量表数据进行了信度和效度分析，结果显示：Cronbach's α =0.829；KMO=0.639。这说明总量表具有良好的信度和效度，可以用于正式调查。通过对农村消费者进行预调查，反复修改后最终形成了本研究的量表。本研究采用 Likert 5 级量表，"1""2""3""4""5"分别代表"非常不同意""不同意""一般""同意""非常同意"。本研究的量表开发参考来源如表 5.1 所示：

表 5.1　量表开发参考来源

模型中的变量	参考来源
低碳认知水平	自行开发
个人消费观念	王建明（2010）
环境关注程度	贺爱忠、戴志利（2009）
低碳产品购买便利性	自行开发
消费信贷水平	自行开发
政府政策效果	自行开发
低碳消费意向	王建明（2010）
低碳消费行为	贺爱忠、戴志利（2009），王建明（2007），Stewart Barr，Andrew W. Gilg et al.（2005）

（三）数据收集

数据收集是在东部山东省、中部湖南省和河南省、西部四川省和新疆维吾尔自治区完成的，调查时间是 2011 年 1 月 18 日到 2011 年 2 月 17 日。由于农村居民文化水平较低，为了保证问卷填写的准确性，现场调查人员进入农村居民家中进行面对面问卷调查，并对难以理解的问题进行耐心解释。调查共发放问卷 300 份，收回问卷 294 份，其中有效问卷 291 份，问卷有效回收率为 99.0%。

根据有效问卷数据，对样本基本信息进行描述性统计，如表 5.2 所示。调查样本中，男性较多，共 155 人，占样本总数的 53.3%；已婚者较多，共 168 人，占样本总数的 57.7%；文化水平低者较多，占总样本的 53.6%；年龄在 35 岁及以下的较多，因为年轻人更容易接受新事物(低碳消费)，占总样本的 70.4%；家庭规模 4 人及以上的居多，占总样本的 72.9%；家庭收入在 20000 元及以下的较多，占总样本的 58.1%；地区分布均匀。

表 5.2　样本基本信息

变量	类别	有效百分比/%	变量	类别	有效百分比/%
性别	男性	53.3	年收入	高（>20000 元）	41.9
	女性	46.7		低（≤20000 元）	58.1
婚姻状况	未婚	42.3	文化水平	高(本科/大专及以上)	46.4
	已婚	57.7		低(其他学历)	53.6
年龄	大（>35 岁）	29.6	地区	东部(山东省)	33.0
	小（≤35 岁）	70.4		中部(湖南省、河南省)	33.7
家庭规模	大（人口数≥4）	72.9		西部(四川省、新疆省)	33.3
	小（人口数<4）	27.1			

二、量表的信度与效度检验

本章利用 SPSS 13.0 和 LISREL 8.7 及 AMOS 7.0 等软件，对样本数据进行分析。量表信度，采用最常用的 Cronbach's α 值检验；量表建构效度，采用 KMO 值是否大于 0.5 及 Bartlett 球形检验是否显著；量表汇聚效度，采用验证性因子分析检验。

（一）量表信度检验

利用 SPSS13.0 对整个量表进行信度分析，运行结果如表 5.3 所示。Cronbach's α 值为 0.825，大于 0.7，说明量表有较好的信度。

表 5.3　量表信度检验结果

Cronbach's α	测量题项数目
0.825	24

（二）量表效度检验

在进行探索性因子分析之前，对数据进行了适宜性检验，结果表明，KMO 值为

0.762，大于标准值 0.5，Bartlett 球形检验结果显著（$p = 0.000$），这说明相关系数矩阵与单位矩阵有显著差异，因此该数据适合做探索性因子分析。通过对整个量表 24 个测量题项进行探索性因子分析，提取 8 个公因子（如表 5.4 所示），方差累积贡献率为 67.615%。方差最大正交旋转之后的因子负荷矩阵显示每个测量题项均按预期落在了 8 个公因子中，且在相应因子上的载荷均大于 0.5，每个题项的因子载荷在 8 个因子间均具有较好的区分度。所以，整个量表的建构效度较好。

表 5.4　探索性因子分析结果

	因子							
	1	2	3	4	5	6	7	8
A1		0.553						
A2		0.832						
A3		0.809						
B1						0.666		
B2						0.793		
B3						0.814		
C1					0.554			
C2					0.705			
C3					0.813			
D1			0.825					
D2			0.789					
D3			0.660					
E1				0.657				
E2				0.825				
E3				0.787				
F1	0.777							
F2	0.849							
F3	0.857							
G1								0.570
G2								0.599
G3								0.626
H1							0.639	
H2							0.803	
H3							0.797	

对整个量表进行一阶验证性因子分析，测量题项因子载荷均大于 0.5，T 值均大于

2。拟合指数如表 5.5 所示，量表验证性因子分析模型具有比较理想的拟合度。因此，整个量表具有良好的汇聚效度。

表 5.5　一阶验证性因子分析结果

指标	绝对拟合度				简约拟合度		增值拟合度		
	χ^2/df	GFI	SRMR	RMSEA	PNFI	PGFI	NFI	NNFI	CFI
评价标准	<3	>0.9	<0.08	<0.08	>0.5	>0.5	>0.9	>0.9	>0.9
模型结果	2.280	0.88	0.058	0.063	0.71	0.66	0.88	0.91	0.93
拟合情况	理想	基本理想	理想	理想	理想	理想	基本理想	理想	理想

三、研究假设检验

本章用结构方程模型进行研究假设检验。

结构方程模型分析可以全面揭示多个外生变量和多个内生变量之间的复杂关系。在结构方程全模型中，以低碳认知水平、个人消费观念、环境关注程度、低碳产品购买便利程度、消费信贷水平、政府政策效果为外生潜变量，以低碳消费意向、低碳消费行为为内生潜变量进行运算。绝对拟合度、简约拟合度和增值拟合度三类整体模型拟合指数如表 5.6 所示，模型与数据的整体拟合度较为理想。因此，本章的结构方程模型具有比较理想的拟合度，可以用它的结果来验证研究假设。

表 5.6　理论模型拟合指数

指标	绝对拟合度				简约拟合度		增值拟合度		
	χ^2/df	GFI	SRMR	RMSEA	PNFI	PGFI	NFI	NNFI	CFI
评价标准	<3	>0.9	<0.08	<0.08	>0.5	>0.5	>0.9	>0.9	>0.9
理论模型	2.280	0.879	0.0584	0.0628	0.712	0.656	0.877	0.909	0.926
拟合情况	理想	基本理想	理想	理想	理想	理想	基本理想	理想	理想

运用结构方程模型，进行假设检验，运算输出的全模型结果如表 5.7 所示。

表 5.7　研究假设检验结果

假设路径	标准化路径系数	T 值	结论
H_1：低碳认知水平→低碳消费行为	−0.07	−0.51	不支持
H_2：个人消费观念→低碳消费行为	0.08	0.90	不支持
H_3：环境关注程度→低碳消费行为	0.39	2.15	支持

续表

假设路径	标准化路径系数	T值	结论
H_4：低碳产品购买便利程度→低碳消费行为	−0.25	−2.27	不支持
H_5：消费信贷水平→低碳消费行为	0.04	0.43	不支持
H_6：政府政策效果→低碳消费行为	−0.16	−1.31	不支持
H_7：低碳认知水平→低碳消费意向	0.36	4.33	支持
H_8：个人消费观念→低碳消费意向	−0.01	−0.23	不支持
H_9：环境关注程度→低碳消费意向	0.38	3.84	支持
H_{10}：低碳产品购买便利程度→低碳消费意向	0.08	1.20	不支持
H_{11}：消费信贷水平→低碳消费意向	0.23	2.88	支持
H_{12}：政府政策效果→低碳消费意向	0.23	2.88	支持
H_{13}：低碳消费意向→低碳消费行为	0.21	2.34	支持

从表5.7中可以看出，假设 H_1、H_2、H_4、H_5、H_6、H_8、H_{10} 被拒绝，因此删除这些假设路径，再运用 LISREL 8.7 对修正之后的模型拟合情况进行了重新检验，检验结果如表5.8所示。从修正模型拟合指数可以看出，各项指标均达到理想水平，这表明修正之后的模型具有不错的拟合度。

表5.8 修正模型拟合指数

指标	绝对拟合度				简约拟合度		增值拟合度		
	χ^2/df	GFI	SRMR	RMSEA	PNFI	PGFI	NFI	NNFI	CFI
评价标准	<3	>0.9	<0.08	<0.08	>0.5	>0.5	>0.9	>0.9	>0.9
修正模型	2.164	0.912	0.0527	0.0618	0.720	0.640	0.919	0.941	0.954
拟合情况	理想	理想	理想	理想	理想	理想	理想	理想	理想

对修正模型进行检验，检验结果如表5.9所示。从检验结果可以看出，修正模型路径的 T 值均大于2，接受各假设。修正模型的具体路径图如图5.2所示。

表5.9 研究假设检验结果

假设路径	标准化路径系数	T值	结论
H_3：环境关注程度→低碳消费行为	0.39	2.15	支持
H_7：低碳认知水平→低碳消费意向	0.36	4.38	支持

续表

假设路径	标准化路径系数	T 值	结论
H₉：环境关注程度→低碳消费意向	0.40	4.48	支持
H₁₁：消费信贷水平→低碳消费意向	0.23	2.54	支持
H₁₂：政府政策效果→低碳消费意向	0.25	3.26	支持
H₁₃：低碳消费意向→低碳消费行为	0.21	2.12	支持

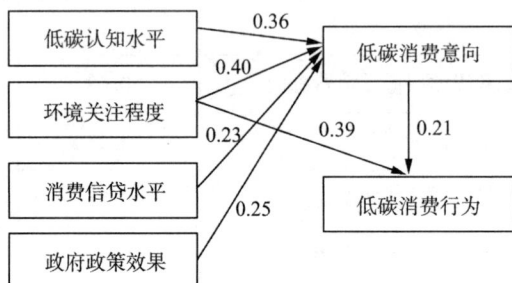

图 5.2　修正模型具体路径图

为了进一步分析解释变量对农村居民低碳消费行为的影响程度，本研究根据表 5.9 和图 5.2 计算了解释变量的直接效应、间接效应和总效应，结果见表 5.10。从表 5.10 中可以看到，环境关注程度对低碳消费行为的影响最大（0.474），是关键变量。

表 5.10　解释变量的直接效应、间接效应和总效应

解释变量	直接效应（DE）	间接效应（IE）	总效应（TE）
低碳认知水平	—	0.0756	0.0756
环境关注程度	0.39	0.084	0.474
消费信贷水平	—	0.0483	0.0483
政府政策效果	—	0.0525	0.0525

第三节　农村居民低碳消费行为影响因素的多群组分析

一、基于人口统计学变量的多群组分析

分析人口统计学变量对农村居民低碳消费行为的影响效应，有助于政府的政策制定和企业的产品研发和市场细分。因此，本章利用 AMOS 7.0 软件，采用多群组的结构方

程模型分析方法，分析人口统计学变量的调节作用。

多群组结构方程模型分析在于评估适配于某一样本的模型是否也适配于其他不同的样本群体。本章利用 AMOS 7.0 进行多群组分析，以人口统计学变量为调节变量，分析中参考了张连刚(2010)的研究。在多群组分析时，需要进行各种参数限制，以找出最适配的路径模型。通过对预设模型(即对模型不做任何参数限制)、协方差相等模型、方差相等模型、路径系数相等模型和模型不变性(即设定两个模型的方差相等、协方差相等、回归系数相等)五个模型输出结果的适配度进行比较分析后，本章最终选择预设模型作为多群组分析模型。多群组分析模型的 CFI 值和 GFI 值介于 0.946 至 0.969 之间，都高于 0.90 的标准值；RMSEA 值介于 0.070 至 0.073 之间，都小于 0.08 的适配临界值；卡方统计量的 p 值未达到显著水平。所以，多群组分析模型与样本数据匹配良好。多群组分析的结果见表 5.11。

表 5.11 多群组分析结果

假设路径	性别		婚姻状况		年龄	
	男	女	已婚	未婚	大	小
H_3	0.381*	0.220	0.223	0.275	0.368	0.269*
H_7	0.398***	0.500***	0.523***	0.315**	0.715***	0.366***
H_9	0.464***	0.420***	0.487***	0.440***	0.454**	0.462***
H_{11}	0.287*	0.045	0.152	0.116	0.225*	0.052
H_{12}	0.602***	0.256**	0.265***	0.478***	0.035	0.533***
H_{13}	−0.112	0.050	0.034	−0.238	0.006	−0.096

假设路径	家庭规模		年收入		学历	
	大	小	高	低	高	低
H_3	0.282*	0.116	0.391	0.175	0.216	0.384
H_7	0.544***	0.370***	0.640***	0.395***	0.496***	0.599***
H_9	0.405***	0.545***	0.429***	0.485***	0.326**	0.448***
H_{11}	0.212*	0.197	0.026	0.220*	0.166	0.078
H_{12}	0.496***	0.035	0.202*	0.565***	0.564***	0.164*
H_{13}	−0.082	0.125	−0.078	−0.024	−0.069	−0.077

注：* 表示 $p<0.05$，** 表示 $p<0.01$，*** 表示 $p<0.001$。

分析结果表明，在环境关注程度对低碳消费行为的正向影响路径 H_3 中，男性($\beta=0.381$，$p<0.05$)较显著，女性不显著；年龄小的居民($\beta=0.269$，$p<0.05$)较显著，年龄大的不显著；家庭规模大的居民($\beta=0.282$，$p<0.05$)较显著，家庭规模小的不显著；

婚姻状况(已婚、未婚)、年收入(高、低)和学历(高、低)的影响均不显著。对上述分析结果归纳后,我们发现,对于男性、年龄小、家庭规模大的农村居民,环境关注程度对低碳消费行为都有显著正向影响。本研究认为,男性环境关注程度比女性高,而环境关注程度是影响低碳消费行为的关键变量,所以他们更趋向于低碳消费;年龄小的农村居民由于接受环保教育的知识较多,环境关注程度较高,促进了他们的低碳消费行为;家庭规模大的农村居民由于生活压力较大,节俭、节约意识较强,更倾向于践行低碳消费行为。

在低碳认知水平对低碳消费意向的正向影响路径 H_7 中,女性($\beta = 0.500$,$p < 0.001$)较男性($\beta = 0.398$,$p < 0.001$)更显著;已婚者($\beta = 0.523$,$p < 0.001$)较未婚者($\beta = 0.315$,$p < 0.01$)更显著;年龄大的居民($\beta = 0.715$,$p < 0.001$)较年龄小的($\beta = 0.366$,$p < 0.001$)更显著;家庭规模大($\beta = 0.544$,$p < 0.001$)较家庭规模小($\beta = 0.370$,$p < 0.001$)更显著;年收入高的居民($\beta = 0.640$,$p < 0.001$)较年收入低($\beta = 0.395$,$p < 0.001$)更显著;学历低的居民($\beta = 0.599$,$p < 0.001$)较学历高的($\beta = 0.496$,$p < 0.001$)更显著。探究原因发现,由于女性较男性感性,她们对新事物的敏感性较高,低碳认知水平较高,进而提升了她们的低碳消费意向;已婚、年龄大、家庭规模大的农村居民节俭意识较强,更易接受低碳的理念,有较高的低碳消费倾向;年收入高的农村居民在生活上更注重健康,低碳消费符合他们的消费倾向;学历低的农村居民虽然文化水平低,导致认知水平较低,但由于生活压力和从小养成的节俭习惯(可能这种习惯他们自己没感觉到),他们却具有比学历高的农村居民更强烈的低碳消费意向。

在环境关注程度对低碳消费意向的正向影响路径 H_9 中,男性($\beta = 0.464$,$p < 0.001$)较女性($\beta = 0.420$,$p < 0.001$)更显著;已婚者($\beta = 0.487$,$p < 0.001$)较未婚者($\beta = 0.440$,$p < 0.001$)更显著;年龄小的居民($\beta = 0.462$,$p < 0.001$)较年龄大的($\beta = 0.454$,$p < 0.01$)更显著;家庭规模小的居民($\beta = 0.545$,$p < 0.001$)较家庭规模大的($\beta = 0.405$,$p < 0.001$)更显著;年收入低的居民($\beta = 0.485$,$p < 0.001$)较年收入高的($\beta = 0.429$,$p < 0.001$)更显著;学历低的居民($\beta = 0.448$,$p < 0.001$)较学历高的($\beta = 0.326$,$p < 0.01$)更显著。我们认为,男性的环境关注水平较高,年龄小的农村居民接受环保教育更多,低碳消费意识较强;已婚、年收入低的农村居民有较强的节俭、节约意识,低碳消费的倾向更强;之所以农村居民中学历低的较学历高的更显著,是因为学历低的居民往往收入水平较低,为了维持生活,养成了较强的节约意识、亲环境意识。

在消费信贷水平对低碳消费意向的正向影响路径 H_{11} 中,女性($\beta = 0.287$,$p < 0.05$)、年龄大的($\beta = 0.225$,$p < 0.05$)、家庭规模大的($\beta = 0.212$,$p < 0.05$)、年收入低的居民($\beta = 0.220$,$p < 0.05$)影响都显著;婚姻状况(已婚、未婚)和学历(高、低)的影响都不显著。也就是说,对于女性、年龄大、家庭规模大、年收入低的农村居民,消费信贷水平对低碳

消费意向有显著正向影响。我们发现，之所以出现这样的结果，是因为女性、年龄大、家庭规模大、年收入低的群体往往相互交错，即较多女性既是家庭规模大的群体也是年收入低的群体或年龄大的群体。年龄大、家庭规模大、年收入低的群体，她们有消费的意愿，但是又缺乏资金，农村消费信贷水平的提高会提升她们的低碳消费意向。

在政府政策效果对低碳消费意向的正向影响路径 H_{12} 中，男性（$\beta = 0.602$，$p < 0.001$）较女性（$\beta = 0.256$，$p < 0.01$）更显著；未婚者（$\beta = 0.478$，$p < 0.001$）较已婚者（$\beta = 0.265$，$p < 0.001$）更显著；年龄小的居民（$\beta = 0.533$，$p < 0.001$）影响显著，年龄大的不显著；家庭规模大的居民（$\beta = 0.496$，$p < 0.001$）影响显著，家庭规模小的不显著；年收入低的居民（$\beta = 0.565$，$p < 0.001$）较年收入高的（$\beta = 0.202$，$p < 0.05$）更显著；学历高的居民（$\beta = 0.564$，$p < 0.001$）较学历低的（$\beta = 0.164$，$p < 0.05$）更显著。探究原因发现，年龄大的居民由于受生理因素的影响，对事物的记忆力和敏感度下降，女性居民一般将主要精力集中在家庭，这都导致她们对于政府政策效果的感知水平较低，进而影响她们的低碳消费意向。

二、基于东、中、西部地区差异的多群组分析

为了考察不同区域对农村居民低碳消费行为的调节效应，本章还以区域（东部、中部、西部）为调节变量进行多群组分析。多群组模型的 CFI 和 GFI 值都在 0.906 和 0.988 之间，大于 0.9；RMSEA 都为 0.056，小于 0.08；卡方统计量的 p 值未达到显著水平。所以，多群组分析模型与样本数据匹配良好。分析结果如表 5.12 所示。

表 5.12　以地区为调节变量的多群组分析结果

假设路径	地区		
	东部（山东省）	中部（湖南省和河南省）	西部（四川省和新疆维吾尔自治区）
H_3	0.369	0.404*	0.233
H_7	0.586***	0.222*	0.492***
H_9	0.271*	0.486***	0.481*
H_{11}	0.122	0.281*	0.155
H_{12}	0.457***	0.601***	0.245*
H_{13}	−0.042	−0.149	−0.036

注：* 表示 $p < 0.05$，** 表示 $p < 0.01$，*** 表示 $p < 0.001$。

根据分析结果可以看到，在环境关注对低碳消费行为的影响路径 H_3 中，中部（$\beta = 0.404$，$p < 0.05$）显著，东部和西部不显著；在低碳认知水平对低碳消费意向影响的假

设路径 H_7 中，东部（$\beta=0.586$，$p<0.001$）较西部（$\beta=0.492$，$p<0.001$）和中部（$\beta=0.222$，$p<0.05$）更显著，但中部（$\beta=0.222$，$p<0.05$）也显著；在环境关注程度对低碳消费意向的影响路径 H_9 中，中部（$\beta=0.486$，$p<0.001$）较东部（$\beta=0.271$，$p<0.05$）和西部（$\beta=0.481$，$p<0.05$）更显著；在消费信贷水平对低碳消费意向的影响路径 H_{11} 中，中部（$\beta=0.281$，$p<0.05$）显著，东部和西部不显著；在政府政策效果对低碳消费意向的影响路径 H_{12} 中，中部（$\beta=0.601$，$p<0.001$）较东部（$\beta=0.457$，$p<0.001$）和西部（$\beta=0.245$，$p<0.05$）更显著。归纳发现，中部在各假设路径中都发挥了调节作用。我们认为，由于中部湖南省建设长株潭"两型社会"试验区，政府对低碳知识的宣传和投入较大，这提升了农村居民的低碳消费意向，也促进了他们践行低碳消费。而本研究中湖南省样本占中部地区样本的 80%，具有代表性。

第四节　结论与讨论

本章以农村居民为研究对象，在文献回顾的基础上采用问卷调查法实证研究了农村居民低碳消费行为的影响因素，考察了人口统计学变量和区域的调节作用。以下将对研究结论进行总结，提出本研究的主要创新点、局限性，明确未来进一步研究的方向。

一、研究结论

通过上述研究，我们得出如下主要结论：

（1）农村居民低碳认知水平显著正向影响低碳消费意向，但不直接影响低碳消费行为。农村居民达到较高的低碳认知水平，也不一定转化为低碳消费行为，只有在较高的低碳认知水平转化为低碳消费意向后，才会促进低碳消费行为。这在一定程度上弥补了学者们关于低碳认知水平对低碳消费行为（或家庭节能行为）的影响研究的不足。

（2）农村居民个人消费观念对低碳消费意向和低碳消费行为都没有显著正向影响。这一结论与 Abrahamser 和 Linda Steg（2005）的研究结果相悖。我们认为，在农村居民个人消费观念对低碳消费意向和低碳消费行为的影响路径中可能存在其他的因素，这些因素可能起到了促进或阻碍作用，个人消费观念只有通过这些因素才能起作用。

（3）农村居民环境关注程度对低碳消费意向和低碳消费行为都有显著正向影响。这一结论支持了 Lindenberg 和 Steg（2008）的研究结果。并且环境关注程度是影响农村居民低碳消费行为的关键因素。

（4）农村居民低碳产品购买便利程度对低碳消费意向和低碳消费行为都没有显著影响。这一结论与李国柱（2007）的研究结果相悖。我们认为，之所以出现这样的结果，是因为本文研究的低碳消费行为较李国柱研究的能源产品选择行为有更广泛的含义。

（5）农村居民消费信贷水平显著正向影响低碳消费意向，但对低碳消费行为没有显著直接影响，只有通过低碳消费意向才能影响低碳消费行为。也就是说，农村居民只有建立了低碳消费意向，消费信贷水平才能影响他们的低碳消费行为。这一结论补充了我国学者关于消费信贷水平对农村居民消费影响的研究。

（6）政府政策效果显著正向影响低碳消费意向，但对低碳消费行为没有显著直接影响，只有通过低碳消费意向才能影响低碳消费行为。这一结论是对学者们关于政府政策效果对低碳消费行为（或家庭节能行为）影响研究的补充。

（7）农村居民低碳消费意向显著正向影响低碳消费行为。这一结论也证实了理性行为理论的观点，农村居民只有具备低碳消费的意向才可能践行低碳消费。

（8）多群组分析结果表明，性别、家庭规模、年龄、收入、地区等调节变量在不同假设路径中的影响存在差异。男性在低碳消费时更容易产生冲动，女性较为理性。年龄大的农村居民对政府政策效果的感知水平较低。年龄大和年收入低的农村居民，对消费信贷需求强烈。中部地区具有较高的低碳消费意向和良好的践行低碳消费的环境。

二、管理建议

基于以上结论，特提出如下建议：

（1）政府在农村应加强对低碳知识和环境保护的宣传，加强对农村中小学生低碳知识的教育，使其从小接受节能环保教育，关注周围环境，从而提高农村居民的低碳认知水平和环境关注水平。

（2）政府应利用补贴等方式引导农村商业银行对农村居民消费信用贷款的投放，并通过宣传教育让农村居民认识到消费信贷的好处，引导他们的消费行为走向低碳。

（3）政府应及时出台针对农村的节能减排政策，并加强宣传，培养农村居民的法律意识、节能减排意识和健康意识。

（4）企业应依据不同人口统计特征进行低碳产品市场细分，加强低碳产品的研发投入，加强低碳产品在农村市场的有效推广，通过低碳产品带给农民的实实在在的利益引导、促进农村居民的低碳消费。

三、研究的创新之处

（1）研究对象的创新。以往关于居民低碳消费行为的研究对象大多集中于城市消费者，本研究选择的研究对象为农村居民，希望借此将低碳消费行为的研究对象从城市居民延伸到农村居民。

（2）研究内容的创新。已有研究低碳消费行为影响因素的文献大多只研究心理因素或者情景因素，本研究将心理因素和情景因素结合起来分析，丰富了关于低碳消费行为影响因素研究的内容。例如，消费信贷水平对居民消费行为的影响是金融领域研究的热点话题。本研究考虑到在城市进行消费信贷比较容易，但是在农村，消费信贷市场还很不完善，却又是促进农村居民消费的重要影响因素，因此，消费信贷必将是拉动未来农村消费的有力武器。鉴于此，本研究考察了消费信贷水平对低碳消费行为的影响作用，具有前瞻性。

四、研究局限

（1）本研究收集的样本数量有限。本研究虽然在中国东部、中部和西部地区收集了291份有效问卷，符合研究的数据分析基本要求，但中国人口数量庞大，研究结论的普适性难有保障。

（2）本研究未研究心理因素之间、情景因素之间以及心理因素和情景因素之间的关系，只是探索性地研究了心理因素和情景因素对农村居民低碳消费行为的影响关系，初步建立了农村居民低碳消费行为的影响因素模型。

五、未来研究方向

（1）扩大研究对象的样本数量。扩大研究样本有利于提高研究成果的普适性。如果条件允许的话还可以选择不同的农村区域进行深入研究或对不同地区农村居民的低碳消费行为进行对比研究，如对东部地区农村居民、中部地区农村居民、西部地区农村居民的深入研究与对比研究等。

（2）拓展低碳消费行为的研究对象。研究对象除城市居民与农村居民外，还有城中村居民等。并且目前对低碳消费行为的研究，大多以大城市、省会城市居民为研究对象；少数文献对农村居民的低碳消费问题进行了研究。除了大城市居民、省会城市居民、农村居民的低碳消费问题需要研究之外，还很有必要对城中村居民、地级市居民、县城居民，甚至发达城镇居民的低碳消费问题进行研究，或者将它们与大城市居民、省会城市居民、农村居民的低碳消费行为进行对比研究。

（3）丰富影响居民低碳消费行为研究的关系变量。本研究只选用了部分心理变量和情景变量作为低碳消费的关系变量，并且仅研究这些变量对低碳消费行为的影响作用，而未研究它们之间的关系，因此在之后的研究中可以进一步寻找和增加影响低碳消费行为的关系变量，或者研究这些关系变量之间的关系，以便更深层次、更清晰地研究居民低碳消费行为的影响机理。

第六章 绿色农产品购买意愿的影响机制

一方面，增加绿色优质农产品供给是农业绿色发展的重要目标；另一方面，激发绿色优质农产品需求是开拓绿色市场的根本手段，是农业绿色发展的重要保证。本章以健康信念理论为基础，旨在探讨感知易感性、感知严重性、感知利益、感知障碍和自我效能对绿色农产品购买意愿的影响机制。在实地调研的基础上，运用多元回归分析对473份有效问卷获取的调研数据进行假设检验。根据假设检验结果及消费者购买绿色农产品的实际情况，从政府及企业营销角度提出管理建议。

第一节 绿色农产品购买意愿影响机制模型

一、问题的提出

经济高速发展给人们的消费环境带来了翻天覆地的变化。一方面，经济快速增长导致资源环境过度消耗，环境问题日益突出。随着农业生产的快速发展，农药、化肥等农用化学品不合理使用增多，畜禽粪便和农业生产自身产生的废弃物增加。城市工业和生活污染不断向农村延伸，加重了农业生态环境污染（赖家盛、吴洁远，2013）。农业污染形成了水体—土壤—生物—大气各层面直接、复合交叉和循环式的立体污染，其污染量已占到全国总污染量（指工业污染、生活污染及农业污染的总和）的 1/3～1/2，这些对农产品安全、人体健康乃至农村和农业可持续发展构成了严重威胁（温铁军、程存旺、石嫣，2013）。另一方面，经济高速增长带来了可观的盈利空间。受利益驱使，原材料生产环节中过量使用农药化肥、加工环节中非法使用和过度滥用食品添加剂、流通环节中销售过期农产品等现象时有发生，各类注水肉、病死肉、毒生姜、毒大米、毒奶粉等横行市场，农产品安全事故频发。例如，2013 年 1 月起，三个月内全国公安机关共侦破各类注水肉、假牛羊肉、病死肉、有毒有害肉制品犯罪大案 382 起，现场查扣各类假劣肉制品 2 万余吨。2013 年第一季度广州市餐饮环节监督抽检中米及米制品的合格率仅为 55.56%，普遍镉超标；山东潍坊峡山区姜农违规超量使用剧毒农药"神农丹"。农产品作为人们日常生活必不可少的食品，其质量安全直接影响到人们的身体健康，甚至是生命安全(李宏、李世鑫，2012)。如 2012 年，卫生部通过突发公共卫生事件网络直报系统共收到全国食物中毒类突发公共卫生事件报告 174 起，中毒 6685 人，死亡 146 人。同时，消费者的健康安全意识日益增强，消费需求层次不断提升。不断恶化的农业自然环境以及频发的农产品安全事故更是强烈刺激着消费者寻求优质、安全、健康、生态的农产品。尽管绿色农产品市场还属于利基市场，其发展势头却十分强劲。据国际有机农业运动联合会 2009 年的统计，绿色农业已经在全球 110 多个国家开展起来(Doekharan K., Chung W., Van Der Meulen B., 2010)。到 2010 年底，全球绿色农产品销售额达到 1000 多亿美元，年平均发展速度为 20%~30%(严立冬，2012)。绿色农产品需求量的日益增加，一方面促使绿色农产品生产企业采取各种措施增加生产，加强推广，以提高企业效益；另一方面也激起了学术界深入考察绿色农产品消费行为的兴趣。

目前国内外学者从农产品特征、消费者个人因素和外界因素等多方面对绿色农产品购买意愿的影响因素进行了探索(Gracia A., Magistris T., 2008；Chakrabarti S., 2010；尹世久、吴林海、陈默，2008)。但是目前关于绿色农产品购买意愿心理影响因素的研究还缺乏系统性和针对性。绿色农产品购买行为作为一种有利于保障消费者健康的行为，其心理影响因素相比一般购买行为有何特殊性，研究者们没有论及。消费者对频发的农产品安全事故的感知会对其购买意愿产生怎样的影响？消费者是如何看待购买绿色农产品的利益和障碍的，这种看法是否会对其购买意愿产生影响？市场上出现的夸大产品环保、健康功效的现象，会对消费者的绿色农产品购买意愿产生怎样的影响？这一系列问题有待人们去探讨。因绿色农产品购买行为与一般购买行为相比明显有利于消费者健康的特性，本章以健康信念理论为基础，引入漂绿作为调节变量，构建绿色农产品购买意愿影响机制模型，试图对上述问题做出解答，并为政府和企业相关人员提供管理建议。

二、理论基础与文献综述

(一)健康信念理论

健康信念理论是在 20 世纪 50 年代早期由美国公共卫生署的一群社会心理学家提出的，他们旨在了解为什么人们普遍不愿意接受对无症状疾病进行早期预防或筛选检查(Janz N. K., Becker M. H., 1984)。健康信念理论的形成主要受两个理论的影响：一是刺激反应理论，即行为结果对行为的强化；二是价值期望理论，即行为由行为结果的价值和现实可能性来决定(胡俊峰、候培森，2005)。

健康信念理论在提出之初，认为行为改变主要受感知易感性、感知严重性、感知利益、感知障碍的影响，人们会根据对每一个因素的认知程度来决定未来的行为。其中感知易感性指人们对其在特定时期内陷入特定风险状况的可能性的主观感受；感知严重性指人们对特定风险状况造成威胁的严重程度的看法，包括特定风险状况对个人健康、家庭角色、社会地位以及工作能力等的影响；感知利益指个体对目标行为在预防疾病、维持健康、减轻病痛等方面的有效性的信念；感知障碍指个体对采取目标行为所遇困难的认识，这些困难包括增加花费、带来痛苦、改变习惯、便利性差、尴尬等（Champion V. L.，1985）。美国心理学家 Bandura A. 在 1977 年提出自我效能的概念，认为自我效能是指个体对自己能够成功完成某一特定行为的自信（Bandura A.，1977）。Rosenstock I. M.，Strecher V. J.，Becker M. H.（1988）在比较健康信念理论与社会学习理论的区别和联系后认为，自我效能应该作为一种独立变量纳入健康信念理论模型中。此后，自我效能与感知易感性、感知严重性、感知利益和感知障碍一起，被认为是影响健康行为形成的关键因素，并且得到了学术界的广泛认同（Deshpande S.，Basil M. D.，Basil D. Z.，2009；Akey J. E.，Rintamaki L. S.，Kane T. L.，2013）。健康信念理论模型如图 6.1 所示。

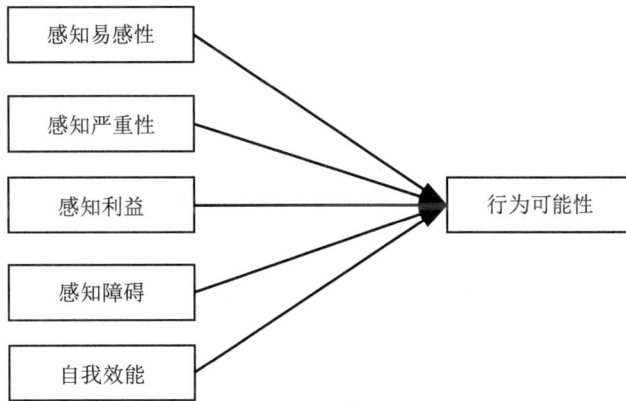

图 6.1　健康信念理论模型

健康信念理论是目前运用最广的健康行为理论之一，最初主要应用于检查和预防行为，随着研究的不断深入，开始广泛应用于促进安全带的使用、调整不良饮食、健康教育、体育锻炼行为等健康相关行为领域。Ross T. P.，Ross L. T.，Rahman A. 等（2010）基于健康信念理论开发了自行车头盔态度量表，实证结果表明健康信念理论适用于预测自行车头盔使用行为。Akey J. E.，Rintamaki L. S.，Kane T. L.（2013）对 34 位存在饮食失调问题的人进行访谈后发现，健康信念理论模型的 5 个关键因素可以用来解释人们放弃寻求社会帮助的原因。LaBrosse L.，Albrecht J. A.（2013）的实验结果发现基于健康信念理论的教育干预能有效地增加消费者的叶酸知识及相关健康知识，但是对增加叶酸消费的作用不明显。戴霞、尹洪满、朱琳（2011）以健康信念理论为基础，编写了大学生体质健康信念量表，量表经检验具有较好的内部一致性信度及重测信度。此外，健康信念理论也开始应用于健康行为之外的领域。如 Groenewold G., Bruijn B., Bilsborrow R. (2012)
把健康信念理论应用于移民行为中，改编健康信念量表，并基于国际移民数据进行实证
分析，结果表明，感知生存条件的威胁、感知移民的利益和障碍、行为线索和自我效能
非常适用于解释国际移民意图。

（二）相关研究回顾

1. 绿色农产品的内涵

中国对绿色农产品消费者行为的研究是随着 1990 年中国绿色食品概念的提出而不
断发展的。严力蛟、汪自强（2003）认为绿色农产品是指从生产、加工、运输、贮藏到
销售过程中无任何有毒有害物质污染，无毒、安全、优质，能提供人类生活所需的各种
农产品的总称。王华书、徐翔（2004）认为绿色农产品是指经过有关部门检测，达到质
量安全标准的农产品，其产品属性包含生产环境良好、生产过程符合规范、产品达到质
量安全标准三个重要方面。李建平、杜秀玲（2004）认为绿色农产品的生产除了具备普
通农产品生产的过程外，还需要具备一些特殊性：首先，产地土壤、大气、水质要符合
绿色农产品产地环境标准要求；其次，生产操作要满足绿色农产品生产技术规程要求、
生产投入品符合生产资料使用准则的规定；最后，产品质量必须经定点检测机构检验，
达到相关标准，并使用绿色农产品标志。胡定寰（2005）把农产品区分为"普通农产品"
和"安全、优质农产品"两类，认为"安全、优质农产品"是指生长环境被严格确认为安
全的，采用科学的方法，合理使用农药、化肥生产出来的，食用部位无毒、无害，符合
营养要求，具有正常的色、香、味等感官性状，可以确保在正常食用后不会使人致病和
致害的农产品。靳明、赵昶（2008）认为绿色农产品是指按照特定方式生产的生态、安
全、优质、高产、高效的农产品，是具有中国特色的概念，目前包括无公害农产品、绿
色食品、有机食品这三类经过专门机构认证、具有绿色标志或环境标志的认证农产品和
食品，简称"三品"。

目前，世界各国对此类农产品的内涵没有达成共识，在不同国家有不同的称谓。如
在英语国家一般称为"有机农产品"，在芬兰、瑞典等国家称为"生态农产品"，在日本
则以"自然农产品"的称谓居多（Gold，Mary V.，2004）。总的来说，有机农产品是国外
对此类农产品较为通用的称谓。联合国粮食及农业组织（FAO）在 1990 年召开的有机农
业国际会议上指出，有机农业是指在维持和防治病虫害方面，注重自然过程和物质循环
方式，适度消费能源和物质，以促进环境可持续发展和生态效益最优化的农业生态系
统，按照有机农业生产方式生产的农产品被称作有机农产品（Ram Saran，1990）。
Stobbelaar D. J.，Casimir G.，Borghuis J. 等（2007）认为有机农产品是指生产过程中不使

用农药化肥、不添加人工色素、香料或芳香物质、防腐剂、转基因成分的农产品。

综上所述，国内外学者基于不同的研究视角，对绿色农产品的内涵进行了不同的界定，并且界定中也存在着无公害农产品、绿色食品和有机食品的差异，但其大方向是一致的，都认为绿色农产品一般是按特定生产方式生产，具有优质、安全、健康和环保的特点。本研究将绿色农产品定义为按特定生产方式生产的，具有优质、安全、健康、环保特点的农产品，目前包括无公害农产品、绿色食品、有机食品这三类经过专门机构认证、具有环境标志的认证农产品和食品。

2. 漂绿的内涵

漂绿是由"绿色"和"漂白"合成的一个新词，最早于 20 世纪 90 年代初在美国提出，用以形容公司、政府或非政府组织以某些行动宣称自身对环境保护所做的努力，实际上却与宣称不符的一种行为。在我国，由于绿色营销较西方发达国家起步较晚，市场上的漂绿现象也出现相对较晚，但其严重性却不容忽视。

漂绿的内涵十分丰富。《简明牛津词典》(第 10 版)将"漂绿"定义为一个组织为了在公众面前表现出对环境负责的形象而发布虚假信息。Parguel B., Benoît-Moreau F., Larceneux F. (2011)认为漂绿指公司在其环保实践或产品、服务的环境效益方面误导消费者的行为。北美 Terra Choice 环保营销公司从法律和道德角度出发，将漂绿的表现形式归结为"漂绿七宗罪"：隐瞒弊端罪、举证不足罪、撒谎诈骗罪、含混不清罪、无关痛痒罪、避重就轻罪、崇拜认证罪(何海宁、郭海燕，2009)。毕思勇、张龙军(2010)认为漂绿有虚假宣传、夸大宣传、含糊其词、偷换概念和误导消费 5 种表现形式，并且认为为企业带来利润、环境标准不够科学完善、监管不力、外部不经济、信息不对称、绿色知识贫乏是造成企业漂绿行为的重要原因。

由上述研究可以看出，在消费品市场，不仅存在生产商漂绿的现象，也存在中间商漂绿的现象；漂绿的表现形式主要有虚假宣传、夸大宣传、含糊其词、偷换概念、误导消费几种；能给企业带来利润是导致企业漂绿行为产生的重要原因。基于此，本研究将农产品市场漂绿现象定义为在农产品市场上，由于生产商和中间商的不诚信行为，使农产品在其无污染、安全、优质特征方面出现的虚假宣传、夸大宣传、含糊其词、偷换概念、误导消费的现象。

3. 绿色农产品购买的影响因素

国外主要围绕有机食品的影响因素展开。Loureiro M. L., McCluskey J. J., Mittelhammer R. C. (2001)对挪威消费者进行调查发现，影响消费者选择有机苹果的因素包括年龄、家庭规模、家中是否有儿童、环保意识和食品安全态度。Torjusen H.,

Lieblein G., Wandel M. 等(2001)的实证结果表明消费者收入水平、是否本地生产和是否有利于健康的产品特征会对消费者的有机食品购买意愿产生显著正向影响。Verhoef P. C. (2005)使用离散选择模型，研究了经济市场因素(质量、价格、分布)、情绪因素(害怕、同情、愧疚)、社会规范、环境因素(环保意识、绿色行为、感知消费者效力)对荷兰消费者的有机肉类购买意愿的影响，发现理性和情感动机都会对有机食品购买意愿产生影响。Kuhar A., Juvancic L. (2005)发现收入、购买便利性、有机食品的口味和外观、消费者的环保意识对消费者购买有机果蔬的频率有非常显著的影响。Lea E., Worsley T. (2005)进一步发现与自然、环境、平等相关的个人价值因素是影响澳大利亚消费者购买有机农产品的重要因素。Tarkiainen A., Sundqvist S. (2005)采用发展的计划行为理论对有机农产品购买行为进行分析，发现在有机农产品购买环境中，主观规范通过态度间接对购买意愿产生影响。Gracia A., Magistris T. (2008)对南意大利消费者的调查结果表明，经济因素、感知食品的环境和健康益处、食品信息和知识都是影响消费者购买有机食品的重要因素。Michaelidou N., Hassan L. M. (2008)构建了健康意识、道德认同、食品安全关注对有机食品态度和购买意向的影响机制模型，结构方程模型结果表明食品安全是影响态度的重要变量，道德认同会同时对态度和有机农产品购买意愿产生影响，健康意识对态度和购买意愿的影响都不显著。Chakrabarti(2010)发现健康动机、有机食品实用性、商店声誉、食品认证声誉、意见领袖、口碑营销、商店情感承诺等是影响印度消费者选择有机食品的重要因素。Guido 等(2010)的研究结果表明道德规范、主观规范、产品个性特征对消费者的有机食品购买意愿有重要影响，其中道德规范对其影响最大。Arvola A., Vassallo M., Dean M. 等(2008)的研究表明把情感和道德态度加入计划行为理论来分析有机食品购买意愿具有一定的有效性。Urban J., Zverinova I., Šcasny M. (2012)把描述性规范作为一个附加因素纳入计划行为理论中，对捷克消费者的实证研究结果表明，态度和描述性规范对绿色农产品购买意愿的影响力度最大。

国内直到 21 世纪初，随着对食品安全和绿色消费问题的日益重视，对绿色农产品购买意愿影响因素的研究才在我国开始受到重视，取得了一些有益成果。周应恒、霍丽玥、彭晓佳(2004)对南京市超市消费者的调查分析表明强化食品安全信息可以提高消费者的购买意愿。陈志颖(2006)基于理性选择和效用理论，运用二元 Logistic 选择模型进行计量分析发现，风险意识、产品特性了解度、健康关注、环境关注、信任度以及人口统计学变量是影响消费者无公害农产品购买意愿的重要因素。尹世久等(2008)利用计划行为理论对山东消费者进行的实证分析表明，有机食品购买意愿受收入状况、信任度、价格、健康关注等因素的影响比较显著。刘军弟、王凯、韩纪琴(2009)对上海和南京消费者进行的研究发现，信息强化可以提高消费者认知水平，影响消费者态度从而有效地提高消费者对有机猪肉的消费意愿。王军、张越杰(2009)的计量分析结果表明，年龄、家庭收入、质量安全忧患程度、购买金额、为生态付费意愿对消费者购买优质安全人参产品的意愿有正向影响，而消费者购买人参产品作为礼品的消费倾向、产品溢价水平、购买替代品情况对其购买意愿有负向影响。朱俊峰、陈凝子、王文智(2011)基于消费者购买决策理论的实证分析结果表明，河北农村居民对乳品质量安全信息的认知程度、对质量认证乳品标识的信任程度、健康状况、家庭年纯收入对质量认证乳品购买意愿有显著影响。王慧敏、乔娟、宁攸凉(2012)在计划行为理论分析框架下的实证分析表明，质量安全信息关注度、风险感知、认证食品认知、受教育程度、收入水平对消费者购买绿色食品认证猪肉有显著影响。于雪等(2013)的实证结果表明，中高端猪肉(无公害、绿色或有机猪肉)消费群体主要集中在高学历和高收入的中青年，对猪肉安全性的关注程度、认证标识认知、广告信任程度越高的消费者，越倾向于购买中高端猪肉。

纵观国内外研究可以发现，既有从绿色农产品整体概念着手进行的研究，又有从蔬菜、水果、肉类等各类具体农产品着手进行的研究。在影响因素上既涉及农产品本身因素，如产品口味、外观、健康环保属性等，又涉及消费者个人因素，如健康环保意识、知识水平、人口统计学变量等，还涉及外界因素，如购买便利性、产品信息、价格、社会规范等。但是已有研究存在以下不足：第一，绿色农产品购买行为研究的理论基础主要采用理性行为理论、计划行为理论等一般行为理论，而绿色农产品购买行为属于促进健康行为，直接应用一般行为理论缺乏针对性；第二，绿色农产品购买意愿影响因素的研究在种类上涉及农产品特性、消费者个人和外界因素，却没有涉及绿色农产品购买行为本身的利益及困难、农产品安全事故对个人威胁的可能性及威胁程度等更深层次的因素；第三，鲜有学者就绿色农产品购买意愿的影响因素与购买意愿关系中的调节变量进行探索。

三、理论模型与研究假设

(一)理论模型的构建

本研究理论模型的构建主要基于如下思路：一方面，绿色农产品相比普通农产品更有利于保障消费者的健康，绿色农产品购买行为属于促进健康行为。健康信念理论认为，人们要采取特定促进健康的行为或戒除特定危害健康的行为，需要具备三个方面的条件：认识到特定危险因素的威胁及严重性、认识到采取特定行为或放弃特定行为的困难及益处、对自身采取或放弃特定行为能力的自信(王建明，2010)。个体对疾病危险性和后果严重性的认知越强，意识到健康行为带来的益处越多，采取行为的障碍越少，越容易采取健康行为(McKenzie J. F., Neiger B. L., Smeltzer J. L., 2005)。感知易感性和严重性的结合为行动提供了力量，感知利益和感知障碍为行动提供了首选路径(Rosenstock I. M., 1974)，自我效能则有助于解释健康行为的开始和维持(Leventhal H., Meyer D., Gutmann M. et al., 1980)。其中感知易感性、感知严重性、感知利益与行为的价值评价有关，感知障碍和自我效能与行为的成功可能性有关。基于此，本研究以健康信念理论为基础，构建感知农产品安全事故的易感性和严重性、感知购买绿色农产品的利益和障碍、购买绿色农产品的自我效能对绿色农产品购买意愿的直接效应模型。

另一方面，生态系统理论中的个体发展模型，强调发展个体嵌套于相互影响的一系列环境系统之中，其中，最里层是微观系统，是个体活动和交往的直接环境，这个环境是不断变化发展的(Bronfenbrenner U., Ceci S. J., 1994)。由于消费者的绿色农产品购买行为必须在市场上完成，市场环境是其最重要的微观系统，消费者会不断根据市场环境调节自己的购买行为。而在众多的绿色农产品市场环境因素中，市场上的漂绿现象是影响消费者选择绿色农产品极为重要的因素。鉴于此，本研究将农产品市场漂绿现象作为调节变量纳入理论模型中，探讨漂绿在直接路径中所起的调节作用。具体模型如图6.2所示。

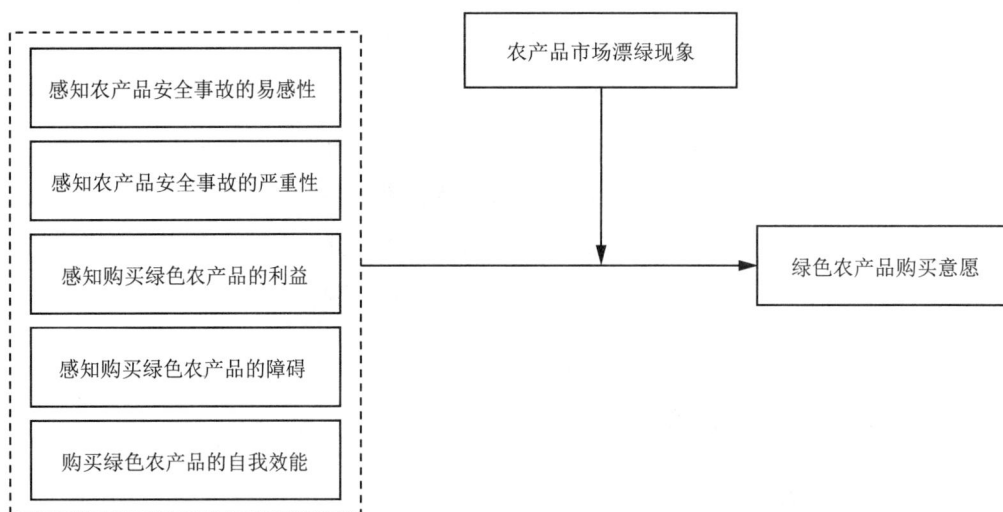

图6.2 理论模型

(二)研究假设的提出

1. 健康信念对绿色农产品购买意愿的影响

健康信念这一概念源于健康信念模式，指人们如何认识疾病的易感性和严重性，如何看待采取改进措施的益处及障碍。在本研究中，健康信念包括感知农产品安全事故的易感性、感知农产品安全事故的严重性、感知购买绿色农产品的利益、感知购买绿色农产品的障碍、购买绿色农产品的自我效能五个方面。

感知易感性和感知严重性可以融合为感知威胁这一概念，会引发心理不安全感（Champion V. L., Skinner C. S., 2008）。影响消费者购买行为的不安全心理因素主要表现在因信息不对称、商业信用缺失和名牌产品频曝安全事件所引发的不安全感（夏永林、陈晓靓，2006）。在农产品市场中，信息不对称、商业信用缺失、农产品安全事件等常有，特别是不断发生的农产品安全事故经常造成重大人员伤亡。尽管消费者并不一定是这些事故的直接受害者，但是现在的网络、电视、报纸等媒体资讯如此发达，消费者不可避免地会接收到许多这方面的消息，并经常置身于各种农产品安全事故的背景下进行消费，因此他们的不安全感尤为明显。农产品安全事故还可能使消费者患食源性疾病，导致食物中毒，甚至导致死亡。当消费者觉得自己容易受到农产品安全事故影响，并且认为农产品安全事故会带来严重后果时，他们会慎重考虑自己的购买选择。消费者认为自身受农产品安全事故影响的可能性越大，认为农产品安全事故所带来的后果越严重，越有可能采取购买绿色农产品这样一种相对健康的购买方式。由此提出假设：

H_1：消费者感知农产品安全事故的易感性对绿色农产品购买意愿有显著正向影响。

H_2：消费者感知农产品安全事故的严重性对绿色农产品购买意愿有显著正向影响。

消费者在选择购买某种产品时，最直接考虑的因素之一就是产品所能带来的收益。他们会考虑产品的质量、效能、款式是否能满足使用需求和心理需求，还会考虑营销商是否能提供完善的服务，营销商的信誉如何，自己要承担多大的风险，产品的价格是否合理，是否省时省力等（Liu X., Wei K., 2003）。消费者在经过仔细的分析判断后，会形成有关产品利益的感知，如果消费者觉得自己能够获得较大收益，这种收益感将会激发较高的购买意愿。对于绿色农产品购买意愿而言，如果消费者经过深思熟虑和仔细权衡后，觉得购买绿色农产品给自己带来的益处越多，则越容易购买绿色农产品。基于此，提出如下假设：

H_3：消费者感知购买绿色农产品的利益对绿色农产品购买意愿有显著正向影响。

购买成本是消费者购买绿色农产品最重要的障碍因素，包括消费者在产品价格之外所支付的交通费、消费税等，消费者在购买过程中所花费的时间、体力和精力，以及消费者在心理上的紧张、焦虑、恐惧等。关于购买成本对购买意愿的负向影响已经得到了大量研究的证实。如 Han（2011）在对年龄为 20 岁到 40 岁之间的智能手机用户进行调查时发现，感知成本（经济和心理成本）对其智能手机购买意愿有显著负向影响，可以通过畅通信息和沟通机制来降低购买成本，增强购买意愿。购买成本的提高意味着消费者要付出更大的代价，进而导致消费者购买意愿降低。同样，如果消费者觉得购买绿色农产品的障碍越小，付出的代价越小，购买绿色农产品的可能性也会越大。由此，提出如下假设：

H_4：消费者感知购买绿色农产品的障碍对绿色农产品购买意愿有显著负向影响。

自我效能是个体对自己能否成功完成某一特定行为的主观判断，其对行为的正向预测作用得到了学术界的广泛认同。如 Kankanhalli 等（2005）对自我效能与知识共享行为关系的研究表明，当个人使用电子知识库时，自我效能对知识共享行为有直接正向影响。Kreausukon 等（2012）通过随机对照实验分析，发现自我效能强化能增强消费者的水果和蔬菜购买意愿。同样，消费者越认为自己能够成功购买绿色农产品，他们购买绿色农产品的可能性也会越大。基于此，提出如下假设：

H_5：消费者购买绿色农产品的自我效能对绿色农产品购买意愿有显著正向影响。

2. 农产品市场漂绿现象的调节作用

生态系统理论认为系统具有适应性自我组织原则，当遇到外界刺激时，系统可以通过自身重组，对内在紧张和不平衡状态做出反应，一旦个体的心理平衡受到破坏，系统就会积极调动自身能力进行调节，从而使个体的不平衡状态得以改变。该理论还认为个体的心理发展变化是个体发展的生态环境系统适应性调节的必然结果（Bronfenbrenner U., Ceci S. J., 1994）。前文已推导出感知易感性、感知严重性、感知利益、感知障碍和自我效能是激发消费者的购买欲望的重要心理因素。但是当消费者在主观上受到农产品市场漂绿现象的刺激时，这种健康信念激发消费者购买意愿的心理过程会出现失衡，此时，他们会积极调动自身能力进行调节，从而使购买意愿和购买行为发生变化。可见，农产品市场漂绿现象在感知易感性、感知严重性、感知利益、感知障碍和自我效能激发绿色农产品购买意愿的过程中具有重要的调节作用。

具体就感知农产品安全事故的易感性对绿色农产品购买意愿的正向影响而言，尽管消费者感知农产品安全事故的易感性为其购买绿色农产品提供了动机和力量，但是如果消费者主观上觉得农产品市场漂绿现象严重，其心理便会出现一定的失衡，导致选择困难，这种选择困难会增加消费者的转换成本，从而会在一定程度上弱化感知易感性对绿色农产品购买意愿的正向影响。基于此，提出如下假设：

H_6：农产品市场上的漂绿现象越严重，消费者感知农产品安全事故的易感性对绿色农产品购买意愿的正向影响越弱。

就感知农产品安全事故的严重性对绿色农产品购买意愿的正向影响而言，对农产品市场漂绿现象具有较高认同度的消费者，对绿色农产品的关注度也普遍较高，购买绿色农产品的信念也更为坚定。如果消费者觉得农产品安全事故会给自身带来严重后果，则会刺激他们利用各种途径辨别绿色农产品的真伪，降低自身购买到漂绿农产品的概率，从而在一定程度上强化感知严重性对绿色农产品购买意愿的正向影响。据此，提出如下假设：

H_7：农产品市场上的漂绿现象越严重，消费者感知农产品安全事故的严重性对绿色农产品购买意愿的正向影响越强。

就感知购买绿色农产品的利益对绿色农产品购买意愿的正向影响而言，尽管感知利益为消费者提供了绿色农产品购买行为这一首选路径，但是如果他们主观上觉得农产品市场上存在严重的漂绿现象，心理失衡便会出现，降低其对绿色农产品的利益感知，从而会在一定程度上弱化感知利益对绿色农产品购买意愿的正向影响。据此，提出如下假设：

H_8：农产品市场上的漂绿现象越严重，消费者感知购买绿色农产品的利益对绿色农产品购买意愿的正向影响越弱。

就感知购买绿色农产品的障碍对绿色农产品购买意愿的负向影响而言，如果消费者觉得购买绿色农产品困难比较大，而此时又觉得农产品市场上的漂绿现象比较严重，那么这种市场环境中的不良现象会进一步增加消费者选择绿色农产品的障碍感，从而会在一定程度上强化感知障碍对绿色农产品购买意愿的负向影响。基于此，提出如下假设：

H_9：农产品市场上的漂绿现象越严重，消费者感知购买绿色农产品的障碍对绿色农产品购买意愿的负向影响越强。

就购买绿色农产品的自我效能对绿色农产品购买意愿的正向影响而言，如果绿色农产品市场上的漂绿现象过于严重，势必会在一定程度上打击消费者成功购买到绿色农产品的信心，从而会在一定程度上弱化自我效能对绿色农产品购买意愿的正向影响。基于此，提出如下假设：

H_{10}：农产品市场上的漂绿现象越严重，消费者购买绿色农产品的自我效能对绿色农产品购买意愿的正向影响越弱。

第二节　绿色农产品购买意愿影响机制研究设计

一、变量操作性定义

本研究包括 5 个前因变量、1 个调节变量和 1 个结果变量，具体操作性定义如下。

感知农产品安全事故的易感性（简称感知易感性）：指消费者对自身因食用问题农产品而使健康受到损害的可能性的主观判断。

感知农产品安全事故的严重性(简称感知严重性):指消费者对自身因食用问题农产品而使健康受损的严重性的看法。

感知购买绿色农产品的利益(简称感知利益):指消费者对购买绿色农产品所带来的益处的主观感受。

感知购买绿色农产品的障碍(简称感知障碍):指消费者对购买绿色农产品所遇困难的主观感受。

购买绿色农产品的自我效能(简称自我效能):指消费者对自身坚持购买绿色农产品的能力的自信。

农产品市场漂绿现象(简称漂绿):指农产品市场上,由于生产商或中间商的不诚信行为,农产品在其无污染、安全、优质特征方面出现虚假宣传、误导消费、夸大宣传和含糊其词的现象。

绿色农产品购买意愿(简称购买意愿):指消费者购买绿色农产品的意愿。其中绿色农产品指按特定生产方式生产的,具有优质、安全、健康、环保特点的农产品,目前包括无公害农产品、绿色食品、有机食品这三类经过专门机构认证、具有环境标志的认证农产品和食品。

二、问卷设计

据《中国绿色食品 2012 年统计年报》,我国绿色猪肉的年产量为 19.64 万吨,占畜禽类产品年产量的 44.7%,而在绿色农产品总年产量中的占比却不足 1%(中国绿色食品发展中心,2012),绿色猪肉产量严重不足,这与猪肉在农产品中的地位是不相符的。首先,我国是猪肉生产大国,猪肉产量稳居世界第一,并且大量外销。中国的猪肉质量安全不仅关系到本国消费者的健康,甚至会对国外消费者的健康产生影响。其次,我国也是猪肉消费大国。随着人们生活水平的不断提高,我国人均肉类消费量不断上升,肉类消费支出早已大幅超过粮食类支出,在人们日常生活中的地位越来越重要。猪肉已经成为我国城乡居民餐桌上每天的必需品,与人们的生活、健康和营养摄入密切相关。最后,近些年来,瘦肉精事件、病死猪肉事件、注水猪肉事件等猪肉安全事故层出不穷,其曝光的质量安全事件数居各类农产品前列(童思娜,2013),猪肉质量安全受到了越来越多消费者的关注。

鉴于猪肉在农产品及人们生活消费中的重要地位,本研究以绿色猪肉为例,探究消费者选择绿色农产品的心理机制。

为了保证量表的信度和效度,问卷设计以借鉴国外成熟量表为主。感知农产品安全事故的易感性借鉴了 Champion(1984)和 Schafer 等(1995)的感知易感性量表;感知农产品安全事故的严重性主要借鉴 Kloeblen，Batish（1999），Deshpande 等（2009）的感知严重性量表；感知购买绿色农产品的利益和障碍主要借鉴 Kloeblen 和 Batish（1999）的感知利益和感知障碍量表；购买绿色农产品的自我效能主要借鉴 Riet 等（2013）的自我效能量表；农产品市场漂绿现象主要参考 Chen，Chang（2013）的漂绿量表；绿色农产品购买意愿借鉴了 Han 等（2009）的行为意向量表。在参考国外成熟量表的基础上，结合绿色农产品实际和语言文化差异，并征求专家意见，进行一定的修改，形成本研究的初始量表。本研究采用 Likert 7 级量表的形式，"1""2""3""4""5""6""7"分别代表"完全不同意""不同意""不太同意""难以判断""大致同意""同意""完全同意"。问卷的个人基本信息部分包括性别、婚姻状况、年龄、学历、职业、个人月收入状况。

在正式调查之前进行了预调查。对湖南大学 MBA 学生发放问卷 60 份，收回有效问卷 43 份。于 2013 年 6 月 20 日至 22 日在长沙市城区的家润多超市、步步高超市和新一佳超市门口进行拦截调查，发放调查问卷 70 份，收回有效问卷 59 份。共发放问卷 130 份，收回有效问卷 102 份，问卷的有效回收率为 78.5%。利用 SPSS 16.0 对收回的 102 份有效问卷的信度和效度进行初步检验，得出 Cronbach's α 系数值为 0.902，KMO 值为 0.800，量表通过初步检验。根据预试结果，剔除一些不可靠指标，形成本研究的最终问卷。

三、数据收集

本研究以湖南省长沙市作为调研地点。一方面，湖南是生猪大省，生猪产量长期稳居全国前列。另一方面，湖南的农产品质量安全问题也比较严重。据不完全统计，2010 年至 2013 年 4 月，湖南的农产品安全事故曝光率仅次于山东、辽宁，居全国第三、中部第一（童思娜，2013）。长沙作为湖南的省会城市，被选为调研地点，具有代表性意义。

本研究主要采取街头拦截的方式进行调查，从 2013 年 6 月 24 日开始，至 2013 年 7 月 26 日结束，历时 1 个月。将调查区域设为岳麓区、芙蓉区、天心区、雨花区、开福区五个区域，采取现场填答的方式对消费者展开调查，并派出五名调查员分别在五个不同的区域收集数据，调查员会对被访者的填答进行一定的指导。本次调研共计发放问卷 650 份，剔除填答不完整、答案存在明显逻辑矛盾的问卷后，共回收有效问卷 473 份，问卷有效回收率达 72.8%。样本基本信息见表 6.1。

表 6.1　样本基本信息

背景变量	类别	比例/%	背景变量	类别	比例/%
性别	男	45.7	婚姻状况	已婚	71.7
	女	54.3		未婚	28.3
年龄	25 岁以下	21.6	学历	初中及以下	12.3
	25~44 岁	49.9		高中(中专、职高、技校)	31.9
	45~59 岁	23.0		大专及本科	46.5
	60 岁及以上	5.5		研究生及以上	9.3
职业	政府机关及事业单位员工	12.3	月收入状况	2500 元及以下	26.6
	企业员工	33.8		2501~3500 元	28.3
	个体工商户	8.9		3501~4500 元	20.1
	自由职业者	19.2		4501~7500 元	16.5
	其他	25.8		7500 元以上	8.5

第三节　绿色农产品购买意愿影响机制的实证检验

本研究使用 SPSS16.0 对调查数据进行实证分析。量表的信度采用目前最常用的 Cronbach's α 系数进行检验。量表的效度采用因子分析法进行检验。具体的研究假设采用多元回归分析法进行检验。

一、共同方法偏差检验

本研究采用 Harman 单因素检验法分析是否存在共同方法偏差问题。在对问卷进行信度分析和效度分析后，还保留了 35 个题项，将所有题项放在一起，进行探索性因子分析，此时的 KMO 值为 0.870，表明非常适合进行因子分析。检验未旋转的因子分析结果，共抽取出 8 个特征值大于 1 的因子，其中第一个因子的特征值为 9.227，解释变异量只占 11.405%，不存在单个因子解释大部分变量变异的情况，表明共同方法偏差问题不严重。

二、量表的信度和效度检验

(一)量表的信度检验

使用 SPSS 16.0 对数据进行处理，结果如表 6.2 所示，各变量的 Cronbach's α 系数值均大于 0.7，表明量表各变量具有较高的内部一致性，信度较好。

表 6.2　量表的信度

	感知易感性	感知严重性	感知利益	感知障碍	自我效能	漂绿	购买意愿
Cronbach's α	0.802	0.831	0.883	0.759	0.860	0.813	0.891

（二）量表的效度检验

使用 SPSS16.0 对数据进行因子分析，得到 KMO 值为 0.870，Bartlett 球形检验显著（$p = 0.000$），数据适合进行因子分析。对保留的 35 个题项进行因子分析，从中提取 7 个公共因子，7 个因子的累积贡献率为 63.981%，能够解释大部分变量。所有题项的共同度都超过了 0.5，因子载荷都超过了 0.6，平均方差抽取量都超过了 0.5。因子分析结果表明量表具有较好的结构效度。

三、研究假设检验

（一）相关性分析

为了对自变量和因变量间的关系有初步的了解，我们首先通过相关分析法来探讨变量间的相关关系，结果如表 6.3 所示。

表 6.3　各变量间的相关系数

变量	YY	PL	YG	YZ	LY	ZA	XN
购买意愿	1	0.053	0.369**	0.312**	0.534**	-0.175**	0.530**
漂绿	0.056	1	0.167**	0.122**	0.193**	0.145**	0.125**
感知易感性	0.351**	0.141**	1	0.413**	0.367**	0.069	0.273**
感知严重性	0.302**	0.088	0.383**	1	0.282**	0.027	0.216**
感知利益	0.557**	0.204**	0.340**	0.270**	1	-0.155**	0.381**
感知障碍	-0.200**	0.153**	0.059	-0.003	-0.186**	1	-0.152**
自我效能	0.545**	0.099*	0.226**	0.211**	0.403**	-0.157**	1

注：* 表示在 0.05 水平上显著（双尾），** 表示在 0.01 水平上显著（双尾），左下为 Pearson 相关系数，右上为 Spearman 相关系数。YY、PL、YG、YZ、LY、ZA、XN 分别代表购买意愿、漂绿、感知易感性、感知严重性、感知利益、感知障碍和自我效能。

无论是根据 Pearson 相关系数还是 Spearman 相关系数给出的结果，都显示感知利益、自我效能与绿色农产品购买意愿呈显著的正相关，系数达到 0.5 以上。感知易感性和感知严重性与购买意愿呈正相关，而感知障碍和绿色农产品购买意愿呈负相关。可以说，两两相关项的检验对假设 H_1-H_4 有了初步的验证。由于简单的相关分析无法控制其他因素的干扰和影响，接下来我们通过回归分析法进一步论证。

（二）直接效应检验

根据多元回归分析法，本研究将感知易感性、感知严重性、感知利益、感知障碍、自我效能作为自变量，将购买意愿作为因变量，构建回归分析模型，结果如表 6.4 所示。由表可知，模型的 F 值为 81.375，调整的 R^2 值达到 0.460，模型的拟合效果较好。方差膨胀因子 VIF 值均小于 2，远低于 10 的临界值，因此模型不存在多重共线性。此外，本实证数据是通过集中于一段时间内的大规模问卷调查而获得的，属于截面数据，一般不存在自相关的问题。同时，DW 检验值为 1.858，也证实无自相关的问题。感知易感性、感知利益、自我效能和感知严重性都对购买意愿有显著的正向影响，且前三者的系数在 0.01 的水平上显著。感知障碍则对购买意愿存在明显的负向影响（$p<0.01$）。从各直接影响因素的影响程度来看，自我效能和感知利益对购买意愿影响最大，其次是感知易感性，最后是感知严重性和感知障碍。

表 6.4　各变量对购买意愿的直接影响

	非标准化回归系数		标准化回归系数	T 值	Sig.	VIF
	B	Std. Error	Beta			
常数	1.464	0.265	—	5.520	0.000	—
感知易感性	0.113	0.033	0.131	3.412	0.001	1.290
感知严重性	0.079	0.033	0.089	2.379	0.018	1.213
感知利益	0.292	0.035	0.331	8.417	0.000	1.354
感知障碍	-0.076	0.029	-0.091	-2.609	0.009	1.067
自我效能	0.303	0.033	0.349	9.287	0.000	1.231
$R^2=0.460$，DW$=1.858$						
F 值/Sig. $=81.375/0.000$						

（三）调节效应检验

为了验证农产品市场漂绿现象在绿色农产品购买意愿影响机制模型各路径中的调节效应，本研究采取分层回归的方式，首先控制人口统计学变量，然后依次放入自变量和调节变量，再放入交互变量，以预测结果的变化。同时在计算交互变量前，先对自变量进行标准化处理，以避免自变量与交互变量相关性过高而产生共线性问题。结果如表 6.5 所示。

表 6.5　漂绿的调节效应回归结果

自变量	购买意愿							
	模型 1	模型 2	模型 3	模型 4	模型 5	模型 6	模型 7	模型 8
第一步：控制变量								
性别	0.144**	0.046	0.031	0.035	0.034	0.044	0.039	0.033
婚姻状况	-0.142*	0.039	0.042	0.045	0.035	0.0239	0.036	0.041
年龄	-0.138*	0.010	0.012	0.013	0.008	0.010	0.010	0.014
学历	0.85	0.060	0.064	0.063	0.066	0.065	0.072	0.071
职业	0.72	0.100**	0.101**	0.097**	0.104**	0.101**	0.110**	0.104**
月收入状况	0.161***	0.075*	0.078*	0.082*	0.074*	0.076*	0.079*	0.082*
第二步：解释变量								
感知易感性		0.130***	0.130***	0.127***	0.128**	0.133**	0.127**	0.118**
感知严重性		0.088*	0.090*	0.100**	0.109*	0.088*	0.079*	0.101**
感知利益		0.332***	0.337***	0.335***	0.321***	0.348***	0.337***	0.313***
感知障碍		-0.091**	-0.079*	-0.084*	-0.072*	-0.077*	-0.068*	-0.074*
自我效能		0.342***	0.340***	0.343***	0.344***	0.344***	0.354***	0.356***
第三步：调节变量								
漂绿			-0.059	-0.064	-0.073*	-0.072*	-0.068*	-0.073*
第四步：交互项								
感知易感性×漂绿			-0.093**					-0.079*
感知严重性×漂绿				0.025				0.101**
感知利益×漂绿					-0.112***			-0.082*
感知障碍×漂绿						-0.006		-0.010
自我效能×漂绿							-0.105**	-0.083*
Adjusted R^2	0.063	0.470	0.481	0.473	0.485	0.473	0.483	0.495
ΔR^2		0.408	0.013	0.005	0.016	0.005	0.015	0.030
DW 值	1.804	1.839	1.838	1.854	1.824	1.852	1.843	1.82
F	6.308***	39.108***	34.673***	33.633***	35.149***	33.56***	34.983***	28.237***

注：* 表示在 0.05 水平上显著，** 表示在 0.01 水平上显著，*** 表示在 0.001 水平上显著。

在仅放入控制变量的情况下，我们发现，性别、婚姻状况、年龄、月收入状况都会对购买意愿产生显著的影响。模型2中，在加入解释变量后，模型的拟合度有了显著提升，达到0.47，同时感知易感性、感知严重性、感知利益、自我效能都对购买意愿产生显著的正向影响，而感知障碍则负向影响购买意愿。这意味着在控制性别、婚姻状况等因素后的回归结果与前面几乎没有什么变化，H_1至H_5均得到证实。

为了探讨农产品市场漂绿现象的调节作用，我们依次将漂绿和每个影响因素的交互项添加到模型中。模型3显示，交互项系数为-0.093，漂绿抑制了感知易感性对购买意愿的正向影响，证实了H_6。模型4的结果显示，感知严重性*漂绿的系数为0.025，说明漂绿在一定程度上增强了感知严重性对购买意愿的正向影响，系数并不显著，但在模型8所示的全体回归模型中，交互项系数为0.101，且在0.01的显著性水平上显著，所以H_7得到证实。从模型5和模型7的回归结果可以看出，漂绿弱化了感知利益和自我效能对购买意愿的正向影响，H_8和H_{10}得到了证实。在模型6和模型8中，感知障碍和漂绿交互变量系数不显著，漂绿的调节效应并不明显，H_9没有得到证实。这可能是内因在形成消费者的购买决策中起主导作用，如果消费者从心理上觉得购买绿色农产品存在较大困难，此时即使存在一些外因，如农产品市场漂绿现象的阻碍，对消费者的购买决策也不会产生太大的影响。

第四节　结论与讨论

一、主要结论

本章以健康信念理论为基础，构建了绿色农产品购买意愿影响机制模型，并运用多元回归分析法实证研究了感知易感性、感知严重性、感知利益、感知障碍和自我效能对绿色农产品购买意愿的影响，以及漂绿在直接路径中所起的调节作用。具体结论如下。

(1)消费者感知农产品安全事故的易感性、感知农产品安全事故的严重性、感知购买绿色农产品的利益、购买绿色农产品的自我效能都对绿色农产品购买意愿有显著的正向影响。消费者感知购买绿色农产品的障碍对绿色农产品购买意愿有显著的负向影响。而且，感知利益和自我效能对购买意愿影响最大。表明健康信念理论能够很好地预测消费者的绿色农产品购买意愿。消费者感知购买绿色农产品带来的益处越多，对自身坚持购买绿色农产品的能力越自信，对农产品安全事故的危险性和后果严重性认识越强，购买绿色农产品所遇到的障碍越少，就越容易选择购买。

（2）农产品市场漂绿现象弱化了消费者感知农产品安全事故的易感性、感知购买绿色农产品的利益、购买绿色农产品的自我效能对绿色农产品购买意愿的正向影响，强化了感知农产品安全事故的严重性对消费者绿色农产品购买意愿的正向影响。然而，在感知购买绿色农产品的障碍对绿色农产品购买意愿的影响中，农产品市场漂绿现象的调节作用不明显。

二、管理建议

（一）对政府管理的建议

（1）建立农产品质量安全信息披露制度，加大对农产品安全问题的曝光度。农产品质量安全信息不对称造成了农产品生产商和中间商的机会主义行为，导致农产品质量安全问题时有发生。政府应建立一套权威的信息披露制度，在政府各个部门之间、中央政府和地方政府、政府和公众之间建立畅通的信息沟通机制，加大对绿色农产品企业的宣传力度，支持企业绿色行为；加大对伪劣农产品和农产品安全事故的曝光度，从而遏制企业不良行为。

（2）加强绿色农产品相关知识的宣传和教育，增强消费者对购买绿色农产品的正面感知。政府应充分借助居委会、社区等基层组织的力量，广泛发放绿色农产品知识宣传册，并定期举行绿色农产品相关知识讲座。同时，借助网络、电视、报纸等媒体，进行更大范围的宣传。在宣传教育过程中，既可以丰富消费者的绿色农产品知识，又可以通过强调绿色农产品的健康优势，增强消费者对绿色农产品的正面感知。

（3）从税收和财政上加大对绿色农产品企业的扶持力度，降低消费者购买绿色农产品的感知障碍。政府可以借助绿色税收的作用，对高污染农产品企业征收污染税和环境税，对绿色农产品企业实行税收优惠政策，并给予适当的补贴，从而降低绿色农产品的生产成本和市场价格。可以建立绿色信贷，从贷款上对绿色农产品企业进行扶持，限制高污染农产品企业的贷款额度，从而降低绿色农产品企业的进入门槛。在消费者购买绿色农产品的过程中，市场价格和进入门槛的降低意味着障碍因素的减少。

（4）加大对农产品市场漂绿行为的治理力度。政府应致力于构建绿色农产品公共检测技术体系，实现企业、市场管理部门或第三方中介检测机构、绿色农产品管理部门三方检测的有效结合，及时发现和制止漂绿行为的发生。应在从原料生产、加工、仓储、物流到销售、消费的全过程中，对绿色农产品进行实时、在线监控和追溯，通过全过程监控使漂绿行为失去生存空间。同时应加大对漂绿行为的监管处罚力度，杜绝徇私舞弊和地方保护主义。对农产品市场漂绿行为治理力度的加大有助于减少农产品市场漂绿现象的发生，从而促进绿色农产品市场的规范化和有序化。

（二）对绿色农产品企业的营销管理建议

（1）积极开展绿色营销，增强消费者购买绿色农产品的感知利益。首先，在产品策略上，降低农药、化肥使用量，使用有机肥料、高效低毒农药等绿色生产资料，采用绿色技术，培养绿色专业技术人员，保障农产品的质量安全。其次，在价格策略上，基于生产成本、目标群体特征进行定价，同时兼顾灵活性，根据购买量、合作时间年限等给予一定的优惠。再次，在渠道策略上，充分利用网上交易平台，根据客户需求送货上门，避免盲目生产，保证农产品的供应与顾客需求相匹配。最后，在促销策略上，充分利用绿色广告和绿色公关的作用，突出产品的绿色价值，塑造绿色农产品的"优质、安全、健康、环保"新形象。

（2）降低市场价格、增加购买便利性、确保标签信息与产品的一致性，降低消费者购买绿色农产品的感知障碍。首先，通过绿色农产品生产的区域化和本地化、供货的组织性，使生产地和销售地的各个批发市场形成紧密联系，减少绿色农产品从生产到消费之间的不必要环节，降低绿色农产品各个流通环节的成本，以达到降低绿色农产品市场价格的目的。其次，努力拓宽绿色农产品的销售渠道，既要进行专卖店销售，又要加强与各大超市的合作，甚至深入各社区店，增加消费者的购买便利性。再次，标签信息中应明确标明农药、化肥、添加剂的使用情况、品质等级等信息，确保产品宣称信息与实际产品的一致性，并提高消费者对绿色农产品的辨析力。

（3）激发和提高消费者购买绿色农产品的自我效能。自我效能有助于激发消费者的动机和情感，增加其购买欲望。企业可以通过榜样的力量，邀请目标群体熟悉的名人代言，由正面榜样促进购买行为的产生。企业还可以采取一定的激励措施，如提供优惠券、返现券、附加利益等，增强消费者购买绿色农产品时的自信和控制感，以提高消费者的自我效能，激发其购买意愿。

（4）促进产品信息透明化，鼓励消费者参与，降低消费者对企业漂绿的认知偏差。真正的绿色农产品企业要想改变消费者的认知偏差，避免漂绿带来的不利影响，在宣传企业的绿色主张和绿色战略时，应附有企业研发证据、第三方权威机构认证等可信的证据；应详细说明绿色农产品与普通农产品的区别，避免简单使用"可回收""可降解""纯天然""绿色"等抽象表述。此外，企业还应建立透明、可互动的信息沟通平台，既展示企业产品在生产、加工、运输、销售等各个环节中的绿色化，又鼓励消费者广泛参与、献言献策。

(5)锁定主要目标市场，充分挖掘潜在市场。受过高等教育、收入中等偏上的女性消费者群体购买绿色农产品的意愿最强。绿色农产品企业要以此类消费群体作为主要目标群体，可以给予适当的价格优惠、广告倾斜、个性化服务等，努力将此类目标群体打造成企业的忠诚客户。此外，绿色农产品企业还应该对市场进行充分调研，努力开辟蓝海，通过开发新产品、寻找新市场等措施，充分挖掘潜在市场，以增加企业的市场占有率和市场份额。总的来说，对于不同的消费群体，要善于制定差异化营销策略，以提供有针对性的服务。

三、主要贡献

本研究的贡献主要体现在三个方面。

(1)将健康信念理论应用于绿色农产品购买意愿影响机制研究，提供了绿色购买行为研究的新视角。以往关于绿色农产品购买行为的研究多采用理性行为理论、计划行为理论等一般行为理论，而绿色农产品购买行为属于促进健康行为，直接应用一般行为理论缺乏针对性。本研究引入健康信念理论作为理论基础，构建绿色农产品购买意愿影响机制模型，提高了绿色购买行为研究的针对性，提供了绿色购买行为研究的新视角。

(2)从行为的价值评价和成功可能性期望入手，构建了绿色农产品购买意愿的影响机制并进行了实证检验。从以往的研究成果来看，没有学者从绿色农产品购买行为本身的利益及困难、农产品安全事故对个人威胁的可能性及威胁程度等深层次因素出发，对购买意愿的影响机制进行探索。本研究借鉴健康信念理论，将感知易感性、感知严重性、感知利益这些行为价值评价因素，以及感知障碍、自我效能这些影响行为成功可能性的因素作为前因变量，构建绿色农产品购买意愿的影响机制并进行了实证检验，增强了绿色农产品购买行为影响机制的研究深度。

(3)实证检验了农产品市场漂绿现象在健康信念对绿色农产品购买意愿影响中的调节作用。从以往的国内外研究来看，鲜有学者就购买意愿影响因素与绿色农产品购买意愿关系中的调节变量进行探讨。本研究引入漂绿这一概念作为调节变量，既进一步深化了绿色农产品购买意愿的影响机制，弥补了对绿色农产品购买意愿调节变量探讨的不足，又丰富了漂绿的实证研究成果。

四、研究局限

本研究存在一些不足需在今后弥补。一方面，由于时间、精力和经费限制，本研究的调研地点局限于长沙，而不同地域的消费具有一定的特殊性，未来可以从更广泛的区域选择样本进行研究，以增强实证结果的普适性；还可以收集中国东、中、西部样本，分析不同地域的差异性。另一方面，本研究虽然基于健康信念理论从深层次探讨了消费者的心理因素对绿色农产品购买意愿的影响，但影响绿色农产品购买意愿的因素很多，并且购买意愿的形成也是一个复杂的过程，未来可以寻找更多的因素、从动态的视角探讨绿色农产品购买意愿的影响机制。

第七章　健康信念对可持续饮食行为的影响

本章基于后新冠肺炎(COVID-19)疫情背景,构建健康信念对消费者可持续饮食行为的影响模型,探究了社会奖惩响应灵敏度在其中的调节作用;并运用双加工理论从消费者饮食决策时的资源投入视角阐释健康信念对可持续饮食行为影响的内在机理。在中国东、中、西部中的六个城市收集了 799 份有效问卷,采用结构方程模型、多层线性回归等方法对概念模型进行实证检验。在此基础上,从政府、企业两个层面提出相应的对策和建议。

第一节　健康信念对可持续饮食行为影响的理论基础

一、问题的提出

COVID-19 疫情的全球蔓延暴露了当前食品系统的重大缺陷和脆弱性——缺乏弹性和冗余,同时也给当前以全球化生产和消费模式为重点的食品系统带来了巨大的挑战(Giudice,2020;Gralak,2020)。为抵御诸如 COVID-19 疫情蔓延这样的危机、保障人类健康和地球健康,食品系统向可持续性过渡尤为重要(Gralak,2020)。消费者是食品系统的最后一环(Payne,2016)。他们的饮食行为决定了食品总体需求,在实现可持续食品系统方面发挥关键作用(FAO/UNEP,2012),因而迫切需要消费者采取可持续饮食行为。

可持续饮食行为是一种有助于个人健康和生态系统健康,从而有助于当代和后代健康生活的饮食行为。研究发现,可持续饮食行为的积极影响包括公共卫生得到加强(如减少与饮食有关的慢性疾病等)、环境可持续发展(如减少水资源和土地资源利用、减少温室气体排放等)、社会不平等减少(如缩小发达国家和发展中国家在健康、收入和粮食负担能力等方面的差距),以及其他好处(如促进身体和心理健康、关注动物福利)等(Johnston,2014)。然而,尽管可持续饮食行为研究前景光明,但以往有关可持续饮食行为的研究大多集中在高收入国家,中国情境下的研究较少(Wang,2020)。随着城市化进程的加快和财富的增加，中国人的饮食结构发生了重大变化，从传统饮食转向了高脂肪、高能量、低纤维饮食等（Yin，2021）。这种变化正在深刻地影响着消费者健康和生态可持续性（Yin，2021）。为保障当代和后代人的健康生活，有必要促进中国消费者采取可持续饮食行为。

2019年12月底以来，COVID-19疫情危机为促进消费者可持续饮食行为提供了机会（Valeria，2020）。研究发现，在COVID-19疫情的影响下，更多消费者开始注重饮食的健康（Naja，2020）。消费者对健康的高度重视可能会促进其可持续饮食行为的增加（Valeria，2020）。然而，以往研究大多集中于COVID-19疫情危机对消费者饮食行为造成的影响，关注的是消费者食品偏好的变化，并未深入探讨消费者饮食行为变化背后的深层原因。

本章拟以健康信念理论为基础，探究后COVID-19疫情背景下中国消费者可持续饮食行为的影响机理。首先，消费者的任何行为决策都不是一个纯粹理性的过程，而是一个涉及信念、价值观相互冲突的过程（Wheeler，2008），而基于效用最大化假设的理论（如计划行为理论、理性行为理论等）不能完全解释消费者行为决策的复杂性（Zanoli and Naspetti，2002）。其次，风险感知在促进行为改变和支付意愿方面起着重要作用（Huang et al.，2017），且健康信念理论是基于恐惧和风险感知的行为改变和预防性行为发展的最有效理论之一（Maryam，2020）。最后，与其他行为理论相比，健康信念理论是专门针对预防性健康行为而开发的，通常被用于解释各种健康行为的内部决策过程，如此更具有针对性。

基于预防性健康行为取决于个人信念的假设，健康信念理论评估了健康信念和预防性健康行为之间的关系（Razmara et al.，2018）。健康信念是指个体对疾病、健康水平、健康行为三者关系的认知（Rosenstock，1988），包括感知易感性、感知严重性、感知利益、感知障碍、自我效能和行为线索六个变量。根据健康信念理论，如果一个人相信：①他对某风险的易感性较高（感知易感性）；②该风险的发生可能会对他生活的某些方面产生重大影响（感知严重性）；③可以通过预防性措施来降低该风险和其带来的负面作用；④这些预防性措施所带来的好处（感知利益）超过了实施该行为的障碍（感知障碍）；⑤实施该预防性措施的自我效能较高（自我效能）；⑥接触到预防性措施的触发性因素的频率较高（行为线索），那么他采取预防性措施以避免该特定风险的可能性越大。然而，与以往健康信念理论研究中的预防性健康行为不同，饮食决策每天都在进行，并且通常是在相同的环境中进行的，消费者的饮食决策很大程度上是基于习惯的，即特定情境线索和饮食反应之间的自动关联（Bahl，2013；Borland et al.，2008；Khani et al.，2004）。此外，研究发现，消费者饮食决策更看重的因素是感官吸引力（食物的味道、气味和外观)、方便性和价格(Ellen et al., 2017),而不是食品的健康和可持续性特征。尽管消费者普遍愿意以更健康和可持续的方式进行饮食行为,并且对此的认识不断提高,但以往的饮食习惯和对饮食的自动性反应往往限制了他们对自身饮食行为的控制(Bahl, 2013)。因此,个体成功实施可持续饮食行为的一个重要前提是:饮食决策时不依赖以往的饮食习惯,对自己的饮食行为更加深思熟虑。然而,基于风险感知的健康信念理论并不能清楚阐释健康信念对可持续饮食行为影响的内在作用机理。健康信念的六大变量为何可以影响消费者的饮食决策,更深层次原因需要进一步探讨。

考虑到健康信念理论关注健康行为的内部决策过程,本研究运用双加工理论从消费者行为决策时的资源投入视角进行阐释。双加工理论指出,个体在行为决策时存在两种截然不同的思维系统:启发式系统和分析式系统。启发式系统是无意识的自动过程,不占用或占用很少的认知资源;分析式系统是有意识的自我控制过程,需要较多的认知资源支持(Peters and Slovic, 2000;Sloman, 1996)。可持续饮食行为有助于生态的可持续发展,属于亲环境行为的范畴。研究发现,采用反思时间更长的分析式系统更有利于个体做出亲环境行为的决策(Waechter, 2016;Lohse et al., 2016)。因此,本研究认为:个体只有在饮食决策时投入充足的认知资源,启动分析式系统才可成功实施可持续饮食行为。那么,后COVID-19疫情背景下健康信念如何影响消费者的可持续饮食行为、六大变量中哪个变量是影响可持续饮食行为的关键因素?这是本研究要探讨的第一个问题。

消费者生活在一定的社会环境中,其行为决策不可避免地会受到社会奖惩体系的影响(Hammerl M. et al., 2016)。作为反映社会奖惩效率的全新变量,社会奖惩响应灵敏度是指消费者对社会奖惩体系响应及时性的评估状态(赵春秀,2018)。响应灵敏度更高的消费者,会认为实施可持续饮食行为获得奖励(如家人赞扬、群体认可),或违背可持续饮食行为而招致惩罚(如周围群众的谴责,社会舆论的声讨等)的可能性更大。为获得或维持积极的社会认同,他们实施可持续饮食行为的可能性也更大。那么,社会奖惩响应灵敏度是否会调节健康信念对可持续饮食行为的影响,如何调节?这是本研究要探讨的第二个问题。

综上,本研究基于健康信念理论,构建可持续饮食行为影响机理的概念模型,探讨社会奖惩响应灵敏度在该模型中的调节作用,并运用双加工理论,从消费者饮食决策时的资源投入视角阐释健康信念对可持续饮食行为影响的内在作用机理。运用问卷法收集数据,对概念模型进行实证检验。

二、理论基础与文献综述

(一)可持续饮食行为

联合国粮食及农业组织(FAO)将可持续饮食行为定义为"对环境影响较小,有助于粮食和营养安全以及当代和后代健康生活的饮食行为"(粮农组织,2012)。世界自然基金会(WWF)在英国实施的"LiveWell"项目将可持续饮食行为定义为"一种健康的、低碳的、考虑文化偏好的饮食行为"(WWF LiveWell,2013)。它的重点是减少温室气体排放,但它也包含了健康、社会文化、经济和质量方面的因素(WWF LiveWell,2013)。

可持续饮食行为的这些定义将个人层面的健康、安全和生态系统层面的可持续发展结合起来(Meybeck,2017),从健康、安全角度来评估饮食对个人健康的潜在影响,从更广泛的可持续性角度来评估其对生态系统的影响。为了塑造健康的个人生活和健康的生态系统,更健康的饮食和减少环境压力之间的协同作用促成了可持续饮食行为。更具体地说,可持续饮食行为意味着我们的饮食行为应:①不危害我们自己的健康;②不危害他人的生活;③不危害后代人的生存权。为建立一个更健康、更安全和可持续的世界,我们应该认识到疾病、环境和人类行为之间的密切联系:人类健康依赖于生态系统健康,没有生态系统健康,人类健康就无从谈起。因此,本研究认为可持续饮食行为实质上是一种有助于个人健康和生态系统健康,从而有助于当代和后代健康生活的饮食行为。

当前,可持续饮食行为包括以植物为基础、较少以动物为基础的饮食(Graça J.,Calheiros M. M.,Oliveira A.,2015;Graça J.,Oliveira A.,Manuela M.,2015),减少食物浪费(Li Y.,2021),购买和消费季节性和本地食品(Cvijanović,2020),购买认证食品(Aitken,2020),关注动物福利(Zheng,2018)等。尽管在现实中有多种行为被认为是可持续饮食行为的一部分,但大多数研究都只关注可持续饮食行为的某一具体行为,有关整体可持续饮食行为的研究很少。此外,以往研究主要关注个体因素(如个体价值观、个体对有关产品的知识)、食品因素(如食品属性、食品标签)、外界因素(如参照群体行为、菜单的设计、食品政策)对可持续饮食行为的影响,使用的理论多是理性行为理论、计划行为理论等一般行为理论(Graça J.,Oliveira A.,Manuela M.,2015;Li Y.,2021;Aitken,2020),未探讨突发公共卫生事件背景下健康信念对消费者可持续饮食行为的影响。

(二)健康信念理论

健康信念理论将决策心理学理论与个体的健康行为决策联系起来(Pinto,2006),是健康促进行为和预防性健康行为中最有效的理论模型,主要关注个体对行为决策的信念(Tarkang and Zotor，2015)。健康信念理论的形成主要受两个理论的影响：一是刺激反应理论，即行为结果对行为的强化；二是价值期望理论，即行为由行为结果的价值和现实可能性来决定(胡俊峰，2005)。它最初是由社会心理学家 Rosenstock 和他的同事在20 世纪 50 年代早期提出的，开发该模型的最初目的是进一步理解有些人不愿意采取某种特定预防性健康措施以改善公共健康的原因(Carpenter C. J.，2010)。

　　健康信念理论提出之初，认为个体的行为改变主要受感知威胁和行为评估两种因素的影响，人们会根据自身对每一个因素的认知程度来决定其未来的行为。其中，感知威胁包含感知易感性和感知严重性两个子成分。感知易感性是指个体感知到的其在特定时期内陷入特定风险状况的可能性的主观感受(Champion，1985)；感知严重性指的是个体对特定风险状况给自己造成威胁程度的看法(Champion，1985)。行为评估包括感知利益和感知障碍两个子成分。感知利益是指个体对预防性行为可能带来的积极结果的主观评估，它与该行为在降低健康风险方面的有效性有关(Zetu et al.，2014)；感知障碍是指个体对采取预防性行为的成本和困难的感知(Noar et al.，2005)，这些困难包括增加花费、带来痛苦、习惯改变等。

　　之后，Rosenstock(1966)在模型中补充了"行为线索"变量。行为线索是指一系列预防性行为的触发因素(Rosenstock，1987)，或是指个体环境中存在的可能影响他最终采取行动的因素。Rosenstock(1966)认为，感知易感性和感知严重性的综合水平提供了采取行动的能量或力量，对利益的感知(以及较少的障碍感知)提供了一种首选的行动途径。这些因素的结合可以达到相当大的强度，但不会导致公开行动，除非发生一些煽动性事件或触发性因素来启动这一进程。这类触发性因素可以是内部的(例如，症状或身体状态)，也可以是外部的(例如，促进预防性行为的教育活动、大众媒体和社会影响等)。然而，在运用健康信念理论的大多数研究中，行为线索变量很少被测量或被研究，尽管它在一些实证研究中已经被证明是个体行为习惯形成的决定因素(Kaushal and Rhodes，2015；Kaushal et al.，2017)，它可以帮助维持或停止某一行为(Sadeghi et al.，2015)。此外，健康行为决策涉及一个时间(或阶段)过程。在这个过程中，从非行动状态到行动状态需要动机因素，而行为线索可以促进动机的产生(Strecher and Rosenstock，1997)。因此，本章将行为线索变量加入研究模型中，检验行为线索对可持续饮食行为的影响。

　　学术界将"行为线索"变量加入健康信念理论模型中不久之后，Rosenstock 和他的同事(1988)比较了健康信念理论与社会学习理论的区别和联系后，将自我效能变量纳入健康信念模型中。自我效能是指个体对自己执行某一行为的能力的信念(Bandura，1977)或个体认为某一行为的表现受其意志控制的程度(Ziba Bakhtiyari，2017)。他们认为，增加自我效能结构可以提高模型的解释力(Maryam，2020)。

HBM 自提出以来，不仅被应用于健康检查和预防行为(Umaki，2012)，而且还被成功地广泛应用于健康领域之外的其他领域，如餐厅菜单标签的使用(Jeong H. and Ham，2018)、可再生能源的使用(Ziba Bakhtiyari，2017)、水资源需求管理(Maryam，2020)等，但还尚未运用于可持续饮食行为领域。可持续饮食行为是有助于公众健康和生态系统健康的饮食行为，本研究将运用健康信念理论来探讨中国消费者可持续饮食行为的影响机理。

(三)双加工理论

双加工理论认为：个体在行为决策时存在两种截然不同的思维系统，一种是基于联想和情感的启发式系统，另一种是基于深思熟虑和规则的分析式系统(Peters and Slovic，2000；Sloman，1996)。启发式系统反应自动化，通常我们只能意识到其加工结果而意识不到加工过程；分析式系统则更多地依赖于理性思维，与反思意识和自我控制有关，加工速度慢，其加工过程和结果都可以被意识到。Kahneman(2002)对比了两种系统，认为分析式系统是对更具反射性的启发式系统的一种理性调整。此外，Evans(2008)以是否占用认知资源作为区分两类加工的核心标准。自动的、情感的启发式系统不占用或占用很少的认知资源，受控的分析式系统则占用较多的认知资源(Drolet et al.，2005；Schriffin and Schneider，1977)。也就是说，个体控制自己的行为需要消耗一些内在的、有限的资源，只有在行为决策时投入足够的认知资源，人们才能更好地控制自己的行为。

当前，双加工理论已被广泛应用于亲环境行为领域，涉及的结果变量包括节能产品购买、环境公益行为(Waechter，2016；Lohse et al.，2016)等。研究发现，采用反思时间更长的分析式系统更有利于个体做出亲环境行为的决策(Waechter，2016；Lohse et al.，2016)。具体到饮食行为领域，饮食决策不同于一般的健康性行为决策——饮食决策是每天都在进行的日常决策，并且通常是在相同的情境下进行的，个体很容易与决策时的情境线索形成联结，当再次见到类似的情境线索时，个体很可能依赖于以往的饮食习惯做出自动反应。因此，成功实施可持续饮食行为需要个体在饮食决策时不依赖于自动化、习惯性的反应，而是更多地进行反思和自我控制、启动分析式系统。分析式系统的成功启动需要较多的认知资源支持(Drolet A.，Frances Luce M.，2004；Shiffrin R. M.，Schneider W.，1977)。因而，本研究认为，个体只有在饮食决策时投入充足的认知资源才更可能采取可持续饮食行为。

(四)社会奖惩响应灵敏度

作为社会性动物，消费者并不独立于社会环境之外(Hammerl M. et al.，2016)，其饮食行为不可避免地会受到社会奖惩体系的影响。社会奖惩是指为了明确行为者的社会责任，以社会公共利益为标准，通过社会主体的奖惩手段对行为者的行为进行特殊的社会评价和调节，从而给其以正确的引导和规范（李东清，2003）。社会奖惩体系发挥作用的关键在于行为决策者的社会奖惩响应灵敏度水平。社会奖惩响应灵敏度反映行为决策者对社会奖惩体系响应及时性的评估状态（赵春秀，2018）。社会奖惩响应灵敏度较高的消费者，更能感知到社会奖惩体系带来的压力，会认为遵守或违背可持续饮食行为产生预期社会奖惩后果的可能性会更大。相反，社会奖惩响应灵敏度较低的个体认为实施或违背可持续饮食行为得到相应奖励或惩罚的可能性较小，对他们来说，社会奖惩体系不易发挥作用。

以往奖惩响应研究主要集中在组织行为学（张正堂，2014；刘映杰，2015）和博弈论（Kwaadsteniet，2013；Putz，2016）等领域，但这些研究只涉及组织或博弈环境下的奖惩措施，例如，组织惩罚对受罚者、观察者的影响（张正堂，2014；刘映杰，2015），第三方制裁对博弈合作的影响（Kwaadsteniet，2013）等。社会奖惩响应灵敏度是反映社会奖惩效率的全新变量，还不曾用于可持续饮食行为的研究中。

第二节　健康信念对可持续饮食行为影响的理论模型

一、健康信念对可持续饮食行为的影响

（一）感知易感性和可持续饮食行为

本研究中的感知易感性是指感知新冠肺炎风险的易感性。感知易感性越高的个体认为自己患新冠肺炎的概率越大。以往研究发现，如果人们认为自己容易受到特定负面健康结果的影响，他们会更积极地以健康的方式行事（Rosenstock，1966）。个人对风险的感知是促进其采用更健康行为的一个重要认知（Abraham and Sheeran，2005）。例如，一个人采取预防性行为以防止体重增加（例如运动和低热量饮食）可能取决于他们认为自己有多大的肥胖风险（Abraham and Sheeran，2005）。因此，感知新冠肺炎易感性更高的消费者为了减少新冠肺炎风险的威胁，在饮食决策时会将更多的认知资源放在饮食健康上，实施健康饮食行为的可能性更大。

此外，与感知易感性较低的消费者相比，感知易感性更高的个体会对新冠肺炎风险的传染性和危害性有更深刻的认识。他们更加能体会到自身饮食行为对社会公众乃至于整个生态系统的影响，明白饮食行为与生态系统可持续之间的关联性。为了避免自身饮食行为对生态系统的消极影响，他们在饮食决策时会更关注食品的可持续属性。关注可

持续属性的消费者更愿意消费可持续性食品(Vermeir 和 Verbeke, 2006)。

综上, 本研究提出以下假设。

H₁: 感知易感性正向影响可持续饮食行为。

(二)感知严重性与可持续饮食行为

本研究中的感知严重性指的是个体对新冠肺炎风险给自己造成威胁程度的看法。严重程度的高低既可以根据个人认为该风险会给他带来什么样的困难来判断, 也可以通过想象该风险所引起的情绪唤起程度来判断(Irwin, 1974)。这也就是感知新冠肺炎风险的严重性会给个体带来认知、情感的双重反应。

一方面, 从新冠肺炎风险给个体带来的困难认知来看, 个体不仅会根据直接后果(如影响自身健康)来看待该风险, 还会通过更广泛和更复杂的间接影响(如该风险对个体的工作、经济情况、家庭生活的影响等)来看待新冠肺炎风险。与感知严重性较低的个体相比, 感知严重性更高的个体会认为新冠肺炎风险给自己带来的消极影响更大。为抵御这种消极影响, 他们采取预防性防护措施的可能性也更大。

另一方面, 情感启发式模型指出, 个体对健康威胁的情绪反应, 特别是通过想象某种健康威胁(而不是实际发生)所引起的情绪反应, 是风险评估和应对的关键驱动力(Slovic et al., 2005)。感知新冠肺炎风险严重性越高的个体, 认为该风险给自己造成的威胁越大, 会与该风险形成更高强度的消极情感联结, 更可能采取应对该风险的措施, 从而更可能投入认知资源到饮食决策上, 选择可持续饮食行为的可能性更大。而感知严重性较低的个体, 对该特定风险状况的情感联结不够强, 不能产生足够的驱动力去应对该风险。

综上, 感知新冠肺炎风险严重性越高的个体与该风险建立的认知和情感关联更强烈, 应对该风险的动力更大, 会将更多的认知资源投入到饮食决策上。因此, 本研究提出以下假设。

H₂: 感知严重性正向影响可持续饮食行为。

(三)感知利益和可持续饮食行为

感知利益是消费者从可持续饮食行为中所能感受到的所有收益, 能够满足自身特定的功能需求和心理需求, 获得价值实现的感觉(Parasuraman, 1997)。价值期望理论指出, 个体从目标行为中获得的价值主要有三种: 成就价值、内在价值和效用价值(Eccles, 1983)。其中, 成就价值是指实施可持续饮食行为对该个体的重要性(如可持续饮食行为对自身健康的重要性); 内在价值是指个体从可持续饮食行为中获得的内在享受(如减少个体对新冠肺炎的担忧); 效用价值是指可持续饮食行为与个体当前或未来目标的关系(如预防新冠肺炎疾病, 预防未来健康问题的出现等)。基于价值的决策有助于理解个体如何在充满选择的世界中选择一个行动方案（Berkman et al.，2016；Rangel et al.，2008）。

根据价值期望理论，个体会评估可持续饮食行为的不同价值属性（即成就价值、内在价值和效用价值），通过权衡这些属性的估值来做出决策（Fehr and Rangel，2011；Kurzban et al.，2013）。感知可持续饮食行为利益更高的个体，会认为采取可持续饮食行为能够获得更大的价值。进一步地，个体预期从某种行为中获得的价值可以加强其在该行为决策上的控制能力（Brian，2018），一个高水平的感知价值评估是成功自我控制的基础。当个体对可持续饮食行为的感知价值更大时，其在饮食决策时的自我控制能力会更强，更可能在饮食决策时投入充足的认知资源，采取可持续饮食行为。

因此，本研究提出以下假设。

H_3：感知利益正向影响可持续饮食行为。

（四）感知障碍和可持续饮食行为

本研究认为，感知障碍是指个体对实施可持续饮食行为的成本和困难的感知。与感知障碍较低的消费者相比，感知障碍更高的个体会认为成功实施可持续饮食行为需要更多的资源投入。研究发现：如果个体认为某项行为需要花费大量资源（如时间、精力等），他们则不愿意遵循或实施该行为（Milne et al.，2000；Lee and Larsen，2009）。相反，如果一项行为只需要少量的资源投入，则个体更可能采取该行为（Pechmann et al.，2003）。许多先前的可持续消费行为研究表明，消费者的感知障碍阻碍了他们实施可持续消费行为，如节能（Gadenne et al.，2011）、采用可再生能源系统（Luthra et al.，2015）、绿色化妆品的购买意向等（Liobikiene and Bernatonine，2017）。当存在个人无法控制的障碍时，即使意图强烈，个人也可能无法执行特定行为（Dan，2020）。因此，与感知障碍较低的个体相比，感知障碍越高的个体越不会将资源投入到可持续饮食行为中。

此外，消费者的感知障碍越高，对自身所处环境或情境的主观评价越消极，越会认为自己处在一个不支持可持续饮食行为发生的复杂的不方便的环境或情境下。而在复杂、不方便、有威胁的环境下，人们更多地依赖于简单、快捷和更有效的情感经验做决定（Slovic，2002），决策时更可能启动启发式系统。因此，对可持续饮食行为感知障碍越高的消费者，越容易在饮食决策时依赖情感和直觉（而不是理性与反思），进行可持续饮食行为的可能性较低。

综上，本研究提出以下假设。

H_4：感知障碍负向影响可持续饮食行为。

（五）自我效能和可持续饮食行为

自我效能影响人们的思维模式和情绪。效能水平的高低决定了一个人能在多大程度上投入到一种行为中，行为实施期间遇到困难和挫败时在多大程度上能够持续努力下去，对影响他们任务完成的事件能进行多大程度的控制等（Bandura，1986）。除非人们相信他们能够通过自己的行动获得期望的结果并避免消极的后果的出现，否则在面对困难时他们没有任何动力去进行目标行为或持之以恒。在有关环境行为的研究中，自我效能已经被证明可以显著地影响个体行为意向（Giles et al.，2004），尤其是有利于环境的行为（Tabernero and Hernández，2011）。

具体到可持续饮食行为，个体在进行饮食决策时，需要对自身解决问题的能力与资源约束等条件进行评估。只有当个体具备完成可持续饮食行为的坚定的自信即高水平的自我效能时，才能正确应对饮食决策环境的复杂性和不确定性，为实施可持续饮食行为付出大量努力、投入充足的认知资源，面对困难时能够持之以恒，并拥有对影响他们饮食行为实施的因素进行一定程度的控制的信心。当个体认为自己有能力、有自制力时，才能保持进行目标行为的内在动机（Deci E. L.，Ryan R. M.，1985），从而更可能实施可持续饮食行为。因此，自我效能水平更高的个体，实施可持续饮食行为的内在动机更大，更可能在饮食决策时投入充足认知资源、实施可持续饮食行为。

综上，本研究提出以下假设。

H_5：自我效能正向影响可持续饮食行为。

（六）行为线索和可持续饮食行为

一般而言，软政策工具如公共宣传活动比硬政策工具如经济处罚、规章和强制性标准更有效（Garnett et al.，2015）。本章中的行为线索是外部线索的一种，是指个体接触到可持续饮食行为宣传的频率。本研究认为，接触到行为线索频率越高的消费者，实施可持续饮食行为的可能性越大。具体分析如下。

根据自我决定理论（Harter S.，1978），个体内部动机和行为的产生需要满足三种基本心理需要：自主需要、胜任需要和关联需要。自主需要指当面对选择时，个体能够自主决定自己的行为，而非受他人控制的需要。胜任需要，通常被学术界定义为"能力需要"，是指个体对所从事的活动感觉有能力胜任的需要。关联需要，即指个体和他人保持联系的需要。此外，心理需要的满足是一个整体（Baumeister，1995）。只有当环境因素或个体自身因素使基本心理需要得到满足时，个体行为才能朝着积极的方向发展（Baard，2004）。本章认为，行为线索可以通过行为激励与发展等方面，对消费者基本心理需要的满足给予多方面支持。首先，本章中的行为线索是一种弱规范。弱规范给予消费者很高的行为自由度，有利于促进消费者对自身饮食进行自我控制、自我安排、自我选择。这些都促进了对消费者自主需要满足的支持。其次，通过媒体、学校或工作单位、所在社区等对可持续饮食行为的宣传，促使消费者对什么是可持续饮食行为、可持续饮食行为的实施途径等更加清楚，可以提升其对实施可持续饮食行为的能力感知。最后，接触到行为线索的频率越高，消费者越能感知到来自其所属群体如家庭、工作单位、社区等对可持续饮食行为的理解与支持，会产生一种与他人沟通交流的相互连接的感觉，与他人关系的需要能够得到满足，从而实施可持续饮食行为的内部动机和行为倾向就越强烈。

综上，心理需要是连接外部环境与个体动机与行为的核心。行为线索能够满足消费者的自主需要、胜任需要和关联需要三大基本心理需要，促进可持续饮食行为的内在动机及外在动机的内化，从而促进个体的可持续饮食行为。

因此，本研究提出假设如下。

H_6：行为线索正向影响可持续饮食行为。

二、社会奖惩响应灵敏度的调节作用

根据强化敏感性理论，个体内部存在两种相互独立的参与行为的动机系统：行为接近系统（behavioral approach system，BAS）和行为抑制系统（behavioral inhibition system，BIS）（Rachel，2018）。行为接近系统涉及大脑中的几个多巴胺通路，对奖励刺激敏感。为了达到积极的结果，奖励刺激敏感性强的个体往往倾向于进行目标行为（Carver et al.，2000）；行为抑制系统包括海马系统和脑干，对惩罚刺激敏感（McNaughtona and Corr，2004）。在察觉到潜在威胁时，惩罚刺激敏感性强的个体往往倾向于抑制正在进行的行动或采取积极的回避行为。根据这一理论，可持续饮食行为可以被视为个体为获得实施该行为的奖励（如家人赞扬、群体认可），或为回避违背可持续饮食行为导致的惩罚（如周围群众的谴责、社会舆论的声讨等）而进行的行为。

然而，对于实施或违背可持续饮食行为是否会产生预期的社会奖惩，不同消费者的认知不同，与他们的社会奖惩响应灵敏度水平有关。社会奖惩响应灵敏度反映消费者对社会奖惩体系响应及时性的评估状态（赵春秀，2018）。社会奖惩响应灵敏度更高的消费者，会认为实施或违背可持续饮食行为产生预期社会奖惩的可能性会更大。为了获得或维持积极的社会认同（Tajfel and Turner，1979），他们实施可持续饮食行为的可能性也越大。相反，对于社会奖惩响应灵敏度较低的消费者而言，他们认为实施或违背可持续饮食行为得到相应奖励或处罚的可能性较小，他们进行可持续饮食行为的动力也较小。

因此，本研究认为，社会奖惩响应灵敏度是可持续饮食行为的强化因素，会调节健康信念六个变量与可持续饮食行为之间的关系。具体分析如下。首先，感知易感性、感知严重性、感知利益的综合水平提供了个体实施可持续饮食行为的基本力量，群体认可则提供了行为实施的另一种驱动力。从而，社会奖惩响应灵敏度高的个体实施可持续饮食行为的动力更强，更愿意投入认知资源到饮食决策中。其次，个体在进行某种行为决策时，会综合考虑实施该行为所需要的资源投入与资源收入。同等程度的资源投入下，感知到的资源收入越高，个体投入一定资源、实施相应行为的可能性就越大。感知障碍反映个体对实施可持续饮食行为所需的资源投入的感知。与社会奖惩响应灵敏度较低的个体相比，社会奖惩响应灵敏度更高的个体会认为实施可持续饮食行为获得群体认可这一关系资源的可能性更大。因而，对于同等程度感知障碍的个体来说（即他们对实施可持续饮食行为的所需资源投入感知相同），响应灵敏度更高的个体认为实施可持续饮食行为会获得更高的资源收入，从而更可能投入充足认知资源、实施可持续饮食行为。再次，自我效能水平高低决定一个人对影响其成功实施可持续饮食行为进行多大程度的控制（Bandura，1986）。社会奖惩响应灵敏度高的个体会为了获得群体认可，投入更多的认知资源控制自己的饮食行为，从而实施可持续饮食行为的可能性更大。最后，接触到一定行为线索频率的消费者，会认为自身处于鼓励可持续饮食行为的社会规范下，会认为可持续饮食行为在当前的环境下非常重要。然而，即使是最重要的行为，规范也不太可能指导他们，除非他们认为遵守或违背行为会产生预期的社会后果（Reno et al.，1993）。从而，社会奖惩响应灵敏度较高的信息接收者（即消费者）更可能对他们接触到的行为线索信息做出积极反应，在饮食决策中投入充足的资源、实施可持续饮食行为。

由此提出假设：

H_{7a}：社会奖惩响应灵敏度正向调节感知易感性对可持续饮食行为的正向影响。

H_{7b}：社会奖惩响应灵敏度正向调节感知严重性对可持续饮食行为的正向影响。

H_{7c}：社会奖惩响应灵敏度正向调节感知利益对可持续饮食行为的正向影响。

H_{7d}：社会奖惩响应灵敏度负向调节感知障碍对可持续饮食行为的负向影响。

H_{7e}：社会奖惩响应灵敏度正向调节自我效能对可持续饮食行为的正向影响。

H_{7f}：社会奖惩响应灵敏度正向调节行为线索对可持续饮食行为的正向影响。

三、健康信念对可持续饮食行为影响的概念模型

根据健康信念理论及上述推导，健康信念的六个维度——感知易感性、感知严重性、感知利益、感知障碍、自我效能、行为线索均对可持续饮食行为产生影响。同时，这种影响受社会奖惩响应灵敏度的调节。由此，构建健康信念对可持续饮食行为影响的概念模型如下。

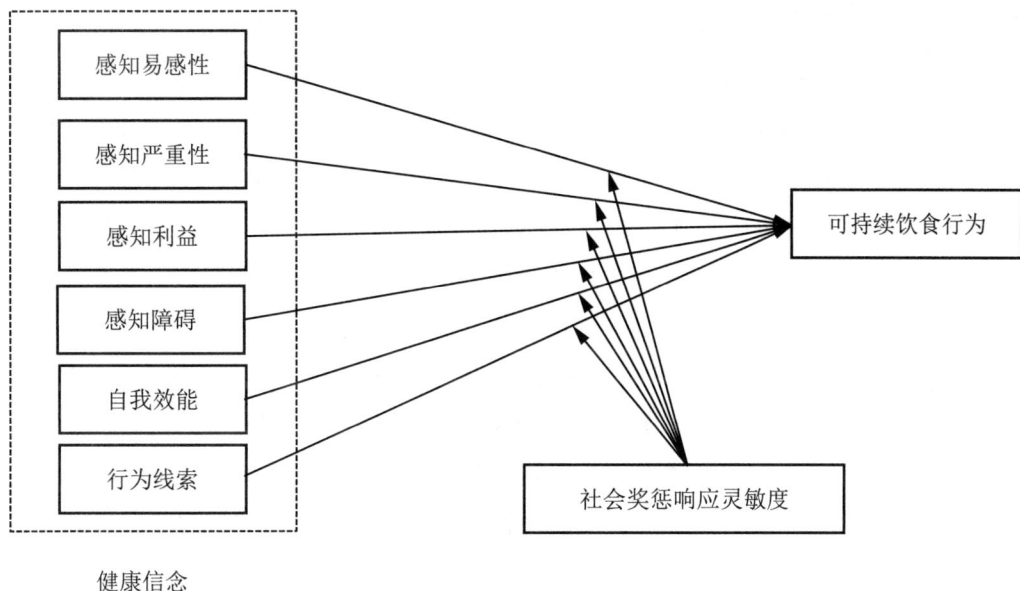

健康信念

图 7.1　理论研究模型(运用健康信念理论探讨后 COVID-19 疫情背景下中国消费者可持续饮食
行为的影响机理;运用双加工理论阐释健康信念对可持续饮食行为影响的内在作用机理)

第三节　健康信念对可持续饮食行为影响的实证检验

一、研究设计

(一)变量测量工具

为了保证量表的信度和效度,本研究所需量表均采用发表在中英文核心期刊的成熟
量表,所有英文量表均采用标准的翻译—回译程序,并成立专题小组对问卷进行修订,
尽可能避免语意模糊和歧义。当翻译产生异议时,由研究团队成员以外的第三方人员,
对题项进行测试并提出意见和建议,经过多轮反复的翻译校验工作,形成最终问卷。

其中,感知易感性、感知严重性、感知利益和感知障碍的量表借鉴 Champion
(1984)开发的量表。感知易感性量表包括"我患新冠肺炎的概率很大","我的身体状况
使我容易患新冠肺炎"等;感知严重性量表包括"如果我患了新冠肺炎,我的事业会受
阻","如果我患了新冠肺炎,我的经济压力就会增加"等;感知利益量表包括"可持续
饮食行为可以帮我预防将来出现的问题","可持续饮食行为可以减少我患新冠肺炎的
可能性"等;感知障碍量表包括"养成可持续饮食行为的习惯是困难的","坚持可持续
饮食行为会使我困扰"等。自我效能和行为线索的量表借鉴 Raheli(2020)开发的量表。

其中，自我效能量表包括"对我来说，坚持可持续饮食行为是容易的"，"如果我愿意，我可以容易地坚持可持续饮食行为"等；行为线索量表包括"政府相关部门进行了有关可持续饮食行为好处的宣传"，"我所在的公司、学校或社区进行了有关可持续饮食行为好处的宣传"等。社会奖惩响应灵敏度的量表采用赵宝春等（2018）开发的 9 题项量表，包括"我认为主流舆论会对涉及可持续发展的消费行为做出是非评说"，"违背可持续发展的消费行为一定会招致社会舆论的声讨"等。以上量表均采用 Likert 7 点量表计分，1–7 代表了从"非常不同意"到"非常同意"。

可持续饮食行为的量表采用 Żakowska-Biemans（2019）开发的 34 题项量表。该量表包括 8 个维度：健康均衡饮食、关注可持续性标签（产地性和有机性）、减少肉类消费、当地食品消费、低脂肪食品消费、避免食物浪费、注重动物福利和季节性食品消费。健康均衡饮食量表包括"我会选择有营养的食物"等；关注可持续性标签（产地性和有机性）量表包括"购买食品时，我会检查食品标签上的生产许可证和质量等级信息"等；减少肉类消费量表包括"我会限制我的肉类消费"等；当地食品消费量表包括"我会购买本地生产的食品"等；低脂肪食品消费量表包括"只要有可能，我会选择低脂食品"等；避免食物浪费量表包括"我不浪费食物"等；注重动物福利量表包括"我会选择自由放养的鸡蛋或散养鸡蛋"等；季节性食品消费量表包括"我吃时令水果和时令蔬菜"等。该量表均采用 Likert 7 点量表计分，1–7 代表了从"非常不符合"到"非常符合"。

此外，本章基于以下理由选取了性别、婚姻状况、年龄、学历、职业、月收入 6 个变量作为控制变量：第一，已有研究发现女性、已婚、年轻或低于中等年龄的消费者更可能实施可持续消费行为（White，2019）；第二，以往关于可持续食品购买的研究表明，受教育程度和收入均是消费者行为的重要影响因素（Muriel，2015）。因此，为尽量排除人口统计学变量对研究结果产生的影响，本研究最终选取以上 6 个可能对消费者心理和行为产生影响的变量作为控制变量。

（二）问卷设计

本研究初始调查问卷分为两个部分：第一部分为感知易感性、感知严重性、感知利益、感知障碍、自我效能、行为线索、社会奖惩响应灵敏度和可持续饮食行为 8 个核心变量的量表，共计 79 个题项；第二部分为人口统计学信息，包括性别、婚姻状况、年龄、学历、职业、月收入等 6 个题项。

在正式调查前，本研究于 2020 年 8 月 14 日至 2020 年 9 月 2 日通过简单随机抽样在中国山西太原和湖南长沙进行了预调研，共发放问卷 335 份，回收有效问卷 210 份，有效率为 62.7%。结果表明：感知易感性、感知严重性、感知利益、感知障碍、自我效能、行为线索、社会奖惩响应灵敏度和可持续饮食行为量表的 Cronbach's α 系数分别为

0.858、0.910、0.894、0.893、0.883、0.883、0.920、0.953，均大于规定值0.70，表明各量表信度较好。KMO值分别为0.888、0.921、0.832、0.885、0.739、0.744、0.893、0.925，均大于规定值0.70，并且Bartlett球形检验p值均在0.001水平上显著，表明各量表效度较好。

此外，表7.1数据显示，感知易感性量表中的A5题项与总和的相关系数小于0.4，该题项降低了量表的总体信度，删除后可提高总体量表的可靠性，故删除该项。另外，从该题项删除后量表内部一致性Cronbach's α系数的数值变化来看，从0.858变为0.922；其余题项删除后量表的系数均比0.922小。另外，从反映题项之间内部一致性的因子载荷来看，A5题项的因子载荷为0.217，小于0.5。由此可看出，A5与其余题项的同质性不高，可考虑删除。同时，本研究对参与预调研的被试进行回访，根据被试提供的回访意见，合理修正量表题项，并将修正后的题项与原始英文量表进行对比，最终形成正式调查问卷。

表7.1　观测变量基本统计量

潜变量	观测变量	均值	标准差	个项与总和的相关系数	题项删除后的α值	因子载荷
感知易感性	A1：我患新冠肺炎的概率很大	2.490	1.356	0.718	0.821	0.828
	A2：我的身体状况使我容易患新冠肺炎	2.530	1.394	0.788	0.807	0.876
	A3：我感觉我将来患新冠肺炎的概率很大	2.520	1.356	0.776	0.810	0.886
	A4：我将来患新冠肺炎的可能性很大	2.560	1.380	0.797	0.806	0.894
	A5：我很担心会患新冠肺炎	3.380	1.517	0.164	0.922	0.217
	A6：在未来一年里我会患新冠肺炎	2.270	1.307	0.765	0.813	0.878

（三）样本选取及数据收集

本研究在2020年9月14日至2020年11月14日完成正式问卷收集。第一，为了确保样本的科学性，本研究调查时综合考虑了中国的地域分布（东、中、西部地区）、经济基础（发达地区和欠发达地区）等因素，选取了东部的北京、青岛，中部的太原、长沙，西部的重庆、成都等地进行调研。第二，考虑到消费者可持续饮食行为量表的8个维度主要与食品购买和食用有关，本研究将调查地点锁定为成立时间较长、产品种类比较丰富的大型超市（如沃尔玛、家乐福、大润发等）和具有一定规模、人流量较大的餐馆、菜市场等。第三，为了确保问卷回收数据的代表性，本研究采用配额抽样的方式进行实地调研，根据总体样本的结构特征来分配定额，以取得一个与总体结构特征大体相似的样本。

本研究以国家统计局《中国统计年鉴 2019》为依据，按人口比例共发放问卷 1228 份，其中在北京、青岛、太原、长沙、重庆、成都根据人口分布比例分别发放问卷 282、115、105、116、420、190 份，在剔除空白、填答不完整、连续选择同一答案及答案存在明显规律或错误的无效问卷后，共收回有效问卷 799 份，有效回收率为 65.07%。样本的描述性统计结果见表 7.2。

表 7.2 样本描述性统计结果

特征	类别	人数	占比/%	特征	类别	人数	占比/%
性别	男	368	46.1	婚姻状况	已婚	445	55.7
	女	431	53.9		未婚	354	44.3
年龄	16~25 岁	127	15.9	学历	高中及以下	170	21.3
	26~35 岁	242	30.3		大专	224	28.0
	36~45 岁	318	39.8		本科	343	42.9
	46 岁以上	112	14.0		硕士及以上	62	7.8
职业	企业员工	260	32.5	月收入	3500 元及以下	120	15.0
	个体工商户	188	23.5		3501~5000 元	203	25.4
	政府机关及事业单位职工	134	16.8		5001~8000 元	303	37.9
	自由职业者	114	14.3		8001~10000 元	132	16.6
	其他	103	12.9		10001 元及以上	41	5.1

二、实证结果与分析

（一）共同方法偏差检验

由于自评方式可能会导致 8 个构念之间存在共同方法偏差问题，所以本研究先对共同方法偏差问题进行检验。主要从三个方面来降低共同方法偏差所带来的影响。首先，通过匿名调查、减少语义模糊性等方法，从程序控制方面来降低共同方法偏差。其次，本研究使用 Harman 单因素方法对共同方法偏差进行统计分析。将研究变量所有题项进行未旋转探索性因子分析后，所有特征根大于 1 的因子的总变异解释量为 56.377%，其中第一个主成分的变异解释量为 23.294%，因子解释变量未超过 40%，且不超过总变异解释量的一半，不存在单一因子解释所有变量大部分方差的严重共同方法偏差问题。再次，对变量进行单因子验证性因子分析可得 $\chi^2/df = 8.102 > 3$，CFI $= 0.528 < 0.9$，TLI $=$

0.509<0.9，RMSEA＝0.094>0.08，证明单因子的拟合指标均不达标，说明本研究数据的共同方法偏差程度处于可接受水平。

（二）量表的信度与效度检验

在进行后续的数据分析前，对于可持续饮食行为是否建立单维模型这个问题，不应该看它的单维模型是否拟合良好，而应该看由 PUC（未受影响的相关比例）和 ECV（全局因子解释的变异占共同因子变异的比例）决定的参数估计值相对偏差。即便单维模型拟合不佳，只要 PUC 和 ECV 有一个足够高，就可以在进行后续分析时将多维构念当作单维构念处理（顾红磊、温忠麟，2017）。经计算，可持续饮食行为模型的 PUC 为 0.865，大于 0.7，说明在进行模型拟合时，用单维模型拟合多维测验数据也能得到相对无偏的参数估计值。本研究采用内部一致性策略（internal-consistency approach）将每个维度打成一个题目包（item parcel），然后把整个构念作为因子，把维度作为指标进行后续的结构模型分析（吴艳、温忠麟，2011）。

为检验量表的信度和效度，本章采用了克朗巴哈系数（Cronbach's α）、组合信度（CR）、平均方差析出量（AVE）等指标，结果见表 7.3。所有量表的 CR 值均大于0.70，AVE 值均高于 0.50，且 Cronbach's α 值均高于 0.70。因而，量表具有较好的信度以及较高的内部一致性。

表 7.3 各变量的 Cronbach's α、CR 和 AVE 值

信度效度	感知易感性	感知严重性	感知利益	感知障碍	自我效能	行为线索	社会奖惩响应灵敏度	可持续饮食行为
Cronbach's α	0.859	0.909	0.836	0.879	0.719	0.738	0.876	0.860
CR	0.899	0.923	0.884	0.905	0.842	0.852	0.900	0.895
AVE	0.640	0.501	0.605	0.543	0.641	0.657	0.502	0.521

变量的效度主要可以通过构造效度和内容效度来测量。本研究所有量表均借鉴国内外已有的成熟量表，确保问卷具有较高的内容效度。构造效度的衡量主要通过收敛效度和区别效度来体现。通过验证性因子分析发现，各个变量所有测量题项的因子载荷系数均大于 0.50，说明量表的收敛效度较好。各个变量的 AVE 值均大于该变量与其他变量之间相关系数的平方（见表 7.4），说明变量间区分效度较好。

表 7.4 潜变量的 AVE 的平方根及相关系数

变量	Mean	S. E.	1	2	3	4	5	6	7	8
感知易感性	2.593	1.084	0.800							
感知严重性	4.697	1.054	−0.049	0.708						
感知利益	4.907	1.089	−0.120***	0..597***	0.778					
感知障碍	3.504	1.168	0.333***	−0.087*	−0.135***	0.737				
自我效能	4.734	1.177	−0.076*	0.491***	0.563***	−0.198***	0.801			
行为线索	5.065	1.141	−0.165***	0.476***	0.547***	−0.197***	0.477***	0.811		
社会奖惩响应灵敏度	4.664	1.010	−0.007	0.552***	0.556***	0.018	0.616***	0.521***	0.709	
可持续饮食行为	5.023	0.708	−0.106**	0.519***	0.573***	−0.141***	0.514***	0.589***	0.518***	0.722

注：对角线上方为平均方差析出量的平方根；对角线下方为潜变量间相关系数。*** 表示在 0.001 的水平上显著；** 表示在 0.01 的水平上显著；* 表示在 0.05 的水平上显著。

(三)模型拟合

基于 799 份有效数据，本研究采用结构方程模型进行模型拟合与路径分析。表 7.5 显示该模型的 CFI、TLI 等适配度指标大于 0.9，PNFI、PGFI 大于 0.5，RMSEA 小于 0.08，卡方与自由度比小于 3，表明本研究的假设模型与数据的拟合效果较好。

表 7.5 模型整体拟合度检验的主要指标

指标	绝对拟合度		简约拟合度		增值拟合度	
	χ^2/df	RMSEA	PNFI	PGFI	CFI	TLI
评价标准	<3	<0.08	>0.5	>0.5	>0.9	>0.9
模型结果	2.380	0.042	0.768	0.748	0.915	0.905
拟合情况	理想	理想	理想	理想	理想	理想

(四)假设检验

本研究使用 AMOS 24.0 软件对正式问卷进行假设检验，利用结构方程模型中的标准化回归权重(β)和 p 值对假设模型进行路径分析，以评估模型中自变量对因变量的影响。路径分析结果如表 7.6 显示，在本研究模型中，除感知易感性对可持续饮食行为的影响($\beta=-0.004$，$p=0.902$)(H_1)和感知障碍对可持续饮食行为的影响不显著外($\beta=0.006$，$p=0.880$)(H_4)，其余假设都被接受。研究还证实：行为线索对可持续饮食行为有显著正向影响($\beta=0.488$，$p<0.001$)，是消费者可持续饮食行为的最重要预测因素。紧随之后的消费者可持续饮食行为的预测因素是：自我效能对可持续饮食行为有显著正

向影响($\beta=0.139$，$p<0.01$)；感知利益对可持续饮食行为有显著影响($\beta=0.130$，$p<0.05$)；感知严重性对可持续饮食行为有显著正向影响($\beta=0.111$，$p<0.05$)。

表 7.6　理论模型路径检验结果

路径检验	标准化路径系数	临界比	结论
感知易感性→可持续饮食行为	−0.004	−0.123	拒绝
感知严重性→可持续饮食行为	0.111*	2.322	接受
感知利益→可持续饮食行为	0.130*	2.150	接受
感知障碍→可持续饮食行为	0.006	0.151	拒绝
自我效能→可持续饮食行为	0.139**	2.943	接受
行为线索→可持续饮食行为	0.488***	7.429	接受

注：* 表示在 0.05 水平上显著，** 表示在 0.01 水平上显著，*** 表示在 0.001 水平上显著。

(五)调节效应检验

本研究运用层次回归法，通过 SPSS23.0 多层回归的方法来检验社会奖惩响应灵敏度在行为线索与消费者可持续饮食行为之间的调节作用。首先，将自变量(健康信念)和调节变量(社会奖惩响应灵敏度)进行中心化处理，再计算其交互项，从而避免自变量与交互项相关性过高而产生共线性问题。其次，考虑到性别、年龄、收入、学历、职业等变量可能对结果变量产生影响，故将这些人口统计学变量作为控制变量处理。在控制了人口统计学变量之后，同时置入自变量和调节变量，然后再置入自变量和调节变量的交互项，以检验调节效应，结果如表 7.7 所示。

由表 7.7 中的模型 2 可以得知，感知易感性、感知障碍、自我效能、行为线索与社会奖惩响应灵敏度的交互项的回归系数为正且显著。结果表明，社会奖惩响应灵敏度正向调节感知易感性($\beta=0.131$，$p<0.001$)、感知障碍($\beta=0.204$，$p<0.001$)、自我效能($\beta=0.093$，$p<0.01$)、行为线索($\beta=0.096$，$p<0.001$)与可持续饮食行为之间的关系，从而 H_{7a}、H_{7d}、H_{7e}、H_{7f} 得以验证。此外，感知严重性、感知利益与社会奖惩响应灵敏度的交互项与可持续饮食行为无显著相关关系，说明社会奖惩响应灵敏度不调节感知严重性($\beta=0.011$，$p>0.05$)、感知利益与可持续饮食行为之间的关系($\beta=0.032$，$p>0.05$)，故假设 H_{7b}、H_{7c} 不成立。

表 7.7 调节效应检验

变量 X	模型	常量	性别	婚姻状况	年龄	学历	月收入	职业	变量 X	社会奖惩响应灵敏度	交互项(X×社会奖惩响应灵敏度)	R_2	调整的 R_2	F 变化量	VIF 最大值
感知易感性	模型 1	5.003	0.057	−0.046	0.059	−0.061	−0.017	0.044	−0.101***	0.520***		0.314	0.306	18.494	1.902
	模型 2	5.008	0.056	−0.045	0.059	−0.062*	−0.015	0.039	−0.131***	0.532***	0.131***				
感知严重性	模型 3	4.945	0.061*	−0.035	0.043	−0.030	−0.008	0.016	0.321***	0.341***		0.349	0.357	0.000	1.887
	模型 4	4.941	0.061*	−0.036	0.043	−0.030	−0.008	0.016	0.323***	0.340***	0.011				
感知利益	模型 5	4.862	0.051	−0.019	0.072	−0.061	0.002	0.028	0.410***	0.289***		0.403	0.396	1.191	1.892
	模型 6	4.849	0.052	−0.020	0.072	−0.061	0.001	0.029	0.419***	0.278***	0.032				
感知障碍	模型 7	4.926	0.070*	−0.048	0.071	−0.044	−0.016	0.035	−0.152***	0.522***		0.343	0.335	39.342	1.914
	模型 8	4.918	0.064*	−0.032	0.075	−0.055	−0.009	0.032	−0.236***	0.561***	0.204***				
自我效能	模型 9	5.046	0.050	−0.054	0.040	−0.055	−0.012	0.019	0.302***	0.332***		0.352	0.344	10.142	1.887
	模型 10	5.017	0.049	−0.058	0.041	−0.052	−0.019	0.022	0.315***	0.317***	0.093**				
行为线索	模型 11	4.799	0.054*	−0.022	0.063	−0.016	−0.016	0.034	0.435***	0.293***		0.431	0.424	10.558	1.889
	模型 12	4.757	0.057*	−0.023	0.061	−0.016	−0.018	0.040	0.478***	0.261***	0.096**				

注:* 表示在 0.05 水平上显著,** 表示在 0.01 水平上显著,*** 表示在 0.001 水平上显著。

(六)稳健性检验

为检验本章研究结论的稳健性,我们进行了以下工作。首先,考虑到不同地区消费者的饮食理念可能存在较大差异,个体所在地区可能会影响他们的可持续饮食行为。为排除这一影响,本章引入"地区"虚拟变量,将地区划分为:东部(标记为"1")、中部(标记为"2")、西部(标记为"3")。其次,消费者的个人特征(性别、婚姻状况、年龄、学历、职业、月收入)可能会影响研究结果。因此,本章在控制了地区、性别、婚姻状况、年龄、学历、职业、月收入后对之前的分析进行了重复。直接效应的稳健性检验如表 7.8 所示。年龄是一个显著的协变量(相比年龄较小的群体,年龄更大的群体实施可持续饮食行为的可能性更大),但地区、婚姻状况、年龄、学历、职业、月收入作为协变量时对可持续饮食行为的影响并不显著。当控制了这些协变量后,核心变量的显著性并未发生显著变化,表明上述控制变量并未影响到本章的研究结论,直接效应的研究结果是稳健的。调节效应的稳健性检验如表 7.9 所示:研究结果与前文调节效应的检验结果一致,说明本章调节效应的稳健性较好。

表 7.8 直接效应的稳健性检验

路径检验	标准化路径系数	临界比	结果
地区	0.027	0.987	不影响
性别	0.035	1.288	不影响
婚姻状况	−0.004	−0.167	不影响
年龄	0.098***	3.650	影响

续表

路径检验	标准化路径系数	临界比	结果
学历	-0.023	-0.600	不影响
职业	0.020	0.758	不影响
月收入	0.027	1.001	不影响
感知易感性→可持续饮食行为	-0.002	-0.049	稳健
感知严重性→可持续饮食行为	0.093*	1.978	稳健
感知利益→可持续饮食行为	0.149*	2.487	稳健
感知障碍→可持续饮食行为	-0.012	-0.320	稳健
自我效能→可持续饮食行为	0.128***	2.741	稳健
行为线索→可持续饮食行为	0.473***	7.313	稳健

注:* 表示在 0.05 水平上显著,** 表示在 0.01 水平上显著,*** 表示在 0.001 水平上显著。

表 7.9 调节效应的稳健性检验

变量 X	模型	地区	常量	性别	婚姻状况	年龄	学历	月收入	职业	变量 X	社会奖惩响应灵敏度	交互项(X×社会奖惩响应灵敏度)	R^2	调整的 R^2	F变化量	VIF最大值
感知易感性	模型 13	0.066*	4.871	0.061	-0.046	0.065	-0.060	-0.012	0.042	-0.101**	0.518***		0.319	0.310	19.265	1.912
	模型 14	0.070*	4.867	0.060	-0.046	0.066	-0.061*	-0.009	0.038	-0.131**	0.531***	0.133***				
感知严重性	模型 15	0.056	4.833	0.064*	-0.036	0.049	-0.030	-0.003	0.015	0.319***	0.341***		0.360	0.352	0.000	1.898
	模型 16	0.057*	4.825	0.065*	-0.036	0.049	-0.029	-0.004	0.015	0.320***	0.340***	0.015				
感知利益	模型 17	0.053	4.756	0.054	-0.019	0.078*	-0.061*	0.006	0.027	0.408***	0.289***		0.406	0.399	1.679	1.902
	模型 18	0.057*	4.733	0.056*	-0.020	0.078*	-0.060*	0.005	0.028	0.418***	0.276***	0.038				
感知障碍	模型 19	0.053	4.823	0.073*	-0.048	0.076	-0.044	-0.012	0.035	-0.147***	0.520***		0.346	0.338	40.393	1.922
	模型 20	0.060*	4.801	0.067*	-0.032	0.080*	-0.055	-0.005	0.031	-0.231***	0.560***	0.207***				
自我效能	模型 21	0.039	4.968	0.052	-0.054	0.045	-0.054	-0.009	0.019	0.296***	0.335***		0.353	0.345	10.372	1.898
	模型 22	0.041	4.934	0.052	-0.058	0.046	-0.052	-0.016	0.022	0.309***	0.319***	0.094***				
行为线索	模型 23	0.047	4.707	0.057*	-0.023	0.067	-0.015	-0.012	0.034	0.432***	0.294***		0.433	0.426	11.144	1.899
	模型 24	0.051	4.656	0.060*	-0.024	0.066	-0.016	-0.015	0.040	0.476***	0.260***	0.098***				

注:* 表示在 0.05 水平上显著,** 表示在 0.01 水平上显著,*** 表示在 0.001 水平上显著。

第四节 结论与讨论

一、结论

(1)健康信念的六大变量中,感知严重性、感知利益、自我效能、行为线索正向影响可持续饮食行为;行为线索对可持续饮食行为的影响最大。首先,在饮食决策时,感知严重性更高的个体会与新冠肺炎风险建立更为强烈的认知和情感关联,更可能通过可持续饮食行为来减少该风险的负面影响。其次，感知利益更大的个体预期通过可持续饮食行为会获得更大的成就价值、内在价值和效用价值。进一步地，个体预期从某种行为中获得的价值可以加强其在该行为决策上的控制能力，从而更可能在饮食决策时投入足够的认知资源，实施可持续饮食行为。再次，自我效能较高的消费者具备完成可持续饮食行为的坚定自信，并拥有对影响他们可持续饮食行为完成的因素进行控制的信心，更可能会为实施可持续饮食行为投入充足的认知资源、付出大量努力，面对困难时持之以恒。最后，根据自我决定理论，个体内部动机和行为的产生需要满足三种基本心理需要：自主需要、胜任需要和关联需要。行为线索作为一种外部情境因素，可以通过满足消费者的三大心理需要进而激发个体可持续饮食行为的内在动机，因而，接触行为线索频率更高的消费者，在饮食决策时投入充足的认知资源、选择可持续饮食行为的可能性更大。此外，健康信念模型的所有变量中，行为线索对可持续饮食行为的预测力最强。与健康信念模型中的其他变量相比，行为线索是预测可持续饮食行为的最有利因素。

（2）感知易感性、感知障碍对可持续饮食行为的影响不显著。首先，可持续饮食行为是一种预防性健康行为，实施可持续饮食行为需要个体具备未来预防性的眼光，而感知易感性可能会让个体专注于采取一些直接措施（如待在家里、戴口罩、接受核酸检测等）来降低新冠肺炎风险对自己的现时威胁，对可以预防未来风险的饮食行为可能没那么关注，从而感知易感性对可持续饮食行为的影响不显著。其次，实施可持续饮食行为主要取决于个体对自身饮食行为的控制，与外部障碍关系不大，从而感知障碍对可持续饮食行为的影响不显著。

（3）社会奖惩响应灵敏度正向调节感知易感性、感知障碍、自我效能和行为线索对可持续饮食行为的影响。首先，尽管感知易感性、感知障碍对可持续饮食行为的影响不显著，但感知易感性、感知障碍与社会奖惩响应灵敏度的交互项对可持续饮食行为有显著正向影响，即对于同等程度感知易感性、感知障碍的消费者而言，社会奖惩响应灵敏度更高的个体更可能实施可持续饮食行为。其次，当消费者的社会奖惩响应灵敏度水平越高时，自我效能、行为线索对可持续饮食行为的正向影响越强。

（4）社会奖惩响应灵敏度不调节感知严重性、感知利益对可持续饮食行为的影响。从感知严重性、感知利益来看新冠肺炎风险与可持续饮食行为之间的关系时，消费者可能更关心可持续饮食行为给自身带来的直接利益，如预防新冠肺炎、减少对新冠肺炎的担忧等。对于可持续饮食行为带来的社会奖惩（如群体认可等）不太重视，因此，社会奖惩响应灵敏度对这两条路径的调节作用不显著。

二、理论意义

（1）运用健康信念理论探讨后疫情时代中国消费者可持续饮食行为的影响机制，不仅拓展了可持续饮食行为的研究情境、丰富了可持续饮食行为的引致因素研究，而且弥补了以往研究只关注可持续饮食行为单一行为的局限性。首先，以往研究主要关注一般情境下个体因素（如个体价值观、个体对某种食品的知识）、食品因素（如食品属性、食品标签）、外界因素（如社会规范、助推策略）对可持续饮食行为某种行为的影响，使用的理论多是理性行为理论、计划行为理论等一般行为理论（Graça，2015；Li Y.，2021；Aitken，2020），未探讨突发公共卫生事件情境下可持续饮食行为的引致因素。考虑到可持续饮食行为是健康促进行为，本研究运用健康领域的理论——基于风险感知的健康信念理论探讨消费者可持续饮食行为的影响机制，为如何促进可持续饮食行为提供了新的思路。其次，以往研究聚焦于可持续饮食行为的单一行为，例如：减少食物浪费（Li Y.，2021）、购买和消费季节性和本地食品（Cvijanović，2020）、购买有机食品（Aitken，2020）等。本研究通过探讨健康信念对内涵更加全面的可持续饮食行为的影响，弥补了以往研究只关注可持续饮食行为单一行为的局限性。

此外，本研究结果支持 Mattson 提出的重视健康信念模型中行为线索变量的看法（Mattson，1999）。以往运用健康信念理论探讨消费者行为变化的研究中，大多未对行为线索变量充分利用。然而，本研究表明，行为线索在促进可持续饮食行为方面起着关键作用，是一种能够促进消费者饮食行为积极转变的有效资源。

（2）运用双加工理论，从个体饮食决策时的资源投入视角阐释健康信念对可持续饮食行为影响的内在作用机理，为思考个体的饮食行为决策提供了新的阐释视角，同时拓宽了双加工理论在消费者行为学领域的运用范围。以往饮食行为决策研究集中于健康饮食行为领域，聚焦于外界干预措施对个体饮食行为的影响（Kristeller，2014；Kelly，2014；Fritz，2019），未探讨个体饮食决策的内在作用机理。然而，最近有研究发现，促进健康饮食行为的外界干预措施对个体饮食行为的影响是短暂的（Fritz，2019）。为促进个体饮食行为的长久性积极转变，了解其饮食决策时的内部作用过程非常重要。本研究运用双加工理论，从个体饮食决策时的资源投入视角阐释饮食决策时的内部作用机制，发现可持续饮食行为本质上是一种需要投入充足的认知资源才可成功实施的行为。在一个普遍重视食物口味、价格、方便性的大环境下（Ellen et al.，2017），可持续饮食行为的成功实施需要一定的认知资源投入。因此，本研究为理解消费者饮食决策时的内部作用机制提供了理论视角，揭示了资源投入在饮食决策中的作用，为未来有关饮食行为积极改变的研究提供了新的思路。此外，双加工理论已被运用于亲环境行为领域

（Waechter，2016；Lohse et al.，2016），但还尚未运用到饮食行为领域。本研究通过运用双加工理论阐释健康信念对可持续饮食行为影响的内在作用机理拓展了双加工理论的研究范围。

（3）本研究通过验证社会奖惩响应灵敏度在健康信念对可持续饮食行为影响中的调节作用说明了个人信念（健康信念）与个人特质（社会奖惩响应灵敏度）的交互作用对个体行为转变所产生的影响，丰富了奖惩响应研究的成果。现有的社会奖惩响应研究主要集中在组织或博弈环境下的奖惩措施如何影响个体行为等（张正堂，2014；刘映杰，2015；Kwaadsteniet，2013；Putz，2016），较少关注社会奖惩响应灵敏度在饮食行为领域的研究。事实上，作为社会性动物，消费者并不独立于社会环境之外（Hammerl，et al.，2016），其行为决策不可避免地会受到社会奖惩体系的影响。因此，本研究将社会奖惩响应灵敏度纳入"健康信念—可持续饮食行为"的逻辑框架，将健康信念和社会奖惩结合起来，以社会奖惩响应灵敏度为出发点，定量研究了这一反映社会奖惩效率的全新变量在健康信念与可持续饮食行为之间关系的调节作用，进一步深化了可持续饮食行为的影响机制。

三、实践意义

（1）对政府的管理启示。第一，政府相关部门应加强对可持续饮食行为的宣传。通过在各社区、学校、公司等地方拉横幅，贴宣传单或在大众媒体上宣传等形式向消费者介绍可持续饮食行为的内涵，传达可持续饮食行为对自身健康、环境、社会的重要性，尤其要强调可持续饮食行为在预防类似新冠肺炎等传染病方面发挥的作用。第二，为提高消费者在可持续饮食行为上的社会奖惩响应灵敏度水平，政府相关部门可以充分利用社会舆论引导（如电视、微博、报纸杂志等），加大对典型不可持续饮食行为案例的曝光、批评力度，着力营造"实施可持续饮食行为光荣，违背可持续饮食行为可耻"的社会风尚。第三，考虑人类饮食行为对生态系统可持续性的影响，重新制定中国消费者饮食指南的指导方针。第四，政府相关部门还必须要求食品生产商利用标签等形式提供有关产品、生产过程的可持续性和产地的正确和全面的信息。

（2）对企业的营销启示。第一，食品生产商可以为其所生产的食品建立基于二维码技术的食品溯源体系。第二，食品零售商可以通过播放广告、张贴公示、分发小册子等形式增强消费者对可持续饮食行为在健康保障方面的认知。第三，食品生产商和零售商应利用这次 COVID-19 疫情危机的警示，为消费者提供更多有益人类健康和生态健康的食品。第四，食品零售商（如超市等）可以举办以责任担当为主题的权威讲坛、知识竞赛等活动，唤醒责任感，引导消费者对自身饮食行为可能涉及的健康问题和可持续发展问题予以足够重视，进而诱发当事人对可持续饮食行为的重视，以及对不可持续的饮食行为的主动抵制。

四、研究不足与未来展望

（1）本研究只探讨了影响可持续饮食行为的一种行为线索，可能还存在其他激励可持续饮食行为的行为线索，如亲朋好友的影响、医生建议等。未来可以同时探讨多种行为线索中哪种行为线索对于可持续饮食行为的预测能力更强。同时，本研究只探讨了行为线索的短期静态影响，未来研究可以采用时间跨度较大的追踪设计来收集数据，在多个时间点分别测量相关变量。追踪研究可更深入地探讨行为线索对可持续饮食行为的长期影响和动态变化过程。

（2）本研究综合评估了消费者对可持续饮食行为的奖励敏感性和不可持续饮食行为的惩罚敏感性，未将奖励敏感性与惩罚敏感性区分开来分别测量。未来研究可以将奖励敏感性与惩罚敏感性分开单独探讨，并讨论哪种敏感性对可持续饮食行为的影响更大。

（3）本研究采用的可持续饮食行为问卷量表是在西方文化背景下开发的。虽然在研究中对量表进行了严格的翻译，并通过预调查等多种方式尽量减少了题项歧义及程序误差，但将基于国外情境开发的量表应用到中国情境下可能会存在一些局限性。未来可以在中国情境下，基于中国特色的饮食文化，开发中国情境下的可持续饮食行为量表，并对本研究结果进行检验。

第八章 生态价值观对可持续消费行为的链式中介影响

人口及消费增长带来了一系列的环境问题。为了实现经济增长与环境保护、社会福利协调发展，有必要促进消费者采取可持续消费行为。因而促进可持续消费成为政府、企业和学术界关注的热点。习近平总书记在"推动我国生态文明建设迈上新台阶"的重要讲话中指出，必须加快建立健全以生态价值观念为准则的生态文化体系，强调生态价值观在生态文明建设中的重要性。然而现有研究关于生态价值观影响可持续消费行为的观点存在差异，需要在对可持续消费行为细分的基础上进一步探究生态价值观对可持续消费行为的影响。同时，随着经济社会的发展，消费者地位不断提升，个人的可持续消费行为除了有助于直接解决环境问题，还间接地影响他人的可持续消费行为。因此有必要探究消费者的市场影响在生态价值观影响可持续消费行为中的作用。基于此，本章在回顾可持续消费行为、生态价值观、感知对消费者影响、感知对组织影响、控制欲的相关研究成果之后，基于感知市场影响理论，以价值观—信念—行为理论为整体框架，构建生态价值观对规范型和自我增强型可持续消费行为的链式中介影响模型。通过问卷调查法，在中国东、中、西部的北京、上海、长沙、郑州、昆明、贵阳六个城市收集数据，采用结构方程模型、Bootstrap、多层线性回归分析等方法对模型进行实证检验，根据实证结果提出相应管理建议。

第一节 生态价值观对可持续消费行为链式中介影响的理论基础

一、问题的提出

近 30 年来，不可持续的消费方式导致了全球环境恶化和气候失调（Liu et al.，2019），威胁着地球生态系统的平衡和人类社会的可持续发展。公民向可持续消费行为转变能够有效应对和解决这些环境问题（Leary and Vann，2016）。由此，如何促进社会可持续消费已经成为企业、政府以及学术界日益关注的热点（Dong et al.，2020）。

可持续消费行为指在消费过程中满足生活需求的同时，不损害所有人现在或将来所需要的生态和社会经济的个人行为（Geiger，2018）。Minton 等（2018）将可持续消费行为划分为规范型可持续消费行为和自我增强型可持续消费行为。其中，规范型可持续消费行为是指个体受到群体鼓励并普遍被社会群体接受为规范的可持续消费行为，通常基于一个国家共同的文化标准和基础设施（Thogersen，2010）。自我增强型可持续消费行为是指个体在群体中与区分自我有关，且没有被社会群体普遍接受为规范的、更具自发性的可持续消费行为，通常基于消费者环保形象的自我表达（Terry，1999）。同时，Minton等（2018）从国家层面的实用主义文化价值观角度探讨不同国家的消费者在选择可持续消费行为时的差异，研究发现在高水平实用主义的国家里，消费者更有可能选择自我增强型可持续消费行为，而在低水平实用主义国家里，消费者越有可能选择规范型可持续消费行为。事实上，同一国家内的消费者在选择可持续消费行为时也有差异，消费者的可持续消费行为不只受到文化价值观的影响，也会受到个体本身价值观的影响（杨智、邢雪娜，2009），因此可以从个体层面的价值观出发进一步理解和预测一个国家内的消费者如何选择可持续消费行为。过往的研究认为利己、利他和生态价值观与环境行为相关（Verma et al.，2019）。其中，生态价值观（Biospheric Values）是指根据行为对生态系统或生物圈的成本或收益来判断是否采取相应行动的价值观（Stern and Dietz，1994），往往被认为是有效预测与环保有关的行为的重要因素（De Groot et al.，2012）。基于此，我们从个体价值观层面提出本研究的主要问题：生态价值观如何影响规范型可持续消费行为和自我增强型可持续消费行为？

价值观—信念—行为理论指出价值观作为行为的远端变量，通过特定的信念作用于行为（Stern and Dietz，1994）。以往的研究发现认同生态价值观的消费者会出于对环境的考虑而采取环保行为，例如生态价值观通过新生态范式、后果意识和责任归属等一般环境信念作用于可持续消费行为（Gkargkavouzi et al.，2019）。随着消费者市场地位的提升（王永贵等，2019），个体作为可持续消费市场的重要参与者，除了会考虑对环境的影响，也会考虑对市场上其他参与者（如消费者和企业）的影响（Grabs et al.，2016）。尤其是在中国情境下，中国人更看重与他人的关系，更加依赖集体（曾世强等，2016），因此更有可能从个体对市场上其他参与者影响的角度考虑是否采取可持续消费行为。Leary 等（2014）为捕捉个体感知对市场中其他参与者的影响，在西方环境下首次提出感知市场影响理论。该理论指出感知对消费者影响和感知对组织影响代表了一个人认为自身的行为能够影响市场上其他消费者和组织采取类似行为的信念。当个体的感知对消费者影响和感知对组织影响越强时，个体更愿意采取相应行为（Leary et al.，2017）。现有研究将感知对消费者影响和感知对组织影响作为单独路径研究（Leary et al.，2019），认为二者分别独立影响个体行为。然而本研究认为感知对消费者影响会进一步影响感知对组织影响。当个体感知对消费者影响越强时，消费者会从主观上认为自己能够影响周围的其他消费者，提高了个体消费者在与企业互动过程中的话语权，进而增强感知对组织影响。基于此，本研究将进一步研究感知对消费者影响对感知对组织影响的作用。由此，本研究在中国情境下引入感知市场影响理论，探讨感知对消费者影响和感知对组织影响在生态价值观对可持续消费行为影响中的链式中介作用。

由于采取可持续消费行为往往需要花费额外的努力（White et al.，2019），这可能会降低个体对现有生活的控制，从而对个体产生控制威胁。为了避免此类威胁，控制欲强的个体可能会降低获取与可持续消费行为相关信息的主动性，甚至主动忽略这类信息来降低威胁，进而减弱生态价值观对感知对消费者影响和感知对组织影响的作用。鉴于此，本研究进一步检验控制欲在生态价值观对感知对消费者影响和感知对组织影响作用中的调节作用。

综上，本研究将感知市场影响理论与价值观—信念—行为理论相结合，构建生态价值观通过感知对消费者影响和感知对组织影响作用于可持续消费行为的链式中介模型，探讨控制欲在该模型中的调节作用，通过问卷调查收集数据并对模型进行实证检验。

二、理论基础

（一）感知市场影响理论

解决环境问题需要社会集体的共同努力（Leary and Vann，2016）。社会集体中每个个体采取可持续消费行为除了会直接影响环境外，还有助于引导集体行为。例如个体分类回收垃圾，一方面可能对环境产生影响，另一方面可能引导市场上其他参与者采取类似的行为。为了将个体行为与市场其他参与者的行为联系起来，Leary 等（2014）引入了感知市场影响这一概念。感知市场影响是基于效能的期望信念，指个体相信其在市场中的努力可以影响其他消费者和组织的市场行为的信念（Leary and Vann，2014），包括感知对消费者的影响和感知对组织的影响（Leary et al.，2017）。当一个人相信他的环境责任行为能够影响市场其他参与者（如其他消费者和组织）的行为时，他自身的行为可能会受到这一信念的影响，从而采取环境责任行为（Leary and Vann，2016）。也就是说，当他们认为自己的行为会起到示范作用，引导集体选择可持续消费行为，或推动企业、环保组织采取可持续实践时，这种信念也会为个体采取可持续消费行为提供理由，促使消费者坚持自己的可持续消费行为选择。Echegaray（2016）认为感知市场影响超越了单一个体对实现可持续消费行为目标的控制感，转向成为关键的市场引导者。

现有研究主要在西方情境下探究感知市场影响理论，将其运用于可持续消费和道德消费领域。已有研究发现感知市场影响的结果变量涉及可持续消费行为(能效行为、环保意识买方行为和消费后行为)(Leary et al.，2014)、社会环境主义和环境公民行为(Leary et al.，2017)、道德产品购买意愿及口碑(Leary et al.，2019)、可持续购买行为(Joshi and Rahman，2019)。这些研究发现感知市场影响在解释可持续消费行为中具有重要作用，并指出可进一步探究感知市场影响对多种不同类型可持续消费行为的影响。同时，现有关于感知对消费者影响与感知对组织影响的研究多认为二者存在差异，且独立影响个体的行为(Leary et al.，2017，2019)。随着消费者地位的提升，本研究认为感知对消费者影响可能对感知对组织影响产生进一步的影响，然而以往研究并未阐明这种关系。

（二）价值观—信念—行为理论

价值观—信念—行为理论来源于价值观—信念—规范理论。Stern 等(1999)首次提出价值观—信念—规范理论。它系统整合了社会心理学中的规范激活理论、环境心理学中的价值基础理论和环境社会学中的新环境范式理论。该理论涉及的变量包括价值观、信念、规范以及亲环境行为。这些变量依次影响下一个变量以及之后的其他变量(Liu et al.，2018)。价值观—信念—规范理论指出生态、利己和利他三种价值观会影响环境感知、行为以及个体如何形成环境态度和信念(Obeng and Aguilar，2018)。认同生态价值观的个体关注自然和环境保护；认同利己价值观的个体关注维护和提升个人资源；认同利他价值观的个体关注他人的福利(De groot and Steg，2008)。每种价值观都会使个人倾向于关注他们自身行为对所重视事物的后果，因此个体更容易接受某些信息主要取决于特定价值取向，进而影响信念和最终的行为(Ryan and Spash，2010)。许多学者都认为人类是否采取环保行动是基于他们认同生态和自然本身的内在价值，与其他因素相比，生态价值观更能有效预测环保行为，因此有必要更好地理解生态价值观如何推动环保行为(De Groot et al.，2012)。

同时，价值观—信念—规范理论以信念作为中介，突出信念在个人价值观转换为个人规范和行为中的重要作用。Groening(2018)指出价值观和知识是信念的基础，而信念是激励行为的关键因素，当人们相信他们的行为会产生特定的结果时，他们会体验到更高水平的个人效能，激励他们按照这些信念行事。价值观—信念—规范理论已被广泛用于解释私人或公共领域许多具体的亲环境行为，如环境公民行为(Yeboah and Kaplowitz，2016)、绿色消费者行为(Han et al.，2017)以及可持续行为(Whitley et al.，2018)等。这些研究在测量信念的方式上有所不同，并且大多数研究只关注一般环境信念，如新生态范式、后果意识和责任归属(Whitley et al.，2018)。然而这些一般环境信念测量可能无法准确预测特定行为。Steg 等（2005）指出"一般价值观和行为之间的关系似乎是由其他因素，如由特定行为的信念来中介"，即价值观—信念—行为这一逻辑中存在其他更为具体的信念。Kim 和 Choi（2005）将感知消费者效用与特定行为相关的具体信念引入环保领域，研究发现集体主义通过感知消费者效力影响绿色购买行为。可见，具体信念在价值观—信念—行为这一逻辑中存在着重要作用。因此，本研究以价值观—信念—行为理论为框架，将感知对消费者影响、感知对组织影响这两个具体信念作为中介，构建本研究的概念模型。

第二节　生态价值观对可持续消费行为链式中介影响的理论模型

一、研究假设

（一）生态价值观与可持续消费行为

Stern 和 Dietz（1994）将生态价值观定义为人们根据生态系统或生物圈的成本或收益来判断现象的价值观。个体的生态价值观因受所处环境条件、社会学习和发展过程的影响而存在差异（Heine and Norenzayan，2006）。价值观—信念—行为理论指出价值观是指导人们行为的重要原则，能够广泛影响与环境有关的态度或行为（Steg et al.，2014）。认同生态价值观的个体往往将环境保护看作人生重要的追求目标（Boomsma and Steg，2014），关注环境信息，并根据自身行为对自然和环境的影响判断和决定是否采取特定行动。越认同生态价值观的个体越关心环境（De Groot and Steg，2008），行动的环境友好程度越高（De Groot et al.，2012），因此越有可能将可持续消费行为落实到具体的实践中去。

规范型可持续消费行为，相比于自我增强型可持续消费行为，更普遍受到群体的接受且更容易实施。个体的价值观引导个体的注意力，个体会因为对环境本身的关注而更容易感知到与亲环境行为有关的社会规范，并受到社会规范的鼓励（Nguyen et al.，2016），自发地成为社会规范的践行者（Soyez，2012），因此更有可能采取规范型可持续消费行为。此外，规范型可持续消费行为普遍拥有基础设施、政策制度和文化标准等社会支持（Minton et al.，2018），更容易实施。综上，当个体对生态价值观的认同程度越高时，一方面更容易感知到与亲环境行为有关的社会规范，另一方面感受到较多社会支持让可持续消费行为更容易实施，从而采取规范型可持续消费行为。由此，可提出假设。

H_{1a}：生态价值观正向影响规范型可持续消费行为。

自我增强型可持续消费行为，相较于规范型可持续消费行为，存在更多的感知不便，如成本较高、选择有限、时间有限（Lindenberg，2007）。然而大多数认同生态价值观的个体更重视环境质量，他们会淡化与可持续消费相关的负面感知后果，如更高的价格或额外的努力（Van Der Werff et al.，2013），不顾感知到的障碍进行亲环境的购买行为（De Groot et al.，2012），甚至愿意为能够解决环境问题的产品（Perlaviciute and Steg，2015）或项目支付溢价（Wakita et al.，2019）。此外，价值观反映了人们在生活中发现什么是重要的从而影响人们看待自己的方式，因此如果个体越认同生态价值观，就越容易将自己视为环境友好人士，并且更有可能按照这种身份行事（Van Der Werff et al.，2014）。综上，当个体认同生态价值观时，一方面他在选择可持续消费行为时感知到的障碍更少，另一方面他更倾向于把自己划为对环境负责的人，从而更有动力选择自我增强型可持续消费行为。由此，可提出假设。

H_{1b}：生态价值观正向影响自我增强型可持续消费行为。

（二）感知对消费者影响和感知对组织影响的中介作用

价值观—信念—行为理论指出认同生态价值观的个体优先考虑环境的价值，更关心环境问题，所以认同生态价值观的个体往往会有意识地注意与环境保护相关的信息，为解决环境问题也更愿意投入时间和精力学习相关知识及研究改善环境的办法（崔祥民、杨东涛，2015）。因此，生态价值观所激发的学习动力使个体具有获取、识别、整合可持续知识和工具的信息资源优势，从而使个体相信自己有能力影响其他消费者和组织。此外，Kadic-Maglajlic 等（2019）发现当个体对环境问题的考虑和重视程度越高时，不仅会提高对环境问题的关注，而且还会对围绕解决环境问题创建的环保社群表现出更高层次的兴趣和热情，更愿意与社群中的其他人建立互动关系。与环保社群建立联系，既使个体更容易感受到行为的相互影响，相信能够通过自身的行为引导更多的参与者采取类似的行为，又使个体感受到群体力量的凝聚，增强了个体对可持续消费行为能够影响组织实践的信心。因此，认同生态价值观的个体更容易相信通过自己的努力能够影响其他消费者采取可持续消费行为或组织进行可持续实践。

根据感知市场影响理论，个体会在不同程度上相信他们的行为会对市场其他参与者产生影响。当个体感知对消费者影响和感知对组织影响越强，他们相信自身可持续消费行为能够影响市场其他参与者开展类似行为的程度越高。而当个体感知到自身行为能够产生特定结果时，他们会体验到更高水平的效能，表现出较高程度的主观能力（Mourali and Nagpal，2013），从而产生更强的行为意愿（Galinsky et al.，2003），进而激励个体坚持自己的可持续消费行为（Golodner，2016）。与此同时，Bettman 等（1998）指出个体通常认为需要向自己和他人证明自己行为的合理性。相对于环境污染对社会的挑战，个体行为对环境的影响往往是微不足道的，解决方案往往需要通过许多人的共同行动来实现（Thogersen，2005），因此人们常常会质疑他们的可持续消费行为是否有效。根据感知市场影响理论，感知对消费者影响和感知对组织影响越强的个体越能够将自我与集体和组织的行为联系起来（Leary et al.，2017），从而体会到一种行为的示范作用，这为个体采取可持续消费行为提供了一种理由（Leary et al.，2014），促使消费者坚持自己的可持续消费行为选择。具体来说，当个体认为他们的可持续消费行为能够激励市场上的其他参与者采取类似的行为，共同实现环境保护这一目标时，他们认为自己作为榜样将激励和引导市场上的其他参与者（Farahm and Newman，2010），能够为发展可持续消费方式提供社会支持，以此证明他们自己的行为是合理的，进而增强个体对采取可持续消费行为可以解决环境问题的信心（Joshi and Rahman，2019）。根据上述分析，当面对可持续消费选择时，感知对消费者影响和感知对组织影响强的个体相信自身的可持续消费行为能够对市场上其他参与者产生影响，引导和带动市场上其他参与者采取类似的行为，这为他们采取可持续消费行为提供理由并激励他们按照这一信念行动。因此，感知对消费者影响和感知对组织影响强的个体更愿意选择规范型可持续消费行为和自我增强型可持续消费行为。

Thogersen 和 Ölander（2002）认为价值观对行为的影响需要通过更近端的决定因素起作用。根据价值观—信念—行为理论，价值观通过信念间接地影响行为（Whitley et al.，2018）。Kim 和 Choi（2005）也指出信念在将个人的价值观转化为行为方面特别突出。因此，生态价值观作为对环境普遍关注的价值观，对可持续消费行为的影响需要通过与可持续消费行为相关的特定信念作用于可持续消费行为。根据感知市场影响理论，那些相信自身的可持续消费行为能够影响或改变他人行为的人更有可能根据他们的价值观行事（Leary et al.，2014）。综上，本研究认为感知对消费者影响和感知对组织影响作为在可持续消费情境下的特定行为信念，是认同生态价值观的个体选择可持续消费行为的重要理由，在生态价值观对两种不同类型的可持续消费行为的影响中起到中介作用。由此，提出以下假设。

H_{2a}：感知对消费者影响在生态价值观与规范型可持续消费行为之间存在中介作用。

H_{2b}：感知对消费者影响在生态价值观与自我增强型可持续消费行为之间存在中介作用。

H_{3a}：感知对组织影响在生态价值观与规范型可持续消费行为之间存在中介作用。

H_{3b}：感知对组织影响在生态价值观与自我增强型可持续消费行为之间存在中介作用。

（三）感知对消费者影响和感知对组织影响的链式中介作用

生态价值观既可以通过感知对消费者影响，又可以通过感知对组织影响作用于可持续消费行为，然而感知对消费者影响与感知对组织影响的焦点不同。感知对消费者影响聚焦于消费者，而感知对组织影响主要关注的是企业。消费者是企业十分重要的利益相关者，其市场行为在指导企业生产经营中不容忽视（高维和、陈转青，2016）。一方面，随着市场经济的不断发展，消费者作为企业可持续生产最直接的需求者和承受者，在实施可持续消费中不只处于被动地位（朱庆华、郭亚茹，2011）。他们可以通过购买产品、参与营销活动来鼓励企业的可持续消费行为，反之，通过抵制产品、转换品牌来"惩罚"不可持续发展的企业。此外，消费者也能通过各种传播渠道影响其他消费者，从而间接影响相关企业（代文彬等，2019）。另一方面，企业希望通过挖掘消费者的需求以获取竞争优势（齐丽云等，2016），越来越重视消费者的价值表达。然而，单一消费者的诉求带来的市场激励不足以引发企业可持续生产行为，对企业的影响往往需要更大范围消费群体的可持续偏好（刘会燕、戚守峰，2017）。也就是说消费者通过"惩罚"或"奖励"、口碑等市场行为有效地引导企业等组织转向可持续发展（阎俊、佘秋玲，2009），只有在单一个体与其他消费者的诉求相结合，进而对企业产生足够大的市场激励的情况下才能够实现。

感知对消费者影响建立个体与消费群体间的连接。当个体感知对消费者影响强时，消费者会从主观上相信自己能够影响周围的其他消费者（Leary et al.，2017），认为自己代表着更多消费者的可持续消费需求，放大了个人的"惩罚"或"奖励"、口碑等市场行为的影响效果，从而相信自身在与企业互动过程中具有较强话语权，进而增强感知对组织影响。而当个体感知对消费者影响弱时，消费者往往认为自己的行为对消费群体的影响是微不足道的，进而感到仅凭个人的市场行为对企业的影响较小，无法有效引起企业的重视，增强了个体在与企业对话中的无力感，从而降低感知对组织影响。因此，本研究认为感知对消费者影响和感知对组织影响并非单独起作用，而是通过"感知对消费者影响—感知对组织影响"这一链式中介作用于可持续消费行为。由此，提出以下假设。

H$_4$：感知对消费者影响正向影响感知对组织影响。

H$_{5a}$：感知对消费者影响和感知对组织影响在生态价值观对规范型可持续消费行为的影响中存在链式中介作用。

H$_{5b}$：感知对消费者影响和感知对组织影响在生态价值观对自我增强型可持续消费行为的影响中存在链式中介作用。

（四）控制欲的调节作用

Burger（1992）首次提出控制欲，将其定义为个体有动机控制自己生活中的事件的程度，反映个体在获得控制或控制某一情况的动机上的差异。控制欲是一种人格特质，不同个体之间的控制欲水平有显著的差异。控制欲在时间上相对稳定，可能影响动机、控制知觉等相关变量(Skinner et al.，1990)。控制欲已广泛应用于消费领域，已有研究发现控制欲影响消费者对多种产品的偏好。然而，在对消费者接受新产品的意愿的研究中，Faraji-Rad(2017)的研究表明控制欲会阻碍消费者接受创新产品。他指出这一效应产生是由于新产品会威胁到一个人的控制感。在一定程度上，可持续消费行为与新产品类似，首先，不同于最大限度地为自己谋取眼前利益的典型消费决策，可持续消费的选择涉及长期利益、其他人和自然界，使其行为结果存在一定的不确定性。其次，采取可持续消费行为可能需要改变原有的习惯形成新习惯，进而可能降低个体对现有生活的控制。因此，控制欲作为一种重要的人格特质，可能会在存在结果不确定、较高不便性的可持续消费行为领域中发挥作用，因此有必要将控制欲引入可持续消费领域做进一步研究。感知对消费者影响与感知对组织影响的核心在于以下三点：一是与可持续消费行为的具体信念有关；二是与主观上感知到的影响能力有关；三是与个体渴望控制的影响范围有关。因此本研究将结合以上三点，探讨控制欲在生态价值观对感知对消费者影响与感知对组织影响的调节作用。

一方面，控制欲会减弱认同生态价值观的个体获取与可持续消费行为有关信息的积极性，从而降低其主观上的感知影响能力。控制欲是人类安全需要的重要组成部分(戚海峰，2010)。人类有一种控制环境的内在需要，渴望有能力管理自己的生活(Chen et al.，2017)。面对失去控制的情景时，人们常会感到焦虑和恐慌。因此，关于控制欲的一个自然推论是，人们越渴望控制，他们就越有可能避免需要放弃控制的情况(Burger，1992)。许多不可持续的行为是通过直觉思维习得的，而选择可持续消费行为需要通过理性思考做出判断，因此参与可持续消费往往意味着(至少在开始阶段)用花费更多精力的可持续消费行为取代惯例行为。此外，可持续消费行为的结果往往是抽象和不确定的(White et al.，2019)。因此，从传统消费行为转向可持续消费行为这一过程降低了人们对外部环境的掌握和控制感(Skinner，1996)。具有更强控制欲的个体可能不太愿意降低对现有生活的控制，为避免这种对控制的威胁，他们将自己与可持续消费行为相关的信息隔离起来，从而降低收集与可持续消费行为相关的信息的动力。感知对消费者影响与感知对组织影响是与可持续消费行为和主观上感知到的影响能力有关的信念，当缺少与可持续消费行为相关的信息资源支持时，认同生态价值观的个体，将缺少相信自己能够影响其他消费者的知识资源。因此，控制欲强的个体可能会为了减少对自己控制的威胁，从而减少对与可持续消费行为相关信息的获取，进而减弱生态价值观对感知对消费者影响和感知对组织影响的作用。

　　另一方面，控制欲会扩大认同生态价值观的个体期望影响的范围，降低其对感知对消费者影响以及感知对组织影响的敏感度。控制欲强的个体对自己的表现有更高的期望，从而试图完成一些更加困难的任务（Burger，1985）。然而这种更高的期望可能对控制欲强的个体产生一种负担。也就是说，相对于控制欲弱的个体，控制欲强的个体可能期望通过自己的可持续消费行为影响更大范围的组织和消费者，这种过高的期望可能导致控制欲强的个体对感知市场影响的敏感度降低。而控制欲弱的个体可能更加现实，容易满足于个体的行动仅影响少部分人，使得个体即使在影响市场上少部分参与者的情况下也更容易相信自身的行为能够对其他参与者产生影响。

　　综上，控制欲强的个体，一方面会降低获取可持续消费信息的动力，削弱消费者感知对其他参与者影响的能力，另一方面会增强其对更大范围内组织和消费者的影响的期望，降低其对感知影响市场其他参与者的敏感度，从而导致生态价值观对感知对消费者影响和感知对组织影响的作用减弱。由此，提出以下假设。

　　H_6：控制欲在生态价值观对感知对消费者影响的正向影响中起负向调节作用，即，控制欲越强，生态价值观对感知对消费者影响的正向影响越弱。

　　H_7：控制欲在生态价值观对感知对组织影响的正向影响中起负向调节作用，即，控制欲越强，生态价值观对感知对组织影响的正向影响越弱。

二、理论模型的构建

　　本研究通过对生态价值观与可持续消费行为影响方面的国内外文献进行回顾和梳理，基于感知市场影响理论和价值观—信念—行为理论，将感知对消费者影响和感知对组织影响作为中介，以控制欲为调节变量，构建了生态价值观对可持续消费行为（规范型和自我增强型）影响机制的概念模型，如图8.1所示。首先，本研究基于价值观—信念—行为理论构建了生态价值观作用于可持续消费行为的框架，即生态价值观作为重视环境本身价值的价值观，通过感知对消费者影响和感知对组织影响两个特定信念作用到规范型可持续行为和自我增强型可持续行为。其次，以感知市场影响理论为基础，在探究感知对消费者影响和感知对组织影响作用的基础上，论证感知对消费者影响和感知对组织影响在生态价值观对规范型可持续消费行为和自我增强型可持续消费行为的影响中的作用机制。最后，检验控制欲在生态价值观与感知对消费者影响和感知对组织影响两个特定信念间的调节作用，从而形成本研究的整体研究模型。

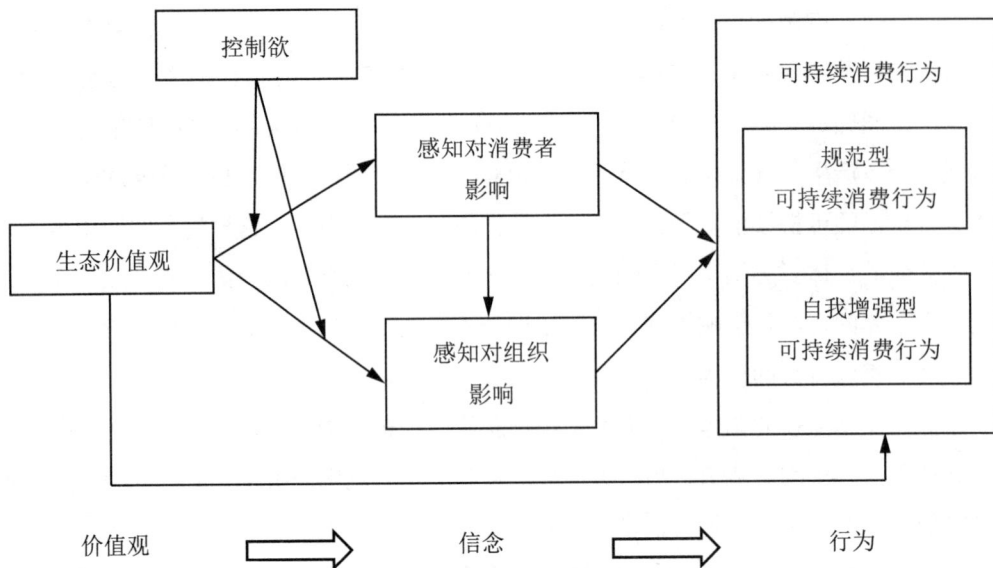

图 8.1　理论研究模型

第三节　生态价值观对可持续消费行为链式中介影响的实证检验

一、研究设计

（一）问卷设计与变量测量

本研究的调查问卷由主体部分和个人基本信息部分两部分构成。主体部分主要测量生态价值观、感知对消费者影响、感知对组织影响、规范型可持续消费行为、自我增强型可持续消费行为、控制欲 6 个变量，共 25 个题项。生态价值观的量表来自 Obeng 和 Aguilar（2018）的研究，共 3 个题项；感知对消费者影响和感知对组织影响采用 Leary 等（2017）的量表，分别包含 5 个题项；可持续消费行为采用 Minton 等（2018）的量表，分为规范型可持续消费行为和自我增强型可持续消费行为两个维度，分别包含 3 个题项；控制欲采用 Hornsey 等（2019）的研究，共 6 个题项。研究变量的测量均选自国外核心期刊上的成熟量表，严格依照翻译—回译程序，根据有经验的翻译者和专家的意见修改形成符合中国人表达习惯的中文量表，在确保中文量表与原始量表在内容、语义和应用上相一致的同时，保证量表在研究情景中的可读性，尽可能避免语义模糊或歧义。

此外，已有研究发现女性、已婚、年轻、受教育程度和收入越高的消费者更可能实施可持续消费行为（White et al.，2019）。因此，为尽量排除人口统计学特征对研究结果产生的影响，本研究最终选取性别、婚姻状况、年龄、学历、职业、月收入作为控制变量，在个人基本信息部分进行统计。

（二）预调研

本研究在正式调研前，于 2018 年 2 月至 2018 年 3 月在长沙采用随机抽样的方法进行了预调研，共收集 120 份有效数据。本研究运用 SPSS 21.0 对初始问卷进行信度和效度分析，具体结果如下：生态价值观、感知对消费者影响、感知对组织影响、规范型可持续消费行为、自我增强型可持续消费行为、控制欲等量表的 Cronbach's α 系数分别为 0.906、0.854、0.896、0.832、0.845、0.817，均大于 0.70，故本研究所使用的量表信度良好；生态价值观、感知对消费者影响、感知对组织影响、规范型可持续消费行为、自我增强型可持续消费行为、控制欲等量表的 KMO 值分别为 0.728、0.828、0.875、0703、0.707、0.771，均超过最低标准 0.6（陈晓萍等，2012），Bartlett 球形检验结果均在 0.001 水平上显著，故本研究的量表效度较好。此外，在调研过程中待被试填写完成后询问其对问卷的改进意见，综合考虑被试意见后合理修正量表题项，并再次采用回译的方法与原始英文量表进行对比，最终形成符合研究标准的正式调查问卷。

（三）样本选取和数据收集

本研究在 2019 年 4 月 11 日至 5 月 15 日完成正式问卷收集，以国家统计局网站上《中国统计年鉴 2018》为依据，按人口比例确定各城市发放比例，共发放问卷 1328 份，其中北京 330 份、上海 330 份、长沙 180 份、郑州 208 份、昆明 150 份、贵阳 130 份。本研究通过随机拦截的方式在 6 个城市的商场、公园和广场收集问卷，并待被调查者填写完毕后向其提供奖励。在问卷收集完成后将问卷填写不完整、填写具有明显规律性以及反向题项存在逻辑问题的问卷视为无效问卷并剔除。在剔除无效问卷后共获得有效问卷 764 份，问卷有效回收率为 57.53%，其中北京、上海、郑州、长沙、昆明、贵阳 6 个城市分别回收有效问卷 186、190、107、124、86、71 份，问卷回收有效率分别为 56.36%、57.58%、51.44%、68.89%、57.33%、54.62%。样本的描述性统计结果见表 8.1。

表8.1　样本描述性统计结果

特征	类别	人数	占比/%	特征	类别	人数	占比/%
性别	男	397	52.0	婚姻状况	已婚	394	51.6
	女	367	48.0		未婚	370	48.4
年龄	16~25 岁	171	22.4	学历	高中及以下	66	8.6
	26~35 岁	341	44.6		大专	127	16.7
	36~45 岁	116	15.2		本科	421	55.1
	46~55 岁	96	12.6		硕士及以上	150	19.6
	56 岁及以上	40	5.2	职业	企业员工	499	65.3
月收入	3500 元及以下	58	7.6		个体工商户	38	5.0
	3501~5000 元	143	18.7		政府机关及事业单位	129	16.8
	5001~8000 元	244	31.9		自由职业者	41	5.4
	8001~1 万元	163	21.4		其他	57	7.5
	1 万元及以上	156	20.4				

二、数据分析与结果

（一）共同方法偏差

为了对共同方法偏差进行程序控制，本研究首先在问卷设计时尽量减小被调查者猜测研究目的的可能性，在调查问卷中不涉及量表名称和研究目的；其次，在被调查者填写问卷前向其说明问卷采用不记名方式，减少被调查者的顾虑；最后在问卷处理过程中，剔除反向题项存在逻辑问题的问卷。此外，本研究利用 AMOS 24.0 软件采用单因子验证性因子分析法在统计控制上检验共同方法偏差（Podsakoff et al.，2003），结果如下：χ^2/df 为 16.768、CFI 为 0.647、IFI 为 0.648、GFI 为 0.592、TLI 为 0.615、RMSEA 为 0.144。上述结果证明单因子的拟合指标均不达标。本研究进一步采用加入共同方法因子的验证性因子分析检验共同方法偏差，在六因子模型中加入方法因子后，与原模型相比结果如下：ΔCFI＝0.009、ΔTLI＝0.007、ΔRMSEA＝0.005、SRMR＝0.008，拟合指标并未明显优化，综上，说明数据的共同方法偏差问题不严重，在可接受范围之内。

（二）信效度检验

本研究所用量表的 Cronbach's α 系数处于 0.842 至 0.914 之间，均大于 0.70 的接受标准。此外，本研究利用 AMOS 24.0 软件检验所用量表的组合信度（CR）和平均方差析出量（AVE），结果表明各量表的组合信度处于 0.784 至 0.879 之间，均大于 0.70，并且平均方差析出量均大于 0.50。综合以上各个指标，表明量表的内部一致性和信度较好（见表 8.2）。

表 8.2　各变量 Cronbach's α、CR、AVE 值

信度效度	生态价值观	控制欲	感知对消费者影响	感知对组织影响	规范型可持续消费行为	自我增强型可持续消费行为
Cronbach's α	0.888	0.871	0.914	0.898	0.863	0.842
CR	0.874	0.865	0.879	0.855	0.805	0.784
AVE	0.697	0.516	0.594	0.542	0.580	0.547

本研究通过验证性因子分析检验量表的效度。结果显示所有测量题项的因子载荷系数均大于 0.50，且达到了显著水平（$p<0.001$），说明量表的收敛效度较好。各变量的平均方差析出量的平方根均大于各个潜变量之间的相关系数（见表 8.3），说明量表的区别效度较好。

表 8.3　潜变量的 AVE 的平方根及相关系数

	Mean	S.E.	1	2	3	4	5	6
生态价值观	5.45	0.96	0.835					
控制欲	5.25	0.96	0.432**	0.718				
感知对消费者影响	5.48	1.02	0.435**	0.489**	0.771			
感知对组织影响	5.57	1.10	0.419**	0.547**	0.652**	0.736		
规范型可持续消费行为	5.27	0.97	0.506**	0.457**	0.488**	0.477**	0.762	
自我增强型可持续消费行为	5.74	0.99	0.412**	0.511**	0.542**	0.543**	0.622**	0.740

注：对角线上方为平均方差析出量的平方根；对角线下方为潜变量间相关系数。*** 表示在 0.001 的水平上显著；** 表示在 0.01 的水平上显著；* 表示在 0.05 的水平上显著。

（三）模型拟合

本研究利用 AMOS 24.0 软件采用结构方程模型对 764 份有效数据进行模型拟合。结果显示该模型的卡方与自由度比小于 3，RMSEA 小于 0.08，GFI/CFI/NFI/IFI/TLI 等适配度指标大于 0.9，PNFI/PGFI 大于 0.5，表明本研究的假设模型与数据的拟合效果较好（见表 8.4）。

表 8.4　模型整体拟合度检验的主要指标

指标	绝对拟合度			简约拟合度			增值拟合度		
	χ^2/df	RMSEA	GFI	PNFI	PGFI	CFI	NFI	TLI	IFI
评价标准	<3	<0.08	>0.9	>0.5	>0.5	>0.9	>0.9	>0.9	>0.9
模型结果	2.933	0.050	0.947	0.785	0.698	0.972	0.959	0.966	0.972
拟合情况	理想	理想	理想	理想	理想	理想	理想	理想	理想

（四）假设检验

本研究运用 AMOS 24.0 软件进行结构方程模型的路径分析，以检验研究假设。路径分析结果显示（见表 8.5），生态价值观对规范型可持续消费行为（$\beta = 0.345$，$p < 0.001$）和自我增强型可持续消费行为（$\beta = 0.168$，$p < 0.001$）有显著的正向影响，H_{1a}、H_{1b} 得以验证。生态价值观对感知对消费者影响（$\beta = 0.447$，$p < 0.001$）和感知对组织影响（$\beta = 0.129$，$p < 0.001$）有显著的正向影响。此外，感知对消费者影响对规范型可持续消费行为（$\beta = 0.205$，$p < 0.001$）和自我增强型可持续消费行为（$\beta = 0.301$，$p < 0.001$）均有显著的正向影响。感知对组织影响对规范型可持续消费行为（$\beta = 0.256$，$p < 0.001$）和自我增强型可持续消费行为（$\beta = 0.328$，$p < 0.001$）均有显著的正向影响。感知对消费者影响显著正向影响感知对组织影响（$\beta = 0.628$，$p < 0.001$），H_4 得以验证。

表 8.5　理论模型假设检验的结果

研究假设	标准化路径系数	临界比	结论
生态价值观→规范型可持续消费行为	0.345***	0.037	支持
生态价值观→自我增强型可持续消费行为	0.168***	0.036	支持
生态价值观→感知对消费者影响	0.447***	0.036	支持
生态价值观→感知对组织影响	0.129***	0.032	支持
感知对消费者影响→规范型可持续消费行为	0.205***	0.052	支持
感知对消费者影响→自我增强型可持续消费行为	0.301***	0.052	支持
感知对组织影响→规范型可持续消费行为	0.256***	0.053	支持
感知对组织影响→自我增强型可持续消费行为	0.328***	0.054	支持
感知对消费者影响→感知对组织影响	0.628***	0.041	支持

注：*** 表示在 0.001 的水平上显著；** 表示在 0.01 的水平上显著；* 表示在 0.05 的水平上显著。

（五）中介效应检验

本研究在中介效应检验方法上采用 Bootstrap 方法（Preacher and Hayes，2004），在中介效应的检验程序上参照 Zhao 等（2010）提出的程序，检验感知对消费者影响和感知对组织影响在生态价值观对可持续消费行为的正向影响中的中介效应，并将性别、婚姻状况、年龄、学历、职业、月收入作为控制变量引入模型。

1. 感知对消费者影响的中介作用

根据表 8.6 的结果显示，感知对消费者影响的中介效应值在生态价值观对规范型可持续消费行为的影响中为 0.132（LLCI = 0.090，ULCI = 0.180），在生态价值观对自我增强型可持续消费行为的影响中为 0.179（LLCI = 0.131，ULCI = 0.235）；控制了感知对消费者影响的中介效应后，生态价值观对规范型可持续消费行为（LLCI = 0.253，ULCI = 0.367）和自我增强型可持续消费行为（LLCI = 0.128，ULCI = 0.249）的影响仍显著。结果表明感知对消费者影响在生态价值观对规范型可持续消费行为和自我增强型可持续消费行为的影响中起到了中介作用，H_{2a}、H_{2b} 得到了支持。

表 8.6　感知对消费者影响的中介作用

因变量	中介效应			控制中介后的直接效应		
	效果	95% 置信区间		效果	95% 置信区间	
		下限	上限		下限	上限
规范型可持续消费行为	0.132	0.090	0.180	0.310	0.253	0.367
自我增强型可持续消费行为	0.179	0.131	0.235	0.189	0.128	0.249

2. 感知对组织影响的中介作用

根据表 8.7 的结果显示，感知对组织影响的中介效应值在生态价值观对规范型可持续消费行为的影响中为 0.117（LLCI = 0.081，ULCI = 0.159），在生态价值观对自我增强型可持续消费行为的影响中为 0.167（LLCI = 0.124，ULCI = 0.219）；控制了感知对组织影响的中介效应后，生态价值观对规范型可持续消费行为（LLCI = 0.266，ULCI = 0.380）和自我增强型可持续消费行为（LLCI = 0.138，ULCI = 0.258）的影响仍显著。结果表明感知对组织影响在生态价值观对规范型可持续消费行为和自我增强型可持续消费行为的影响中起到了中介作用，H_{3a}、H_{3b} 得以验证。

表8.7 感知对组织影响的中介作用

因变量	中介效应			控制中介后的直接效应		
	效果	95%置信区间		效果	95%置信区间	
		下限	上限		下限	上限
规范型可持续消费行为	0.117	0.081	0.159	0.323	0.266	0.380
自我增强型可持续消费行为	0.167	0.124	0.219	0.198	0.138	0.258

3. 链式中介作用

根据表8.8的结果显示，在生态价值观对规范型可持续消费行为的影响中的中介效应值为0.158（LLCI = 0.116，ULCI = 0.210），其中感知对消费者影响和感知对组织影响的链式中介效应显著，效应值为0.041（LLCI = 0.022，ULCI = 0.066）；在生态价值观对自我增强型可持续消费行为的影响中的中介效应值为0.221（LLCI = 0.166，ULCI = 0.277），其中感知对消费者影响和感知对组织影响的链式中介效应显著且效应值为0.065（LLCI = 0.041，ULCI = 0.096）；控制了中介效应后，生态价值观对规范型可持续消费行为（LLCI = 0.226，ULCI = 0.340）和自我增强型可持续消费行为（LLCI = 0.087，ULCI = 0.206）的影响仍显著。结果表明感知对消费者影响和感知对组织影响在生态价值观对规范型可持续消费行为和自我增强型可持续消费行为的影响中起到链式中介作用，H_{5a}、H_{5b}得以验证。

表8.8 链式中介作用

	结果变量	效果	95%置信区间	
			下限	上限
总计中介效应	规范型可持续消费行为	0.158	0.116	0.210
中介效应 感知对组织影响		0.027	0.011	0.050
感知对消费者影响		0.091	0.048	0.142
链式中介效应		0.041	0.022	0.066
控制中介效应后的直接效应		0.283	0.226	0.340
总计中介效应	自我增强型可持续消费行为	0.221	0.166	0.277
中介效应 感知对组织影响		0.042	0.021	0.075
感知对消费者影响		0.113	0.070	0.163
链式中介效应		0.065	0.041	0.096
控制中介效应后的直接效应		0.146	0.087	0.206

（六）调节效应检验

本研究根据温忠麟等（2005）总结的调节效应检验方法验证控制欲在生态价值观对感知对消费者影响以及感知对组织影响的正向影响中的调节作用。基于层次回归分析方法，本研究构建了以下 4 个模型（见表 8.9）。

表 8.9　调节效应的检验

	感知对消费者影响		感知对组织影响	
	模型 1	模型 2	模型 3	模型 4
常量	1.508	1.768	1.415	1.598
控制变量				
性别	−0.003	−0.006	−0.035	−0.038
婚姻状况	0.025	0.033	0.006	0.012
年龄	−0.007	−0.012	0.133***	0.13***
受教育程度	0.063	0.064*	0.071*	0.072*
职业	−0.028	−0.028	−0.032	−0.032
月收入	0.086**	0.089**	−0.015	−0.013
匹配变量				
生态价值观	0.270***	0.260***	0.213***	0.206***
控制欲	0.360***	0.323***	0.448***	0.422***
生态价值观×控制欲		−0.088*		−0.062
R^2	0.318	0.324	0.361	0.364
调整的 R^2	0.311	0.316	0.355	0.357
F 值	43.966***	6.705*	53.430***	3.553
VIF 最大值	1.257	1.472	1.257	1.472

注：*** 表示在 0.001 的水平上显著；** 表示在 0.01 的水平上显著；* 表示在 0.05 的水平上显著。

由模型 1 的结果可以得知，生态价值观（$\beta = 0.270$，$p < 0.001$）和控制欲（$\beta = 0.360$，$p < 0.001$）都能预测感知对消费者影响。模型 2 在模型 1 的基础上引入交互变量"生态价值观×控制欲"后，生态价值观和控制欲的乘积项（$\beta = -0.088$，$p < 0.05$）的回归系数为负且显著，并且模型的拟合优度（R^2）从 0.318 增加到 0.324。结果表明，控制欲负向调节生态价值观对感知对消费者影响的正向影响，从而 H_6 得以验证。

由模型 3 的结果可以得知，生态价值观（$\beta = 0.213$，$p < 0.001$）和控制欲（$\beta = 0.448$，$p < 0.001$）都能预测感知对组织影响。模型 4 在模型 3 的基础上引入交互变量"生态价值观×控制欲"后，生态价值观和控制欲的乘积项（$\beta = -0.062$，$p = 0.060$）的回归系数并不

显著。结果表明，控制欲在生态价值观对感知对组织影响的正向影响中调节作用不显著，从而 H_7 不成立。

第四节　结论与讨论

一、研究结论

（1）生态价值观正向影响规范型可持续消费行为和自我增强型可持续消费行为。一方面，认同生态价值观的个体更加关注与生态环境相关的信息，且易受到社会规范的激励并感知到更多的社会支持，从而更愿意采取规范型可持续消费行为。另一方面，认同生态价值观的个体对可持续消费行为的感知不便性较低，且倾向于将自己视作环境友好的人，进而更愿意采取自我增强型可持续消费行为。从假设检验结果来看，生态价值观对规范型可持续消费行为的影响大于自我增强型可持续消费行为，说明认同生态价值观的消费者更倾向于践行被大众普遍认可和接受的可持续消费行为，而不是更加彰显自我表达的可持续消费行为。

（2）感知对消费者影响和感知对组织影响在生态价值观对规范型可持续消费行为和自我增强型可持续消费行为的正向影响中起链式中介作用。认同生态价值观的个体一方面通过主动获取可持续消费信息建立资源优势，另一方面倾向于与其他行动者建立积极的互动，发挥引导示范作用，从而增强感知对消费者影响和感知对组织影响。感知对消费者影响和感知对组织影响代表了个体相信自身的可持续消费行为能够对市场上其他参与者产生影响，为个体采取可持续消费行为提供合理的理由，促使个体更愿意采取可持续消费行为。同时，感知对消费者影响与感知对组织影响并非简单地发挥独立中介作用。感知对组织影响主要取决于消费者对其市场行为能够影响企业的信心，而这种信心主要来源于建立自身行为与其他消费者群体行为的连接，因此当个体感知对消费者影响越强时，消费者会从主观上认为自己能够影响更多的消费者，放大了对其市场行为的影响效果的感知，从而相信自身在与企业互动过程中具有较强话语权，进一步增强了感知对组织影响，故"感知对消费者影响—感知对组织影响"在生态价值观对可持续消费行为的正向影响中起链式作用。

（3）控制欲在生态价值观对感知对消费者影响的正向影响中起负向调节作用，但在生态价值观对感知对组织影响的正向影响中的调节作用不显著。一方面控制欲强的个体由于避免出现需要放弃控制的情况，往往不愿改变现有状态转向可持续消费行为，从而忽略可持续消费信息或减少对可持续消费信息的获取。另一方面控制欲强的个体期望通过自己的可持续消费影响更大范围的消费者，降低了对感知对消费者影响的敏感度，从而减弱了生态价值观对感知对消费者影响的正向影响。而控制欲在生态价值观对感知对组织影响的正向影响的调节作用不显著，可能是由于感知对组织影响与感知对消费者影响作用对象的差异。相较于影响其他消费者的决策，影响企业和相关组织的决策更加困难，因此可能导致控制欲强的个体的期望高度降低，从而使这一调节作用不显著。

二、理论意义

（1）提出并验证了感知对消费者影响和感知对组织影响在生态价值观对可持续消费行为影响中的链式中介作用，从而深化了感知市场影响理论。以往大多数研究强调单一维度的感知市场影响（Leary et al.，2014），而从感知对消费者影响和感知对组织影响两个维度出发的研究仅认为二者分别独立影响个体行为（Leary et al.，2017），忽略了感知对消费者影响会增强感知对组织影响这一作用。虽然认同生态价值观的个体既可能由于相信个体的行为能够引导集体选择可持续消费行为，又有可能因为相信自身的行为能够推动企业、环保组织采取可持续实践而采取可持续消费行为，但是本文发现二者不仅仅是并列关系。随着市场经济的不断发展，市场已经从卖方市场转变为买方市场，但是单一个体消费者对企业的影响往往是微不足道的，当个体相信自身行为能够影响企业实践主要是因为自己的行为能够与其他消费者建立联系，如口碑、群体购买（或抵制）等，即当消费者相信自己的行为能够影响其他消费者时，对感知对组织的影响有促进作用，使其变得更强，因此本研究提出并验证了"感知对消费者影响—感知对组织影响"在生态价值观对可持续消费行为的影响中起到链式中介作用，深化了感知市场影响理论。

（2）从个体价值观层面探讨了生态价值观对规范型可持续消费行为和自我增强型可持续消费行为的影响，拓宽了两类可持续消费行为前因变量的研究。Minton 等（2018）将可持续消费行为划分为规范型可持续消费行为和自我增强型可持续消费行为，并从国家层面的文化价值观出发探讨了实用主义对可持续消费行为的影响，未从个体层面探讨个体价值观对这两类可持续消费行为的影响。本研究从个体层面探讨生态价值观对规范型可持续消费行为和自我增强型可持续消费行为的影响，拓宽了两类可持续消费行为前因变量的研究。

（3）验证控制欲在生态价值观正向影响感知对消费者影响中的调节作用，丰富了控制欲的研究成果。营销领域已有研究验证控制欲对幸运产品（Hamerman and Johar，2013）、需要高努力的产品（Cutright and Samper，2014）、创新产品态度（Faraji-Rad et al.，2017）的影响，但在可持续消费领域缺少对控制欲的探讨。在消费者由传统惯例行为转为可持续消费行为的过程中，个体生态价值观对感知对消费者影响和感知对组织影响信念的作用可能会受到控制欲的影响，但这一变量在以往的研究中较少得到关注。本研究将控制欲引入可持续消费领域，验证其调节作用，丰富了控制欲的研究成果。

三、实践启示

（1）政府应重视培养公民的生态价值观，同时塑造与可持续消费行为有关的社会规范。第一，政府应该重点培养公民的生态价值观。例如促进和鼓励公民更多地接触大自然（Martin and Czellar，2017），制定和实施长期生态教育计划。第二，政府应通过宣传或建立制度推动更多的可持续消费行为被社会群体接受，例如出台低碳城市政策（逯进等，2020）、制作垃圾分类宣传片、支持绿色技术研发等。

（2）企业应重点关注那些认同生态价值观的消费者，增强消费者的感知市场影响，从而发挥消费者的引导作用。第一，企业可以基于生态价值观对消费者进行细分，在采取可持续措施初期吸引那些认同生态价值观的消费者。第二，企业可以促进认同生态价值观的消费者与其他市场参与者建立积极的联系，例如搭建消费者之间的信息交流平台，促进认同生态价值观的消费者个体与其他消费者集体的交流。第三，企业可以加强与消费者的交流，赋予消费者更多话语权，激发消费者的共同责任意识。例如，邀请消费者参与可持续消费讨论，开展"参与式"企业社会责任活动（逯进等，2019），发挥消费者的价值共创作用，共同推进可持续发展。

（3）企业可以根据消费者控制欲的差异，对不同消费者采取不同的刺激方法。第一，对于控制欲较强的消费者，企业可以通过一些引导或助推措施，使个体更容易获取与可持续相关的信息或采取可持续消费行为。例如利用精准营销为控制欲较强的消费者提供有针对性的可持续信息提示和反馈，将绿色健康食品放在更显眼和更容易拿到的地方。第二，对于控制欲较弱的消费者，帮助其与其他消费者建立联系，促进其价值观在消费群体中的表达。第三，企业可以采取数字化技术，使消费者的可持续消费行为的结果能够数字化和透明化，降低可持续消费行为结果的不确定性。

四、研究局限与未来展望

（1）本研究样本存在一定局限性。由于人力、财力等资源的制约，本研究依据东、西、中部三大经济地带划分选取6个代表性城市作为研究地点进行问卷调查。未来研究可以进一步扩大研究地点的范围，增强样本的广泛性。

（2）本研究采用自我报告方法测量可持续消费行为，可能存在社会期望偏差。虽然在问卷收集过程中强调问卷的学术用途与保密性，声明测量项与个体的道德行为准则无关，但是仍可能受到一定程度社会期望偏差的影响。未来研究可采用实验法与二手数据分析法相结合的方法，进一步研究生态价值观、感知对消费者影响、感知对组织影响对实际可持续消费行为的影响。

第九章　典型非绿色消费行为的影响因素

人类物质财富得到极大丰富的同时，资源稀缺、污染严重等生态问题日益突出，由此可持续发展成了全球关注的焦点。在此背景下，学者们围绕绿色消费做了很多有意义的研究，但忽略了一直存在于日常生活中的非绿色消费行为。这些非绿色消费行为已经给资源环境和公众健康带来了巨大隐患，其中的典型非绿色消费行为的危害更为严重。因此，非常有必要研究典型非绿色消费行为的形成机理，从而采取有力措施引导消费者减少或避免非绿色消费行为的发生。本章基于扩展了的消费者选择理论，以奢侈浪费风气作为调节变量，构建了消费者典型非绿色消费行为的形成机理概念模型。在青岛、长沙、武汉、南宁四个城市发放问卷收集数据，运用层次回归分析、结构方程模型等方法对消费者典型非绿色消费行为的形成机理进行实证检验。然后根据研究结论对政府提出政策建议，对餐饮企业提出营销建议。

第一节　典型非绿色消费行为影响因素的理论框架与假设

一、问题的提出

绿色消费观念通过消费者的决策和行为来解决环境问题。随着这个问题越来越受到公众关注（Thogersen，2005），绿色消费被明确地列入全球发展议程。联合国环境规划署（UNEP）于 2009 年 3 月发布《全球绿色新政政策纲要》，呼吁各国政府实施绿色新政，促使世界绿色经济和可持续消费发展。美、日、英、法、德、韩等多国政府积极响应，纷纷制定相关绿色发展规划，试图通过绿色新政，在新一轮经济发展进程中促进经济转型，实现自身的可持续发展。

中国作为最大的发展中国家，也面临着新的环境问题，例如，严重的空气和水质污染，土地退化与过度使用、污染，资源浪费（Xu，2014）。中国政府已制定了环保计划，启动了包括消费和基于市场的措施，例如绿色信贷政策、惩罚污染环境的企业和个人（Liu et al.，2012；Xu，2014）。人们越来越认识到，环境问题不仅在生产过程中产生，而且在产品消费时也会引发，尤其是中国人口众多，购买力不断增强。因此绿色消费和生活方式在应对环境挑战中起着重要作用（温家宝，2010）。事实上，正如中国"十二五"规划指导思想明确指出：坚持把建设资源节约型、环境友好型社会作为加快转变经济发展方式的重要着力点。

研究人员在描述绿色消费问题和提供建议方面做出了重大贡献（Thogersen，2005）。这些研究的重点之一是理解绿色消费的决定因素，包括消费者的个性和社会人口特征（Akehurst，Afonso，and Gonçalves，2012；Lu，Chang，and Chang，2015）。另一个重点是消费者的态度/价值观和他们的实际消费行为（Moraes，Carrigan，and Szmigin，2012）。在文献中，消费者的亲环境态度与不可持续消费行为之间存在差距，造成这种差距的根本原因仍有待进一步探究。

以往的研究考察了消费者的可持续消费或缺乏可持续消费，很少有研究涉及不可持续消费本身，尤其是特定或典型的不可持续消费行为，如食品浪费、电子产品频繁更换、过度使用包装产品和化学品等。理解消费者为什么会进行这种不可持续消费的理论和实践意义重大。研究结果可为从不可持续消费视角理解可持续消费态度——行为差距提供一个补充维度。过去的研究已经深入考察了消费者对绿色产品的态度，但却未能回答一个令人费解的问题：尽管消费者持环保态度，但他们实际上并不购买绿色产品（Gupta and Ogden，2009）。通过了解绿色消费的障碍以及影响消费者非绿色消费的个人、社会和经济因素，可以更好地检验这种差距。对消费者实际非绿色消费行为的科学研究，比考察消费者的态度更有意义，也为了解影响非绿色消费的潜在因素提供了一把钥匙。

在实践中，典型不可持续消费行为在中国尤其严重，大量消费者的这种行为已经对环境和公共健康造成了威胁（成升魁、高利伟、徐增让等，2012）。据中国农科院研究估计，中国每年浪费食物的总量折合粮食约5000万吨，其中餐饮业是浪费"重灾区"，每年至少倒掉了约2亿人一年的口粮（江跃中等，2011）。中国餐馆餐厨垃圾的一个主要来源是消费者的宴会消费，仅2007年就产生了800万吨的餐厨垃圾（顾瑞珍，2011）。作为中国最重要的社会活动之一，宴席代表着消费者食品消费的巨大市场（冀彦君、贾秀英，2014）。它不仅为庆祝和娱乐提供了一个社会环境，如婚礼、生日聚会和节日，而且还为商务和交流提供了一个社交环境。从文化上讲，中国的宴席可以作为主人和客人的地位和面子的标志。因此，它已经成为反映消费者经济地位、社会认同和社会关系的一种消费形式（王梦怡、张鹏鹏，2014）。如今，食物本身并不是宴会的中心。因此，宴会已成为中国食物浪费和典型的非绿色消费的主要来源。

大量的食物浪费导致了严重的环境和公共卫生问题。除了浪费水、土地等宝贵的资源外，一些餐厨垃圾变成固体废弃物，分解后产生有毒气体，有的甚至被加工成"地沟油"，再次回到消费者的餐桌上（许晓敏，2011）。本研究选取中国消费者的浪费性宴会消费作为典型的非绿色消费行为，研究的目的是更好地了解影响中国消费者非绿色消费行为的因素，帮助决策者和营销人员利用更有效的可持续发展方案和策略。

二、理论框架与假设

（一）概念界定

关于消费者非绿色消费的研究一直很有限，缺乏对非绿色消费概念的明确界定。本研究从两个方面对这一概念进行了界定：一是从文献中绿色消费的各种概念中推断出非绿色消费的本质；二是总结文献中非绿色行为的后果，作为概念建构的基础。

绿色消费或可持续消费有一个广泛的定义，这一定义随着时间的推移而演变。奥斯陆圆桌会议将可持续消费定义为"在服务或产品的生命周期内，服务和相关产品的使用既能满足基本需求及提高生活品质，又尽量减少对自然资源和有毒物质的使用，以及废物和污染物的排放，从而不危及后代需要的满足"（挪威环境部，1994）。

学者们从各自视角和侧重点进行了定义。许多研究将这些定义与消费者的社会责任和环境保护联系起来。例如，陈启杰和楼尊（2001）定义绿色消费为消费者在注意保护生态环境、减少资源浪费、防止污染以及承担社会责任的前提下，进行的一种考虑保护自身健康和个体利益的理性消费。尹世杰（2002）认为，绿色消费是指人们在一定的生态环境中，对物质消费品的消费（吃、穿、住、用、行等），选择无污染、无公害、质量好、有利于人类健康的"绿色消费品"。Moisande（2007）还将绿色消费概念化为一种具有社会意识和社会责任感的消费行为。事实上，正如中国消费者协会所强调的那样，绿色消费不仅要满足我们这一代人的消费需求和安全、健康，还要满足子孙后代的消费需求和安全、健康（朱成钢，2006）。

其他学者将绿色消费与非物质化联系起来。例如，Kaisa 和 John（2010）认为，绿色消费就是尽量减少购买频率，选择耐用、优质、具有生态标签的可回收的产品。司林胜（2002）认为，绿色消费包含四个层次的含义，即人们的消费对资源和能源的消耗最小（称之为"经济消费"）、消费过程中产生的废弃物和污染物最小（称之为"清洁消费"）、消费结果不危害消费者或他人的健康（称之为"安全消费"）、消费结果不致危及人类后代的需求（称之为"可持续消费"）。

总之，绿色消费的概念是一个包含了消费观念、消费对象、消费过程和消费结果的框架。绿色消费的特征包括全面性（包括购买、使用和处置产品的全过程）、高效性（经济地利用资源）、适宜性（保护环境和公众健康）和可持续性（为子孙后代提供资源）。

关于非绿色消费的研究很少。学者们将消费行为的负面后果与这一概念联系起来。Schuhwerk 和 Lefkoff Hagius（1995）认为非绿色消费意味着对环境的危害。Linda（2009）在以绿色电力和非绿色电力为例探究企业间和企业内部产品转换成本模型时，界定非绿色电力为不可再生资源且具有较强的负环境外部性。Princen（1999）提出了诸如错误消费和过度消费等概念，以强调非绿色消费行为的问题方面。一些研究者通过描述消费者或消费单位的行为来定义这些概念。例如，Gleim 等人（2013）将非绿色消费者描述为购买产品时不考虑环境影响的消费者。Hatem 和 Eleri（2012）将固体废物的非环保处理视为小型非绿色酒店的主要特征，指出其对环境和顾客健康的负面影响。虽然准确定位非绿色消费行为的负面后果很重要，但仍有必要对这一概念有一个全面的认识，以便从不同的角度审视非绿色消费，并与绿色消费进行比较。

非绿色消费也应包括观念、对象、过程和结果。它代表着一种低效或非经济的消费模式，即忽视人与环境的和谐可持续发展、对环境和公众健康产生负面影响的消费。鉴于宴席食物浪费在当今中国的普遍性及其非绿色消费属性的代表性，本研究选取消费者宴席食物浪费行为作为具体研究对象探讨典型非绿色消费行为的影响因素。与绿色消费行为相比，这种典型的非绿色消费行为具有浪费和低效、不合理（仅为满足个人需要而浪费宝贵资源，危害公众健康和环境）、不可持续性等特点。

（二）消费者选择理论

为消费者的绿色或非绿色消费提供有根据的理论框架并不多见。Osterhus（1997）认为，经济影响可以用来解释为什么消费者会参与或不参与绿色行为。经济学中的消费者选择理论探讨了消费者如何选择产品或服务。它认为，在消费者完全理性的前提下，消费者的选择取决于他们的预算约束和消费偏好。当消费者在其预算限制下为实现偏好和支出之间的平衡时，他们会做出最佳选择（Mankiw，2012）。然而，经济学家和社会心理学家越来越质疑消费者完全理性的假设。西蒙（1971）提出了有限理性假设作为满意决策的前提，以补充理性假设作为最优化决策的前提。有限理性这一概念可以用来描述这样一个事实：由于成本和资源的限制以及其他影响决策的因素，完全理性的决策在现实中往往是不可行的。受各种社会科学领域丰富研究成果的影响，研究人员开发了一个更全面的刺激—机体—反应（SOR）模型，用于研究消费者选择（Jacoby，2002）。在这个扩展的框架下，各种经济和非经济因素，如广告、产品包装、环境氛围（刺激因素）、消费者过去的经验、动机和个性（有机体）都被纳入了一系列消费者选择的研究中——购买、再购买、口碑传播等。实证研究支持这样一种观点，即消费者的选择不仅表现在预算和偏好上，还表现在社会规范、价值观和个人信仰上（Caruana，2007）。例如，Bearden 和 Etzel（1982）发现，消费者对产品和品牌的选择受其参考群体的影响。Wong

和 Ahuvia(1998)发现，东西方不同的社会文化价值观影响着消费者的选择：与西方消费者相比，亚洲消费者更注重产品的社会礼节性和象征意义。戚海峰(2009)还发现，中国消费者在做出选择时，会关注他人的意见和自己消费的社会效应。所谓的"面子感知"就是这种社会效应的体现。

学者们研究了各种各样的可以解释消费者绿色消费行为的变量。根据价值观—信念—规范理论(该理论考察了价值观、后果意识、责任归属和个人规范)(Schwartz，1992)，研究人员发现，价值取向和道德规范是绿色消费的预测指标(Sahin，2013)。Karine 等(2006)把不同消费者的社会责任意识纳入消费者选择模型，对消费者购买绿色商品的行为进行分析，发现其可以扩大选择绿色商品的共识，证明社会责任意识对消费者的消费选择有显著影响。Welsch 和 Kühling(2009)对德国居民是否选择可持续消费进行研究，通过用计量经济学模型分析，发现参照群体对居民的消费选择有重要影响。同样，Chan(1998)认为社会影响和主观规范对香港消费者的绿色行为有影响。然而，对于消费者可持续行为的理论发展和实证应用的研究还很有限，尤其是在非绿色消费领域，绿色消费的障碍和消费者态度行为的差距可以从不同的角度进行研究。

（三）概念模型

快速的工业化和经济增长极大地改变了中国经济的性质，提高了中国消费者的生活水平。随着经济和市场的变化，我国正逐步向消费型富裕社会转变，消费环境发生了迅速变化，炫耀性消费激增。这种环境从多方面影响了中国消费者，如增加浪费和奢侈行为、减少储蓄(陈秋萍、吴芸芸，2007)。

长期以来，炫耀性消费和奢侈性消费一直是研究者关注的话题。Ghosh 和 Varshney(2013)回顾了 20 年的文献，发现影响发达国家奢侈品消费的因素有收入、文化、群体认知和自我意识。在中国，研究人员也开始关注中国消费者的炫耀性和奢侈性消费，包括购买名牌产品和昂贵的宴会消费。2014 年，中国消费者的全球奢侈品消费达到 1060 亿美元，他们购买了全球近 46%的奢侈品(刘聪，2015)。中国消费者购买力的提高有助于提高奢侈品消费的承受能力；然而，研究人员发现了其他可以更好地解释这些非理性消费行为的因素——这些行为在很大程度上偏离了中国传统的节俭美德。金晓彤、王贺峰、王天新(2012)发现，消费者对名利地位、品位、个性以及产品象征意义的感知，都能促进消费者的炫耀性消费。郑晓莹、彭泗清、戴珊珊(2014)发现社会比较在炫耀性消费中起着重要作用。张圣亮、陶能明(2015)认为面子意识是中国消费者炫耀性消费的最重要影响因素，其次是身份追求、社会价值、物质舒适性、产品象征意义、品牌来源和参照群体。

在中国，宴席往往是奢侈性消费，因为它通常超过了消费者对食物需求的一般水平和标准；宴席的主要目的不是食物，而是社会认同，所以也有炫耀性的特点。因此，消费者的面子观念作为一个重要的非经济因素被纳入本研究。中国的宴席消费除了具有奢侈、炫耀的特点外，也是一种典型的非绿色消费方式，其产生的餐厨废弃物对环境和公众健康都有一定的影响。为了解释宴席消费中增加的非绿色维度，本研究在框架中不仅增加了消费者的面子观念这一影响因素（他们在社会中的自我感觉），而且还增加了社会责任意识这一影响因素。此外，在中国，宴席的一个独特之处在于，它们的消费群体是庞大的、多样化的，而奢侈性和炫耀性消费通常发生在高收入和中上阶层的消费者中，他们的年龄往往在 20 至 40 岁之间（高海霞、胡萍，2012；尹世杰，2008）。

本研究以扩展的消费者选择理论为基础，构建一个符合中国国情和文化特征的典型非绿色消费行为概念模型。扩展的消费者选择理论包含了消费者选择中的各种经济和非经济因素，即预算约束、消费者偏好、社会责任意识、参照群体和面子观念（指个人在中国社会环境中的尊严感或威望感）。这些因素是重要的解释典型非绿色消费行为的变量。在绿色消费的背景下，研究人员指出，人们在其中活动的社会、经济或物理环境中的环境因素也很重要，并且可以抑制可持续的消费态度和行为（McKenzie-Mohr，2000；Tanner，1999）。奢侈浪费风气是当今社会上比较典型的一种不良社会风气，在物质丰富的今天，由于缺乏正确的消费观引导，奢侈浪费风气愈演愈烈，人们对奢侈浪费现象越来越习以为常，甚至对有些消费者的节约行为嗤之以鼻（陈秋萍、吴芸芸，2007），这都在不同程度上引导、调节着消费者的典型非绿色消费行为。本研究把奢侈浪费风气作为调节变量引入概念模型中，以期探讨奢侈浪费风气在各解释变量对典型非绿色消费行为作用路径中的调节效应。概念模型如图 9.1 所示。

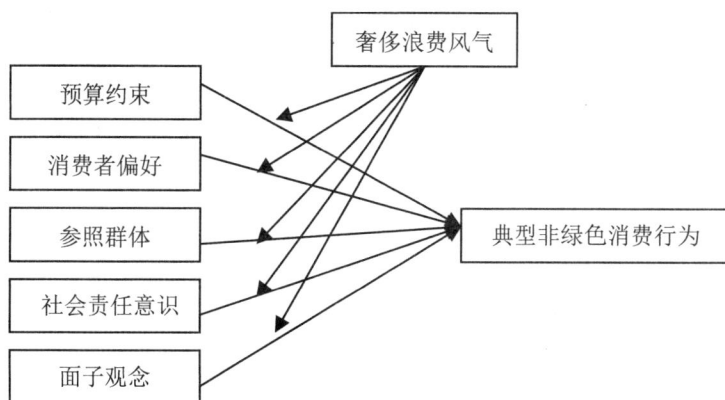

图 9.1　概念模型

（四）研究假设

以往的理论和实证研究都清楚地表明，消费者的预算约束和偏好会影响他们的消费行为。绝大多数消费者在做购买决定时，会对商品价格比较敏感，主要原因是受到收入水平的限制。消费者的收入水平对其消费行为有重要影响（熊唯伊、熊海斌，2010），收入水平越高，消费者受到的消费约束相对就小，消费者进行消费的可能性就越大。消费者的偏好作为一种内在理性因素，对消费者的选择行为有重要的决定作用（雷钦礼，2007）。Parker 和 Preston（2005）研究了美国 1982—1997 年家庭非耐用消费品消费增长率，验证了消费者的消费偏好对其消费行为有重要的正向促进作用。

在对所提出的框架中的其他解释变量进行考察的研究人员中，贾鹤（2008）发现，与西方文化的消费者相比，东方文化的消费者在做出选择时更注重自己的社会形象，更强调与他人的关系，因此他们更容易受到他人的影响。事实上，与大多数西方文化相比，中国文化"集体主义"的程度非常高（Chen，2013）。根据 Hofstede（1980）的观点，集体主义的概念说明了个人在与他人的关系和互动、团体目标的优先次序以及与他人团结的重要性方面持有的基本信念。总的来说，来自集体主义文化的人倾向于相互依赖和以群体为导向，在做出决策时更容易受到参考群体的背景影响（Kim，2011；Miller，1984）。Kühling 等（2009）发现参照群体对消费者的奢侈品消费有显著影响。此外，中国消费者的面子观念，即在其参照群体中获得的形象认可和尊重，在考察中国消费者的消费行为时特别有意义，因为消费者的选择受到这一因素的显著影响（姜彩芬，2009）。卢泰宏（2005）揭示了面子观念对中国消费者礼物和奢侈品消费以及节日消费的积极影响。在消费者社会责任意识方面，徐国伟（2010）运用生态价值理论分析，发现自利的消费者比有环境责任意识的消费者更不可能保护环境。因此，提出以下假设。

H_1：预算约束对典型非绿色消费行为有显著负向影响。

H_2：消费者偏好对典型非绿色消费行为有显著正向影响。

H_3：参照群体对典型非绿色消费行为有显著正向影响。

H_4：消费者的社会责任意识对典型非绿色消费行为有显著负向影响。

H_5：消费者的面子观念对典型非绿色消费行为有显著正向影响。

社会心理学领域的行为改变理论对理解消费行为的形成和调整有重要的借鉴意义。Lawrence 和 Marshall（1992）提出了著名的 PRECEDE-PROCEED 模型。该模型通过综合已有理论关于行为影响因素的论述，将行为改变影响因素归结为三个类型：倾向因素、促成因素和强化因素。其中，强化因素是指促使行为得以巩固或维持的因素（Green and Kreuter，1994）。这类因素会使行为主体的行为得到正向或负向的调节，刺激人们继续坚持这种行为，抑或减弱这种行为发生的可能性（Green and Kreuter，1994）。强化因素主要是由行为主体所处的社群环境构成的(Green & Kreuter, 1994)。同样，根据社会认知理论，环境因素如社会或情境的影响，可能会直接影响行为，或影响个人因素如自我效能、认知和动机技能；行为也可能会受到这些个人因素的影响(Bandura, 2001)。奢侈浪费风气是社群环境的综合表征(段妍、杨晓慧，2012)，作为典型非绿色消费行为的强化因素发挥着调节作用。消费者的预算约束主要源于收入水平的限制，当消费者所处的社会环境崇尚奢侈浪费之风时，消费者对消费行为预算约束的敏感度可能会降低，进而导致预算约束对消费行为的影响强度减弱。消费者的消费偏好在奢侈浪费风气的熏陶下，可能会更加倾向于高档次的奢华消费，若奢侈浪费风气越强烈，其偏好对此类消费行为的影响程度亦可能随之加深，消费者所偏好的消费行为的发生频率可能会提高。参照群体对消费者非绿色消费行为的影响置于奢侈浪费风气环境下，消费者的效仿行为可能会发生得更加理所当然，其参照效应会加强。从众是消费者的一个重要特点，当大家都认为浪费行为可以接受、不会对环境和社会造成危害时，消费者的社会责任意识会在这种奢侈浪费的社会氛围下被淡化，进而减弱这种责任意识对这些消费行为的影响强度。一般而言，消费者相信奢侈消费可以赢得面子。在奢侈浪费的氛围中，随着消费的社会认同感变得更加突出，这种面子观念可能会加剧。因此，提出的奢侈浪费风气对典型非绿色消费的调节作用如下。

H_6：奢侈浪费风气在预算约束对典型非绿色消费行为的影响中具有调节作用。当奢侈浪费风气越强烈时，预算约束对典型非绿色消费行为的负向影响越弱。

H_7：奢侈浪费风气在消费者偏好对典型非绿色消费行为的影响中具有调节作用。当奢侈浪费风气越强烈时，消费者偏好对典型非绿色消费行为的正向影响越强。

H_8：奢侈浪费风气在参照群体对典型非绿色消费行为的影响中具有调节作用。当奢侈浪费风气越强烈时，参照群体对典型非绿色消费行为的正向影响越强。

H_9：奢侈浪费风气在社会责任意识对典型非绿色消费行为的影响中具有调节作用。当奢侈浪费风气越强烈时，社会责任意识对典型非绿色消费行为的负向影响越弱。

H_{10}：奢侈浪费风气在面子观念对典型非绿色消费行为的影响中具有调节作用。当奢侈浪费风气越强烈时，面子观念对典型非绿色消费行为的正向影响越强。

第二节　典型非绿色消费行为影响因素的研究方法与测量

一、数据收集与样本

为了使研究的样本更具广泛性和代表性，本研究选取中国东部青岛(居民消费支出居副省级城市前列)(宋平、李洪伟,2011)、中部长沙和武汉(居民消费支出居中部省会城市前列)(中华人民共和国国家统计局,2012)以及西部南宁(居民消费支出增长率居西部省会城市前列)(中华人民共和国国家统计局,2012)这四个城市进行调研,采用实地拦截为主、网络调研为辅的调研方式。为了尽可能地提高数据的有效性,选取的调研对象均为在六个月内有过举办宴席经历的消费者。

调研时间为 2013 年 3 月 5 日到 2013 年 5 月 11 日。共发放问卷 600 份,对于没有填答完整、答案前后有明显逻辑矛盾的问卷进行了剔除,最后得到有效问卷 453 份,问卷有效率为 75.5%。其中,长沙、武汉采用实地拦截调研方式,分别发放问卷 280 份、130 份,分别收回有效问卷 228 份、92 份,有效率分别为 81.4%、70.8%;青岛、南宁采用网络调研方式,分别发放问卷 100 份、90 份,其中有效问卷分别为 72 份、61 份,有效率分别为 72%、67.8%。样本基本情况如表 9.1 所示。

表 9.1 样本的人口统计学变量

背景变量	类别	百分比/%	背景变量	类别	百分比/%
性别	男	55.8%	婚姻状况	已婚	64.7%
	女	44.2%		未婚	35.3%
年龄	20 岁及以下	0.8%	学历	初中及以下	27.6%
	21~29 岁	32.5%		高中(中专、职高、技校)	28.9%
	30~39 岁	44.6%		大专及本科	35.5%
	40~49 岁	18.1%		硕士及以上	8.0%
	50 岁及以上	4.0%	家庭人均月收入	2000 元及以下	5.5%
职业	企业员工	41.9%		2001~3000 元	29.8%
	个体工商户	20.8%		3001~5000 元	37.3%
	自由职业者	21.2%		5000 元以上	27.4%
	其他	16.1%			

二、概念框架中构念的测量

采用 Likert 7 点量表对概念框架中的构念进行测量。回答范围从 1 到 7("非常不符合""不符合""比较不符合""不确定""比较符合""符合""非常符合")。构念的定义和量表大多采用已有文献资料,以确保测量工具的信度和效度。

(1)预算约束。这个概念被定义为消费者做出举办宴席消费决策时受到自身收入状况的限制。它是用一个包含 5 个题项的量表来衡量的,例如,"我在宴席酒水上花费的钱的多少将取决于我的收入水平。"

（2）消费者偏好。是指消费者对举办宴席这种消费行为的喜好。采用了 Jensen 等人（1988）的消费者偏好测量方法。本研究中的测量包含 7 个题项，例如，"在选择庆祝方式时，我通常选择举办宴席。"

（3）参照群体。是指消费者选择举办宴席的方式时，用以作为参照、比较的个人或群体。采用了 Park 和 Lessig（1977）、Bearden 等人（1989）对消费者参照群体的测量。它包含 12 个题项，用来衡量消费者在做出宴席消费决策时如何跟随和咨询他人的看法。例如，"为了确定举办宴席的方式适合自己，我会观察别人举办宴席的方式。"

（4）社会责任意识。是指个体对于资源环境问题的社会责任意识的简称，即个体主动预测自身行为对节约资源和保护环境的影响，主动承当相应的义务，并尽自己的职责做出贡献以实现节约资源和保护环境的心理体验和特征。参考了 Johnsond 等（1995）及王建明（2010）开发的社会责任意识量表，它包含 5 个题项，涉及消费者对节约资源和保护环境的重要性的看法。例如，"我有义务节约资源和保护环境。"

（5）面子观念。是指在社会活动中，人们对于保持、提升名望，同时为了避免丢脸的一种想法和愿望。采用了 Zhang X. A.（2011）的面子观念量表，它包含 11 个有关消费者自我提升的愿望和避免在社交活动中丢脸的愿望的题项，例如，"我很在乎别人对我的夸奖和称赞。"

（6）奢侈浪费风气。特指宴席奢侈浪费风气，即消费者对社会上流行的爱好铺张奢华宴席的感知。采用并修正了 Rotter（1971）对奢侈氛围的测量方法，它包含 4 个题项，特别是消费者对举办奢侈宴席在社会上流行的看法，例如，"人们举办宴席时相互攀比的现象比较普遍。"

（7）典型非绿色消费行为。是指宴席食物浪费行为，具体从宴席食物的购买和宴席剩余食物的处置两个方面来考虑。采用并修正了 Barr、Gilg 和 Ford（2005）提出的多维行为构念概念。消费者对非绿色消费行为（特别是宴席浪费行为）的感知是通过 6 个题项来衡量的，这些题项代表了行为的 6 个方面：宴席的奢侈，宴席食物的过量，菜品的高价，酒水的过量，不打包剩余食物，倒掉剩余食物。

三、预调研

在正式调研前，先对湖南省长沙市岳麓区以及天心区的消费者进行了小样本的预调查，共发放问卷 100 份，回收有效问卷 78 份，有效率为 78%。通过 Cronbach's α 系数检验量表内部一致性信度，除了"消费者偏好"一项系数为 0.721 外，其他所有系数指标均超过 0.8，说明本研究中的量表具有较好的内部一致性信度。对预算约束量表使用探索性因子分析，KMO 系数为 0.778，Bartlett 球形检验结果显著($p=0.000$)，说明自行开发的预算约束量表效度较好。对总量表使用探索性因子分析，KMO 系数为 0.804，并通过球形检验，累计方差解释度为 76.14%，删去不符合要求的问项后，因子载荷有所改进。通过预调查，测量量表的信度效度得到了进一步优化，且部分问项的格式和陈述方式也做了调整，生成正式调研中的测量问卷。

第三节　典型非绿色消费行为影响因素的实证结果与分析

一、共同方法偏差检验

本研究按照周浩和龙立荣(2004)的建议，采用控制非可测潜在方法因子影响法来检验，在测量模型的基础上加入一个共同方法因子，考察模型拟合程度是否显著改善。由表 9.2 可知，加入共同方法因子后模型拟合程度并未得到明显改善，所以本研究中共同方法偏差对模型中的变量关系不产生显著影响。

表 9.2　共同方法偏差检验结果

	χ^2	df	χ^2/df	RMSEA	NNFI	IFI	CFI	PNFI
控制前	273.02	168	1.63	0.037	0.948	0.963	0.962	0.662
控制后	221.29	147	1.51	0.033	0.958	0.974	0.969	0.646

注：控制前为不含方法因子的模型；控制后为含有方法因子的模型。

二、量表的信度和效度检验

(一)量表的信度检验

利用 SPSS16.0 和 LISREL8.7 对数据进行运算：Cronbach's α 结果如表 9.3 所示，各变量的 Cronbach's α 值均大于标准值 0.7，组合信度值亦均大于标准值 0.7。因此，可知各变量具有较高的内部一致性，信度较好。

表 9.3　量表的信度

	预算约束	消费者偏好	参照群体	社会责任意识	面子观念	奢侈浪费风气	典型非绿色消费行为
Cronbach's α	0.890	0.765	0.774	0.790	0.841	0.750	0.733
组合信度	0.89	0.77	0.88	0.79	0.89	0.75	0.81

（二）量表的效度检验

利用 LISREL8.7 对数据进行一阶验证性因子分析，各模型拟合指数 $\chi^2/df = 1.56$（评价标准<3），RMSEA = 0.035（评价标准<0.08），SRMR = 0.044（评价标准<0.08），PNFI = 0.80（评价标准>0.5），PGFI = 0.75（评价标准>0.5），NFI = 0.90（评价标准>0.9），NNFI = 0.96（评价标准>0.9），CFI = 0.96（评价标准>0.9），IFI = 0.96（评价标准>0.9）均达到理想水平（Hari 等，1998），说明量表验证性因子分析模型具有较为理想的拟合度。模型中各个变量相应的测量题项因子载荷均大于 0.5，T 值均大于 2，说明量表具有良好的收敛效度。计算每个变量的平均萃取变异量的平方根和变量间的相关系数，结果显示，前者均大于后者，符合 Hair 等人（1998）的建议标准，说明各个变量间具有良好的区分效度。

（三）变量的描述性统计分析

概念模型中变量的描述性统计分析如表9.4所示。预算约束的平均值为4.93，表明受访者相当关注自己的预算约束，出于预算考虑，会限制他们在宴席上的消费。消费者偏好平均值为4.08，表明受访者对宴席消费的偏好漠不关心。参照群体的平均值为4.78，这表明其他人对受访者关于宴席消费的决定具有相当大的影响力。社会责任意识的平均值为5.59，表明受访者对保护环境这一重要社会责任感有强烈的认识。面子观念的平均值为4.16，表示受访者在社交活动中关心自己的面子。奢侈浪费风气的平均值为5.86，表明受访者强烈感知到了奢侈消费行为的普遍性。典型非绿色消费行为的平均值为4.97，表明受访者感知到了宴席消费过度。

表 9.4 变量的描述性统计分析

变量	均值	标准差	最小值	最大值
预算约束	4.93	1.001	1	7
消费者偏好	4.08	1.402	1	7
参照群体	4.78	0.822	1	7
社会责任意识	5.59	0.672	1	7
面子观念	4.16	1.109	1	7
奢侈浪费风气	5.86	1.119	1	7
典型非绿色消费行为	4.97	1.653	1	7

三、研究假设检验

(一) 回归分析

通过回归分析来检验假设。在回归模型中分析了本研究中开发的构念。消费者感知的典型非绿色消费行为是因变量。自变量为预算约束、消费者偏好、参照群体、社会责任意识和面子观念。奢侈浪费风气是模型中的一个调节变量。控制变量包括：性别、婚姻状况、年龄、学历、职业、家庭人均月收入。模型中还加入了调节变量与各自变量之间的交互作用。对回归模型进行了多重共线性检验。结果显示，VIF 值介于 1.054 至 1.161 之间，表明不存在多重共线性，比较适合进行回归分析。回归分析结果见表 9.5。

表 9.5 回归分析结果

变量	典型非绿色消费行为							
	M_1	M_2	M_3	M_4	M_5	M_6	M_7	M_8
控制变量								
性别	−0.018	0.018	0.016	0.017	0.016	0.006	0.021	0.024
婚姻状况	−0.110	−0.087	−0.075	−0.063	−0.074	−0.073	−0.069	−0.078
年龄	−0.072	−0.037	−0.031	−0.025	−0.031	−0.047	−0.025	−0.024
学历	0.165*	0.137*	0.135*	0.135*	0.135*	0.121*	0.146*	0.149*
职业	0.110*	0.062	0.056	0.065	0.056	0.048	0.060	0.059
家庭人均月收入	−0.118*	−0.134**	−0.125**	−0.120**	−0.125**	−0.121**	−0.129**	−0.129**
自变量								
预算约束		−0.111*	−0.102*	−0.124**	−0.102*	−0.101*	−0.099*	−0.098**
消费者偏好		0.127**	0.126**	0.130**	0.126**	0.130**	0.130**	0.125**
参照群体		0.175***	0.168***	0.165***	0.168***	0.144**	0.170***	0.169***
社会责任意识		−0.097*	−0.099*	−0.097*	−0.099*	−0.098*	−0.126**	−0.095*
面子观念		0.199***	0.191***	0.186***	0.191***	0.185***	0.181***	0.201***
调节变量								
奢侈浪费风气			0.075	0.057	0.075	0.153**	0.082	0.042
交互效应								
预算约束×奢侈浪费风气				0.101*				
消费者偏好×奢侈浪费风气					0.003			

续表

变量	典型非绿色消费行为							
	M_1	M_2	M_3	M_4	M_5	M_6	M_7	M_8
参照群体×奢侈浪费风气						0.128**		
社会责任意识×奢侈浪费风气							0.104*	
面子观念×奢侈浪费风气								−0.095*
R^2	0.038	0.173	0.178	0.186	0.178	0.195	0.189	0.186
F	2.948	14.356	2.780	4.361	0.007	9.312	5.812	4.205
ΔR^2	0.038**	0.135***	0.005	0.008*	0.000	0.017**	0.011*	0.008*

注：* 表示 $p<0.05$，** 表示 $p<0.01$，*** 表示 $p<0.001$；本表包含五个层次回归（M_1，M_3，M_4；M_1，M_3，M_5；M_1，M_3，M_6；M_1，M_3，M_7；M_1，M_3，M_8）。

（二）直接作用路径假设检验

模型2的回归结果（如表9.5所示）显示，在引入预算约束、消费者偏好、参照群体、社会责任意识以及面子观念的过程中，变量对模型的解释力较模型1显著增强（$\Delta R^2=0.135$，$p<0.001$）。在控制了消费者偏好、参照群体、社会责任意识以及面子观念的影响后，预算约束对典型非绿色消费行为具有显著负向影响（$\beta=-0.111$，$p<0.05$），假设 H_1 得到支持。同理，在控制了预算约束、参照群体、社会责任意识以及面子观念的影响后，消费者偏好对典型非绿色消费行为具有显著正向影响（$\beta=0.127$，$p<0.01$），假设 H_2 得到支持。在控制了预算约束、消费者偏好、社会责任意识以及面子观念的影响后，参照群体对典型非绿色消费行为具有显著正向影响（$\beta=0.175$，$p<0.001$），假设 H_3 得到支持。在控制了预算约束、消费者偏好、参照群体以及面子观念的影响后，社会责任意识对典型非绿色消费行为具有显著负向影响（$\beta=-0.097$，$p<0.05$），假设 H_4 得到支持。在控制了预算约束、消费者偏好、参照群体以及社会责任意识的影响后，面子观念对典型非绿色消费行为具有显著正向影响（$\beta=0.199$，$p<0.001$），假设 H_5 得到支持。

（三）奢侈浪费风气的调节效应检验

本研究采取 Baron 和 Kenny（1986）的程序：在控制了人口统计学变量（性别、年龄、婚姻状况、学历、职业和家庭人均月收入）之后，同时置入自变量和调节变量，然后再置入交互效应项，以预测结果变量。为了避免自变量与交互效应项相关过高而产生的共线性问题，先将自变量进行中心化处理，使其平均数换移至0，再计算交互效应项。结果如表9.5所示，在主效应模型3的基础上增加预算约束与奢侈浪费风气交互项形成模型4，模型解释力显著提高（$\Delta R^2 = 0.008$，$p < 0.05$），且奢侈浪费风气能够显著正向调节预算约束对典型非绿色消费行为的影响（$\beta = 0.101$，$p < 0.05$），假设 H_6 得到验证。模型5的结果表明，在主效应模型3的基础上增加消费者偏好与奢侈浪费风气交互项后，交互项标准化回归系数统计检验不显著（$\beta = 0.003$），假设 H_7 没有得到验证。模型6的结果表明，在主效应模型3的基础上增加参照群体与奢侈浪费风气交互项后，模型解释力显著提高（$\Delta R^2 = 0.017$，$p < 0.01$），且奢侈浪费风气能够显著正向调节参照群体对典型非绿色消费行为的影响（$\beta = 0.128$，$p < 0.01$），假设 H_8 得到验证。模型7的结果表明，在主效应模型3的基础上增加社会责任意识与奢侈浪费风气交互项后，模型解释力显著提高（$\Delta R^2 = 0.011$，$p < 0.05$），且奢侈浪费风气能够显著正向调节社会责任意识对典型非绿色消费行为的影响（$\beta = 0.104$，$p < 0.05$），假设 H_9 得到验证。模型8的结果表明，在主效应模型3的基础上增加面子观念与奢侈浪费风气交互项后，模型解释力显著提高（$\Delta R^2 = 0.008$，$p < 0.05$），且奢侈浪费风气能够显著负向调节面子观念对典型非绿色消费行为的影响（$\beta = -0.095$，$p < 0.05$），而非正向调节效应，假设 H_{10} 没有得到验证。奢侈浪费风气的存在，实际上削弱了面子观念对非绿色消费行为的影响。一种解释可能是，在已经增强面子观念的奢侈风气下，消费者没有必要那么关注自己的面子。过去的研究表明，在不同的文化环境中，面子观念对消费行为的影响是不同的（Li and Su，2006）；然而，关于消费者的面子观念及其消费行为的研究还很有限（Bao，Zhou，and Su，2003），面子观念与其他个人、经济和社会因素一起如何影响消费行为，还需要进一步的研究。

第四节　结论与讨论

以往对可持续消费的研究主要考察了消费者对可持续消费的认知和行为，或缺乏可持续消费的认知和行为；很少有研究对不可持续消费进行考察。本研究旨在通过考察一种典型的非绿色消费来弥补这一差距。针对中国消费者中一种典型的非绿色消费行为，即浪费性宴席消费，提出了一个包含五个主要预测因子和一个调节因子的概念模型。

一、主要结论

本研究之实证结果显示，消费者偏好、参照群体、面子观念对典型的非绿色消费行为均有显著正向影响；而预算约束和社会责任意识对典型的非绿色消费行为有显著的负向影响。

本研究亦显示奢侈浪费风气对非绿色消费行为与预算约束、参照群体、社会责任意识、面子观念四个预测因子的关系具有显著的调节作用。具体而言，非绿色消费行为与预算约束、参照群体、社会责任意识之间的关系分别受到奢侈浪费风气的正向调节；而非绿色消费行为与面子观念的关系则受到奢侈浪费风气的负向调节。结果不支持奢侈浪费风气对消费者偏好与非绿色消费行为关系的调节作用。一种可能的原因是，调节效应对消费者偏好的影响有限，与模型中的其他构念相比，消费者偏好相对稳定，因此，环境影响不那么显著。

二、理论贡献

本研究从两个方面对绿色消费文献做出贡献。

首先，本研究对非绿色消费行为的概念进行了明确的界定。通过考察一个典型的非绿色消费行为，本研究为绿色消费的研究增加了一个不同的视角或维度。它特别有助于理解消费者对绿色消费的缓慢接受、缺乏了解或接受障碍。对消费者绿色消费的研究已经进行得很好了，框架已经构建，因素已经检验（Akehurst et al.，2012；Biswas and Roy，2015；Lin and Huang，2012）。框架中的大部分解释因素，包括消费者的人口统计、社会经济特征、态度、价值观和环境因素，都是针对绿色产品和消费者购买（使用）或不购买（使用）的意愿。以往的研究倾向于绿色消费，并且没有考虑相反的消费者选择，即非绿色消费。对非绿色消费的考察可以促使消费者进行直接比较。

其次，在扩展的消费者选择模型基础上，提出了一个包含经济因素和非经济因素的概念模型。更重要的是，用中国的样本对概念模型进行了实证检验。以与消费者挥霍性宴席消费相关的概念，即预算约束、消费者偏好、参照群体、社会责任意识、面子观念，以及奢侈浪费风气作为调节因素，对理解中国消费者的非绿色消费有一定的启示，并为今后的研究提供理论基础。

三、社会和政策意义

学者们研究了各种因素（例如社会经济、政治、人口和技术）如何影响中国的资源和环境可持续性（Cai，Chen，and Bose，2013；Liu et al.，2008；Uchida，Xu，and Rozelle，2005）；然而，在中国，很少有人探讨消费在可持续发展中的作用。由于中国的可持续发展之路依赖于现有和新兴的力量，学者建议采取大胆行动，削弱负面影响，强化积极影响（Liu，2010）。自20世纪70年代以来，中国政府已经颁布了100多部关于环境可持续性的法律法规（Liu，2010）。大多数法规旨在重组低效率产业、控制污染、保护自然资源、发展可持续技术和实践（Wang et al.，2011；Zhu and Geng；2013）。中国个人和家庭消费趋势对环境的影响大多没有得到决策者或公众的太多关注(Schroeder,2014)。研究人员报告说，随着购买力的增强，中国消费者的消费日趋不可持续和过度，并认为应该在个人和家庭这两个基本的社会经济消费单位之间采取更多的可持续性行动(李克强，2012；Liu，2010)。

考虑到经济因素和非经济因素的复杂性及其在消费者非绿色消费中的作用，有必要采取综合措施和行动来应对挑战。中央和地方政府机构应在减少非绿色消费的努力中发挥关键作用。中国政府已开始认识到非绿色消费问题，并已采取自上而下的措施，包括行政管理(例如，限制私人乘用车的购买或使用)和经济手段(例如，税收优惠、信贷和鼓励可持续发展的贷款)。可以使用类似的措施来阻止浪费的消费行为。例如，可以制定法规以限制休闲和浪费活动，并减少公共部门和国有企业的餐饮支出。此外，可以对奢侈品和奢华的宴席征收额外的营业税，以阻止此类行为。

尽管如此，部分学者仍然质疑政府自上而下的措施的有效性，即使考虑到政府有实施大规模计划的能力(Schroeder，2014)。这些方法没有充分解决挑战的复杂性，包括消费者非绿色消费模式的根本原因。本研究发现，消费者偏好、参照群体、面子观念等非经济因素对消费者的非绿色消费产生了影响。特别是调节因素，即奢侈浪费风气，对这种非绿色消费行为起到了重要的强化作用。这些非绿色消费行为的心理社会原因需要通过自上而下和自下而上的方法来解决。公众参与可能成为社会可持续发展氛围形成的关键。可以制定各种方案鼓励消费者参与改变社会环境，包括提供信息和教育、促进非政府组织的可持续性努力、支持社区和公民团体解决可持续性问题、利用多渠道媒体促进可持续性，以及组织地方和国家可持续发展运动。

四、对餐饮企业的营销启示

第一，大力开发绿色餐饮产品，引导绿色餐饮消费。首先，餐饮企业应该开发物美价廉的绿色产品，让消费者在预算有限的情况下有更多的绿色选择。其次，餐饮企业应该在挖掘消费者的绿色需求、强化消费者的绿色消费理念的同时，让消费者认识到浪费食物的负面性，强化他们的社会责任意识，引导餐饮消费者进行绿色消费。

第二，提供人性化的绿色服务。要从一切方便顾客、一切为顾客着想的角度出发提供绿色服务。一是宴席形式多样化。主动推荐自助式宴席，不单一地以价格作为档次标准，而应该以营养搭配和顾客特征作为衡量标准。二是点菜服务和提醒服务。主动向顾客推荐合理配置的菜单，提醒顾客按需求点菜，既能让顾客不丢面子，又能从源头上减少浪费。三是试行奖惩措施。对吃光所购食物的顾客给予一定优惠，对浪费食物的顾客按浪费量加价，从金钱上进行一定约束。四是打包服务。使用环保饭盒主动为顾客打包，引领打包食物成为一种有面子的时尚行为。

第三，注重绿色餐饮品牌建设。首先，餐饮企业应该主动使用节能设备，提高资源、能源的使用效率；开发营养健康的美味佳肴，不断满足顾客餐饮需求的变化；对剩余食物进行充分回收利用。其次，餐饮企业可以通过设计专门的营销和环保标志，以品牌示范效应引领消费者产生餐饮绿色品牌偏好，进而形成餐饮绿色品牌忠诚，让消费者远离非绿色消费。

五、局限

需要指出的是，本研究存在一些不足。首先，本研究限于时间、人力、财力，只选取了在消费领域比较有代表性的四个城市（青岛、长沙、武汉、南宁）作为调研地点。在未来的研究中，可以通过考虑城乡差异以及中国东西部经济发展的非均衡性选取调研地点，来揭示消费者的非绿色消费行为。其次，本研究主要探究了典型非绿色消费行为的认知因素，后续研究可以在此基础上围绕典型非绿色消费行为的管理进行深入探讨。

参考文献

[1] 鲍健强，苗阳，陈锋. 低碳经济：人类经济发展方式的新变革[J]. 中国工业经济，2008(4)：153-160.

[2] 彼得·德鲁克. 21 世纪的管理挑战[M]. 朱雁斌，译. 北京：机械工业出版社，2009.

[3] 毕思勇，张龙军. 企业漂绿行为分析[J]. 财经问题研究，2010(10)：97-100.

[4] 波德里亚. 消费社会[M]. 刘成富，全志钢，译. 南京：南京大学出版社，2000.

[5] 曾世强，陈健，吕巍，等. 独立自我"善于人"，相依自我"善于己"——为自己消费还是为他人消费与自我建构对储蓄和消费选择的影响[J]. 管理评论，2016(6)：119-130.

[6] 陈福亮，侯佩旭. 国内外生态旅游者的生态意识调查研究[J]. 海南大学学报(人文社会科学版)，2005(1)：114-117.

[7] 陈琨. 简述联合国可持续发展世界首脑会议[J]. 中国人口·资源与环境，2002(4)：132-133.

[8] 陈利顺，孙岩，戴大双，等. 城市居民能源消费行为的评价方法研究[J]. 软科学，2008，22(12)：29-33.

[9] 陈柳钦. 可持续的低碳消费[N]. 贵阳日报，2010-05-31.

[10] 陈柳钦. 可持续低碳消费的实现途径[J]. 理论学习，2010(8)：31-35.

[11] 陈敏娟，邓国用. 论中国农村低碳生活方式的实现[J]. 消费经济，2010，26(1)：27-30.

[12] 陈启杰，楼尊. 论绿色消费模式[J]. 财经研究，2001(9)：25-31.

[13] 陈清硕. 生态意识：一个新的文化命题[J]. 环境保护，1991(2)：7-9.

[14] 陈铁民. 论现代生态意识[J]. 福建论坛(人文社会科学版)，1992(4)：12-16.

[15] 陈晓春，谭娟，陈文婕. 论低碳消费方式[N]. 光明日报，2009-04-21.

[16] 陈晓萍，徐淑英，樊景立. 组织与管理研究方法[M]. 2 版. 北京：北京大学出版社，2012.

[17] 陈志颖. 无公害农产品购买意愿及购买行为的影响因素分析：以北京地区为例[J]. 农业技术经济，2006(1)：68-75.

[18] 成升魁，高利伟，徐增让，等. 对中国餐饮食物浪费及其资源环境效应的思考[J]. 中国软科学，2012(7)，106-114.

[19] 崔祥民，杨东涛. 生态价值观、政策感知与绿色创业意向关系[J]. 中国科技论坛，2015(6)：124-129.

[20] 代文彬，慕静，周欢. 中国城市食品消费者的社会责任消费：消费者权力的视角[J]. 商业研究，

2019(2)：16-23.

[21] 戴霞，尹洪满，朱琳. 大学生体质健康信念量表的编制与初步应用[J]. 北京体育大学学报，2011，34(12)：72-74.

[22] 董雅丽，刘军智. 个体消费观念形成影响因素与机制探析[J]. 商业研究，2010(6)：1-5.

[23] 段妍，杨晓慧. 改革开放以来中国社会风气演变的历程[J]. 理论探讨，2012(4)：37-39.

[24] 樊帅，田志龙，张丽君. 虚拟企业社会责任共创心理需要对消费者态度的影响研究[J]. 管理学报，2019，16(6)：883-895.

[25] 冯之浚，金涌，牛文元，等. 关于推行低碳经济促进科学发展的若干思考[J]. 政策瞭望，2009(8)：39-41.

[26] 冯之浚，周荣，张倩. 低碳经济的若干思考[J]. 中国软科学，2009(12)：18-23.

[27] 冯之浚，牛文元. 低碳经济与科学发展[J]. 中国软科学，2009(8)：13-19.

[28] 高维和，陈转青. 绿色采购治理与绩效：企业战略驱动效应与客户认知调节作用[J]. 经济管理，2016，38(4)：104-116.

[29] 高志英，黄芳. 低碳消费模式的支持体系[C]// 科技部，山东省人民政府，中国可持续发展研究会. 2010 中国可持续发展论坛 2010 年专刊（一）. 济南：中国可持续发展研究论坛，2010：239-242.

[30] 顾红磊，温忠麟. 多维测验分数的报告与解释：基于双因子模型的视角[J]. 心理发展与教育，2017，33(04)：504-512.

[31] 顾瑞珍. 全国每年浪费的食物可养活近 3 亿人[J]. 共产党员，2011(20)：25.

[32] 郭力方. 低碳消费：低碳经济的根基[N]. 中国能源报，2009-09-14.

[33] 郭立伟，饶宝红. 低碳消费文献综述[J]. 经济论坛，2011(4)：178-181.

[34] 贺爱忠，戴志利. 农村消费者生态心理意识对生态消费影响的实证分析[J]. 中国农村经济，2009(12)：67-76.

[35] 贺爱忠，李韬武，盖延涛. 城市居民低碳利益关注和低碳责任意识对低碳消费的影响：基于多群组结构方程模型的东、中、西部差异分析[J]. 中国软科学，2011(8)：185-192.

[36] 侯杰泰，温忠麟，成子娟. 结构方程模型及其应用[M]. 北京：教育科学出版社，2004.

[37] 胡定寰. 农产品"二元结构"论：论超市发展对农业和食品安全的影响[J]. 中国农村经济，2005(2)：12-18.

[38] 胡锦涛. 高举中国特色社会主义伟大旗帜　为夺取全面建设小康社会新胜利而奋斗：在中国共产党第十七次全国代表大会上的报告[N]. 人民日报，2007-10-25.

[39] 胡雪萍. 优化农村消费环境与扩大农村消费需求[J]. 农业经济问题，2003(7)：24-27，79.

[40] 黄志斌，赵定涛. 试论未来的生态消费模式[J]. 预测，1994(3)：32-34.

[41] 冀彦君，贾秀英. 中法宴请礼仪比较：餐桌禁忌[J]. 中北大学学报(社会科学版)，2014，30(01)：16-19.

[42] 贾鹤，王永贵，刘佳媛，等. 参照群体对消费决策影响研究述评[J]. 外国经济与管理，2008(6)：

51-58.

[43] 江跃中，潘高峰，叶薇. 政协委员痛陈粮食浪费现象　餐饮业是"重灾区"[EB/OL]. http：// www. chinanews. com/gn/2011 /03-07 /2889472. shtm1. 2011-03-07.

[44] 江泽民. 在第四次全国环保会议上的讲话[J]. 环境，1996(9)：1，4.

[45] 姜彩芬. 面子与消费：基于结构方程模型的实证分析[J]. 广州大学学报，2009(10)：55-60.

[46] 姜凌，周庭锐，王成璋. 奢侈品牌消费中参照群体影响研究[J]. 管理科学，2009，22（5）： 81-91.

[47] 金晓彤，王贺峰，王天新. 中国消费者基于符号意义的炫耀性消费行为实证研究[J]. 数量经济研究，2012，3(1)：91-107.

[48] 靳明，赵昶. 绿色农产品消费意愿和消费行为分析[J]. 中国农村经济，2008(5)：44-55.

[49] 雷钦礼. 家庭消费行为的典型特征与跨期选择的优化分析[J]. 消费经济，2007，23(5)：57-60.

[50] 李慧杰，赵毅红，王端，等. 基于环境心理学的社会个体环境保护行为探析[J]. 中国环境管理，2009(2)：22-28.

[51] 李建平，杜秀玲. 对绿色农产品"优质不能优价"的现象探析[J]. 价格理论与实践，2004(11)： 40-41.

[52] 李克强. 在改革开放进程中深入实施扩大内需战略[J]. 求是，2012(4)：3-10.

[53] 李琴. 低碳消费：科学消费的必然选择[J]. 中国国情国力，2010(6)：6-7.

[54] 李文实，陈开益，林小敏，等. 省级自然保护区旅游者生态意识调查研究[J]. 中国林业经济，2009(3)：32-35，39.

[55] 李笑春，陈智，刘敏，等. 生态意识变迁的考察与草地畜牧业可持续发展：以内蒙古锡林郭勒退化草地为例[J]. 中国人口·资源与环境，2004(4)：95-99.

[56] 刘会燕，戢守峰. 考虑消费者绿色偏好的竞争性供应链的产品选择与定价策略[J]. 管理学报，2017，14 （3）：451-458.

[57] 刘军弟，王凯，韩纪琴. 消费者对有机猪肉的认知水平及其消费行为调研：基于上海与南京的调查数据[J]. 现代经济探讨，2009(4)：50-53.

[58] 刘妙桃，苏小明. 低碳消费：构建生态文明的必然选择[J]. 消费经济，2011，27(1)：76-79.

[59] 刘敏，刘焕新. 湖南发展低碳消费对策研究[J]. 湖南社会科学，2010(4)：100-104.

[60] 刘湘溶. 公众生态意识评估体系新探[J]. 湖南师范大学社会科学学报，1994(4)：60-64.

[61] 刘晔，耿涌. 低碳经济认识探析[J]. 中国人口·资源与环境，2010，20(10)：124-128.

[62] 刘映杰，刘耀中，唐志文，等. 不当督导下员工对于奖惩的反馈：来自ERP的证据[J]. 心理与行为研究，2015，13(06)：823-831.

[63] 卢泰宏. 中国消费者行为报告[M]. 北京：中国社会科学出版社，2005：366.

[64] 卢献，郑岩滨. 略论"知情意行"行为辅导模式[J]. 教育探索，2004(4)：100-103.

[65] 逯进，王晓飞，刘璐. 低碳城市政策的产业结构升级效应：基于低碳城市试点的准自然实验[J]. 西安交通大学学报(社会科学版)，2020，40 （2）：104-115.

［66］穆建叶. 生态消费：我国社会经济可持续发展的重要障碍［J］. 学术交流，2008（2）：81-85.

［67］纳雷希·K. 马尔霍特拉. 市场营销研究：应用导向［M］. 北京：电子工业出版社，2010.

［68］潘安敏，胡海洋，李文辉. 城市低碳消费模式的选择［J］. 地域研究与开发，2011，30（2）：73-77.

［69］戚海峰. 控制欲望对中国消费者独特消费品偏好影响的实证研究［J］. 经济问题探索，2010（9）：78-86.

［70］戚海峰. 中国人消费行为中的面子问题探究［J］. 湖北大学学报（哲学社会科学版），2009（1）：126-131.

［71］齐丽云，张碧波，郭亚楠. 消费者企业社会责任认同对购买意愿的影响［J］. 科研管理，2016，37（5）：112-121.

［72］邱耕田. 生态消费与可持续发展［J］. 自然辩证法研究，1999，15（7）：50-53.

［73］荣泰生. AMOS 与研究方法［M］. 重庆：重庆大学出版社，2009.

［74］司林胜. 对我国消费者绿色消费观念和行为的实证研究［J］. 消费经济，2002（5）：39-42.

［75］谭荣波，梅晓仁. SPSS 统计分析实用教程［M］. 北京：科学出版社，2010.

［76］唐未兵. 也谈"责任与消费"［J］. 消费经济，2008（2）：3.

［77］王凤. 公众参与环保行为影响因素的实证研究［J］. 中国人口·资源与环境，2008，18（6）：30-35.

［78］王华书，徐翔. 南京市绿色农产品开发方略及对策［J］. 南京社会科学，2004（5）：95-99.

［79］王建明，李颖灏. 城市居民生态消费行为实证分析［J］. 商业时代，2006（23）：15-16，40.

［80］王建明，徐振宇. 城市年轻人低碳消费意识与行为及其影响因素：杭州市下沙高教园区的调查［J］. 未来与发展，2010，33（12）：92-96.

［81］王建明. 消费者为什么选择循环行为：城市消费者循环行为影响因素的实证研究［J］. 中国工业经济，2007（10）：95-102.

［82］王建明. 消费者资源节约与环境保护行为及其影响机理［M］. 北京：中国社会科学出版社，2010.

［83］王军，张越杰. 消费者购买优质安全人参产品意愿及其影响因素的实证分析［J］. 中国农村经济，2009（5）：35-42.

［84］王琪延，侯鹏. 北京市居民环境行为意愿研究［J］. 中国人口·资源与环境，2010，20（10）：61-67.

［85］王茹松. 论生态意识［J］. 农业现代化研究，1988（1）：9-12.

［86］王淑新，何元庆，王学定，等. 低碳经济时代中国消费模式的转型［J］. 软科学，2010，24（7）：54-57.

［87］王效华，冯祯民. 中国农村家庭能源消费研究：消费水平与影响因素［J］. 农业工程学报，2001（5）：88-91.

［88］温铁军，程存旺，石嫣. 中国农业污染成因及转向路径选择［J］. 环境保护，2013（14）：47-50.

［89］温忠麟，侯杰泰，张雷. 调节效应与中介效应的比较和应用［J］. 心理学报，2005（2）：268-274.

［90］吴明隆. 结构方程模型：AMOS 的操作与应用［M］. 重庆：重庆大学出版社，2010：371-374.

[91] 吴艳，温忠麟. 结构方程建模中的题目打包策略[J]. 心理科学进展，2011，19（12）：1859-1867.

[92] 徐国伟，卢东. 低碳经济下消费者参与环保公益活动的动机及其影响机制研究[J]. 经济问题探索，2010（8）：8-17.

[93] 徐国伟. 低碳消费行为研究综述[J]. 北京师范大学学报，2010（5）：135-140.

[94] 许晓敏. 论地沟油的管制问题[J]. 中国证券期货，2011（6）：60-61.

[95] 薛纪恬. 关于生态环境意识的若干思考[J]. 天津师范大学学报（社会科学版），1992（5）：16-22.

[96] 严力蛟，汪自强. 我国绿色农产品发展概况与对策措施[J]. 农业现代化研究，2003，24（3）：234-237.

[97] 严立冬. 绿色农业趋势前瞻[N]. 湖北日报，2012-02-22（12）.

[98] 阎俊，佘秋玲. 社会责任消费行为量表研究[J]. 管理科学，2009，22（02）：73-82.

[99] 杨智，邢雪娜. 可持续消费行为影响因素质化研究[J]. 经济管理，2009（6）：100-105.

[100] 尹世杰. 关于生态消费的几个问题[J]. 求索，2000（5）：14-17.

[101] 尹世杰. 关于奢侈消费的几个问题[J]. 湘潭大学学报（哲学社会科学版），2008（02）：14-19，144.

[102] 尹世杰. 消费文化学[M]. 武汉：湖北人民出版社，2002.

[103] 尹世久，吴林海，陈默. 基于支付意愿的有机食品需求分析[J]. 农业技术经济，2008（5）：81-88.

[104] 张久恒. 论生态意识的基本特征[J]. 江淮论坛，1988（6）：41-43.

[105] 张连刚. 基于多群组结构方程模型视角的绿色购买行为影响因素分析：来自东部、中部、西部的数据[J]. 中国农村经济，2010，（2）：44-56.

[106] 张圣亮，陶能明. 中国情景下炫耀性消费影响因素实证研究[J]. 现代财经（天津财经大学学报），2015，35（04）：60-70.

[107] 张正堂，李倩. 组织惩罚行为的决策动因与实施效应：研究综述[J]. 经济管理，2014，36（04）：180-190.

[108] 赵宝春，王静. 社会奖惩响应灵敏度与个体敏感性对非伦理消费行为意愿的影响[J]. 管理学报，2018，15（02）：282-292.

[109] 郑晓莹，彭泗清，戴珊珊. 社会比较对炫耀性消费的影响：心理补偿的视角[J]. 营销科学学报，2014，10（03）：19-31.

[110] 中国环境意识项目办. 2007年全国公众环境意识调查报告[J]. 世界环境，2008（2）：72-77.

[111] 中华人民共和国国家统计局. 新中国农业60年统计资料[M]. 北京：中国统计出版社，2010.

[112] 中华人民共和国国家统计局. 中国统计年鉴2012[M]. 北京：中国统计出版社，2012.

[113] 周浩，龙立荣. 共同方法偏差的统计检验与控制方法[J]. 心理科学进展，2004（6）：942-950.

[114] 周应恒，霍丽珏，彭晓佳. 食品安全：消费者态度、购买意愿及信息的影响：对南京市超市消费者的调查分析[J]. 中国农村经济，2004（11）：53-59.

［115］朱成钢. 绿色消费驱动下的绿色营销策略及其启示［J］. 商业经济与管理，2006(11)：48-51.

［116］朱俊峰，陈凝子，王文智. 后"三鹿"时期河北省农村居民对质量认证乳品的消费意愿分析［J］.
经济经纬，2011(1)：63-67.

［117］朱庆华，郭亚茹. 可持续消费影响因素与行为的实证研究［J］. 中国人口・资源与环境，2011，21
(S2)：459-463.

［118］朱诗娥. 我国农村居民消费与城镇居民消费的对比分析［J］. 消费经济，2007(4)：46-49.

［119］庄贵阳. 中国发展低碳经济的困难与障碍分析［J］. 江西社会科学，2009(7)：20-26.

［120］邹东海，万举. 农村消费市场开拓与农村金融创新［J］. 农业经济问题，1999(11)：39-42.

［121］Abrahamser W，Stegl，C，et al. A review of intervention studies aimed at household energy conservation
［J］. *Journal of Environmental Psychology*，2005，25(3)：273-291.

［122］Adamantios Diamantopoulos，Bodo B. Schlegelmilch，Rudolf R. Sinkovics，et al. Can socio-
demographics still play a role in profiling green consumers? A review of the evidence and an empirical
investigation［J］. *Journal of Business Research*，2003，56(6)：465-480.

［123］Aitken R，Watkins L，Williams J，et al. The positive role of labelling on consumers' perceived
behavioural control and intention to purchase organic food［J］. *Journal of Cleaner Production*，2020，
255：120334.

［124］Ajzen I. The theory of planned behavior ［J］. *Organizational Behavior and Human Decision Processes*，
1991，50(2)：179-211.

［125］Akehurst G，Afonso C，Gonçalves H M. Re-examining green purchase behavior and the green consumer
profile：New evidences［J］. *Management Decision*，2012，50(5)：972-988.

［126］Bahl S，Milne G R，Ross S M，et al. Mindfulness：A long-term solution for mindless eating by college
students［J］. *Journal of Public Policy & Marketing*，2013，32(2)：173-184.

［127］Bakhtiyari Z，Yazdanpanah M，Forouzani M，et al. Intention of agricultural professionals toward biofuels
in Iran：Implications for energy security，society，and policy［J］. *Renewable and Sustainable Energy
Reviews*，2017，69：341-349.

［128］Balderjahn I. Personality variables and environmental attitudes as predictors of ecologically responsible
consumption patterns［J］. *Journal of Business Research*，1988，17(1)：51-56.

［129］Bandura A. Self-efficacy：Toward a unifying theory of behavioral change［J］. *Psychological Review*，
1977，84(2)：191-215.

［130］Bandura A. Social cognitive theory：An agentic perspective［J］. *Annual Review of Psychology*，2001，52
(1)：1-26.

［131］Bao Y，Zhou K Z，Su C. Face consciousness and risk aversion：Do they affect consumer decision-
making［J］. *Psychology and Marketing*，2003，20(8)：733-755.

［132］Baron R M，Kenny D A. The moderator-mediator variable distinction in social psychological research：
Conceptual，strategic and statistical considerations［J］. *Journal of Personality and Social Psychology*，

1986, 51(6): 1173-1182.

[133] Barr S, Gilg A W, Ford N. The household energy gap: Examining the divide between habitual-and purchase-related conservation behaviours[J]. *Energy Policy*, 2005, 33 (11) : 1425-1444.

[134] Bearden W O, Etzel M J. Reference group influence on product and brand purchase decisions[J]. *Journal of Consumer Research*, 1982, 9(2): 183-194.

[135] Bearden W O, Netemeyer R G, Teel J E. Measurement of consumer susceptibility to interpersonal influence[J]. *Journal of Consumer Research*, 1989, 15(2): 473-481.

[136] Berkman E T, Kahn L E, Livingston J L. Valuation as a mechanism of self-control and ego depletion [M]//Edward R H, Joshua J C, Lile J. Self-regulation and ego control. Academic Press, 2016: 255-279.

[137] Bettman J R, Luce M F, Payne J W. Constructive consumer choice processes[J]. *Journal of Consumer Research*, 1998, 25(3): 187-217.

[138] Bettman E. Self construal, reference group, and brand meaning[J]. *Journal of Consumer Research*, 2005, 32(12): 378-389.

[139] Biesiot W, Noorman K J. Energy requirements of household consumption: A case study of the Netherlands[J]. *Ecological Economics*, 1999, 28 (3) : 367-383.

[140] Binswanger M. Technological progress and sustainable development: What about the rebound effect? [J]. *Ecological Economics*, 2001, 36(1): 119-132.

[141] Burger J M. Desire for control: Personality, social, and clinical perspectives[J]. *American Journal of Psychiatry*, 1994, 151(1): 144-144.

[142] Carver C S, White T L. Behavioral inhibition, behavioral activation, and affective responses to impending reward and punishment: The BIS/BAS scales[J]. *Journal of Personality and Social Psychology*, 1994, 67(2): 319-333.

[143] Chakrabarti S. Factors influencing organic food purchase in India-expert survey insights[J]. *British Food Journal*, 2010, 112(8): 902-915.

[144] Champion V L. Instrument development for health belief model constructs [J]. *Advances in Nursing Science*, 1984, 6(3): 73-85.

[145] Chan K. Mass communication and pro-environmental behaviour: Waste recycling in Hong Kong[J]. *Journal of Environmental Management*, 1998, 52(4): 317-325.

[146] Chan R Y K. Determinants of Chinese consumers' green purchase behavior [J]. *Psychology and Marketing*, 2001, 18(4): 389-413.

[147] Charles H Schwepker, T Bettina Cornwell. An examination of ecologically concerned consumers and their intention to purchase ecologically packaged products[J]. *Journal of Public Policy & Marketing*, 1991, 10(2): 77-101.

[148] Chen C Y, Lee L, Yap A J. Control deprivation motivates acquisition of utilitarian products[J]. *Journal*

of Consumer Research, 2017, 43(6): 1031-1047.

[149] Chen M F. Consumer attitudes and purchase intentions in relation to organic foods in Taiwan: Moderating effects of food-related personality traits[J]. *Food Quality and Preference*, 2007, 18 (7) : 1008-1021.

[150] Crosby Lawrence A., James D. Gill, James R. Taylor. Consumer/voter behavior in the passage of the michigan container law[J]. *Journal of Marketing*, 1981, 45(2): 19-32.

[151] Cudjoe D, Yuan Q, Han M S. An assessment of the influence of awareness of benefits and perceived difficulties on waste sorting intention in Beijing[J]. *Journal of Cleaner Production*, 2020, 272: 123084.

[152] Cutright K M, Samper A. Doing it the hard way: How low control drives preferences for high-effort products and services[J]. *Journal of Consumer Research*, 2014, 41(3): 730-745.

[153] Delmas M A, Burbano V C. The drivers of greenwashing[J]. *California Management Review*, 2011, 54 (1): 1-38.

[154] Drolet A, Frances Luce M. The rationalizing effects of cognitive load on emotion-based trade-off avoidance[J]. *Journal of Consumer Research*, 2004, 31(1): 63-77.

[155] Druckman A. et al. Missing carbon reductions? Exploring rebound and backfire effects in UK households [J]. *Energy Policy*, 2011, 39(6): 3572-3581.

[156] Gadenne D, Sharma B, Kerr D, et al. The influence of consumers' environmental beliefs and attitudes on energy saving behaviours[J]. *Energy policy*, 2011, 39(12): 7684-7694.

[157] Gill Seyfang. Community action for sustainable housing: Building a low-carbon future [J]. *Energy Policy*, 2010, 38(12): 7624-7633.

[158] Gill Seyfang. Growing sustainable consumption communities: The case of local organic food networks [J]. *International Journal of Sociology and Social Policy*, 2007, 27 (3-4): 120-134.

[159] Ginsberg J M, Bloom P N. Choosing the right green marketing strategy[J]. *MIT Sloan Management Review*, 2004, 46(1): 79-84.

[160] Gkargkavouzi A, Halkos G, Matsiori S. Environmental behavior in a private-sphere context: Integrating theories of planned behavior and value belief norm, self-identity and habit[J]. *Resources, Conservation & Recycling*, 2019, 148(9): 145-156.

[161] Gleim M R, Smith J S, Andrews D, et al. Against the green: A multi-method examination of the barriers to green consumption[J]. *Journal of Retailing*, 2013, 89(1): 44-61.

[162] Groening C, Sarkis J, Zhu Q. Green marketing consumer-level theory review: A compendium of applied theories and further research directions[J]. *Journal of Cleaner Production*, 2018, 172(4): 1848-1866.

[163] Guagnano G A, Stern P C, Dietz T. Influences on attitude behaviour relationships: A natural experiment with curbside recycling[J]. *Environment and Behaviour*, 1995, 27(5): 699-718.

[164] Guido G, Prete M I, Peluso A M, et al. The role of ethics and product personality in the intention to purchaseorganic food products: A structural equation modeling approach [J]. *Review of International Economics*, 2010, 57(1): 79-102.

[165] Guozhu Li, et al. Assessment of environmental and economic costs of rural household energy consumption in Loess Hilly Region, Gansu Province, China[J]. *Renewable Energy*, 2009, (34): 1438-1444.

[166] Hamerman E J, Johar G V. Conditioned superstition: Desire for control and consumer brand preferences [J]. *Journal of Consumer Research*, 2013, 40(3): 428-443.

[167] Jacoby, J. Stimulus-organism-response reconsidered: An evolutionary step inmodeling consumer behavior [J]. *Journal of Consumer Psychology*, 2002, 12(1): 51-57.

[168] Joshi Y, Rahman Z. Consumers' sustainable purchase behaviour: Modeling the impact of psychological factors[J]. *Ecological Economics*, 2019, 159(5): 235-243.

[169] Kaise F G, Wolfing S, Fuhrer U. Environmental attitude and ecological behavior [J]. *Journal of Environmental Psychology*, 1999, 19(1): 1-19.

[170] Kaiser F, Wilson M. Assessing people's general ecological behaviour: Across-cultural measure [J]. *Journal of Applied Social Psychology*, 2000, 30(5): 952-978.

[171] Kassarjian Harold H. Incorporating ecology into marketing strategy: The case of air pollution[J]. *Journal of Marketing*, 1971, 35 (7): 61-65.

[172] Kinnear T C, J C Taylor, S. Ahmed. Ecologically concerned consumers: Who are they? [J]. *Journal of Marketing*, 1974, (3): 20-24.

[173] Kotchen, M. J., Reiling, S. D. Environmental attitudes, motivations and contingent valuation of nonuse values: A case of study involving endangered species [J]. *Ecological Economics*, 2000, 32 (1): 93-107.

[174] Leary R B, Vann R J, Mittelstaedt J D, et al. Changing the marketplace one behavior at a time: Perceived marketplace influence and sustainable consumption[J]. *Journal of Business Research*, 2014, 67(9): 1953-1958.

[175] Leary R B, Vann R J, Mittelstaedt J D. Leading the way: Motivating environmental action through perceived marketplace influence[J]. *Journal of Business Research*, 2017, 79(10): 79-89.

[176] Leary R B, Vann R J, Mittelstaedt J D. Perceived marketplace influence and consumer ethical action [J]. *Journal of Consumer Affairs*, 2019, 53(3): 1117-1145.

[177] Li Y, Wang L, Liu G, et al. Rural household food waste characteristics and driving factors in China[J]. *Resources, Conservation and Recycling*, 2021, 164: 105209.

[178] Liu J. China's road to sustainability[J]. *Science*, 2010, 328(5974): 50-50.

[179] Lu L, Chang H, Chang A. Consumer personality and green buying intention: The mediate role of consumer ethical beliefs[J]. *Journal of Business Ethics*, 2015, 127(1): 205-219.

[180] Minton E A, Spielmann N, Kahle L R. The subjective norms of sustainable consumption: A cross-cultural exploration[J]. *Journal of Business Research*, 2018, 82(1): 400-408.

[181] Mohamed M. Mostafa: Gender differences in egyptian consumers green purchase behaviour: The effects of environmental knowledge, concern and attitude[J]. *International Journal of Consumer Studies*, 2007,

31(3): 220-229.

[182] Nyborgy K, Howarth R B, et al. Green consumers and public policy: On socially contingent moral motivation[J]. *Resource and Energy Economics*, 2006, 28(4): 351-366.

[183] Obeng E A, Aguilar F X. Value orientation and payment for ecosystem services: Perceived detrimental consequences lead to willingness-to-pay for ecosystem services [J]. *Journal of Environmental Management*, 2018, 206(2): 458-471.

[184] Osterhus T L. Pro-social consumer influence strategies: When and how do they work[J]. *Journal of Marketing*, 1997, 61(4): 16-29.

[185] Parasuraman A. Reflections on gaining competitive advantage through customer value[J]. *Journal of the Academy of Marketing Science*, 1997, 25(2): 154-161.

[186] Parguel B, Benoît-Moreau F, Larceneux F. How sustainability ratings might deter 'Greenwashing': A closer look at ethical corporate communication[J]. *Journal of Business Ethics*, 2011, 102(1): 15-28.

[187] Raheli H, Zarifian S, Yazdanpanah M. The power of the health belief model (HBM) to predict water demand management: A case study of farmers' water conservation in Iran[J]. *Journal of Environmental Management*, 2020, 263: 110388.

[188] Schuhwerk M E, Lefkoff-Hagius R. Green or non-green? Does type of appeal matter when advertising a green product? [J]. *Journal of Advertising*, 1995, 24(2): 45-54.

[189] Schwepker Jr C H, Cornwell T B. An examination of ecologically concerned consumers and their intention to purchase ecologically packaged products[J]. *Journal of Public Policy & Marketing*, 1991, 10(2): 77-101.

[190] Seufert V, Ramankutty N, Foley J A. Comparing the yields of organic and conventional agriculture[J]. *Nature*, 2012, 485(7397): 229-232.

[191] Soyez K. How national cultural values affect pro-environmental consumer behavior [J]. *International Marketing Review*, 2012, 29(6): 623-646.

[192] Steg L, Bolderdijk J W, Keizer K. An integrated framework for encouraging pro-environmental behaviour: The role of values, situational factors and goals[J]. *Journal of Environmental Psychology*, 2014, 38(2): 104-115.

[193] Steg L, Dreijerink L, Abrahamse W. Factors influencing the acceptability of energy policies: A test of VBN theory[J]. *Journal of Environmental Psychology*, 2005, 25(4): 415-425.

[194] Steg L. Promoting household energy conservation[J]. *Energy Policy*, 2008, 36(12): 4449-4453.

[195] Stern P C, Dietz T, Abel T. A value-belief-norm theory of support for social movements: The case of environmentalism[J]. *Human Ecology Review*, 1999, 6(2): 81-97.

[196] Stone G, Barnes J H, Montgomery C. Ecoscale: A scale for the measurement of environmentally responsible consumers[J]. *Psychology and Marketing*, 1995, 12(7): 595-612.

[197] Tabernero C, Hernandez B. Self-efficacy and intrinsic motivation guiding environmental behavior[J].

Environment and Behavior, 2011, 43(5): 658-675.

[198] Taciano L M, Duckitt J. The environmental attitudes inventory: A valid and reliable measure to assess the structure of environmental attitudes[J]. *Journal of Environmental Psychology*, 2010, 30(1): 80-94.

[199] Thogersen J. Country differences in sustainable consumption: The case of organic food[J]. *Journal of Macromarketing*, 2010, 30(2): 171-185.

[200] Verma V K, Chandra B, Kumar S. Values and ascribed responsibility to predict consumers' attitude and concern towards green hotel visit intention[J]. *Journal of Business Research*, 2019, 96(3): 206-216.

[201] Wang L, Gao B, Hu Y, et al. Environmental effects of sustainability-oriented diet transition in China [J]. *Resources, Conservation and Recycling*, 2020, 158: 104802.

[202] White K, Habib R, Hardisty D J. How to SHIFT consumer behaviors to be more sustainable: A literature review and guiding framework[J]. *Journal of Marketing*, 2019, 83(3): 22-49.

[203] Whitley C T, Gunderson R, Charters M. Public receptiveness to policies promoting plant-based diets: Framing effects and social psychological and structural influences[J]. *Journal of Environmental Policy & Planning*, 2018, 20(1): 45-63.

[204] Yeboah F K, Kaplowitz M D. Explaining energy conservation and environmental citizenship behaviors using the value-belief-norm framework[J]. *Human Ecology Review*, 2016, 22(2): 137-160.

[205] Yin J, Zhang X, Huang W, et al. The potential benefits of dietary shift in China: Synergies among acceptability, health, and environmental sustainability [J]. *Science of the Total Environment*, 2021, 779: 146497.

[206] Zakowska-Biemans S, Pieniak Z, Kostyra E, et al. Searching for a measure integrating sustainable and healthy eating behaviors[J]. *Nutrients*, 2019, 11(1): 95.

附　录

第五章　研究量表

变量	测量题项
低碳认知	我了解全球气候变暖的现状
	我认为二氧化碳等温室气体排放可造成全球气候变暖
	我认为通过节能减排措施可以减少二氧化碳等温室气体的排放
消费观念	与多数人相比，我比较注重物质消费
	在消费上，我认为我是时尚的
	我喜欢拥有很多高档消费品
环境关注	我平时关心周边的环境情况
	买产品时，我尽量考虑产品的使用是否会对环境与他人造成什么影响
	我总会考虑所买产品的环境安全性
低碳产品购买便利性	目前市场上低碳产品到处可见
	商店里低碳产品的摆放醒目易找
	市场上有很多关于低碳产品的宣传，选择方便
消费信贷	农村商业银行网点(如银行、信用合作社等)数目少
	农村的生活消费信贷政策不足
	农村商业性银行服务态度差，我感到难以获得消费贷款
感知政策效果	政府的节能减排政策有助于提高农村居民节能减排意识
	政府的节能减排政策能够引导农村居民低碳消费
	政府的节能减排政策有助于农村低碳社会建设
低碳消费意向	我未来非常愿意践行低碳消费
	我愿意同浪费能源、污染空气的行为做斗争
	条件允许的情况下，我愿意为节能产品支付更高的价格

续表

变量	测量题项
低碳消费行为	购买灯泡时，我尽量购买节能灯泡
	购买热水器时，我尽量购买太阳能热水器
	出门前，我经常随手关灯，并且拔掉部分插头
	我经常选择步行、骑自行车等低碳出行方式
	我通常把废旧书籍、报纸积累起来，然后卖掉或给别人
	我通常把空饮料瓶、酒瓶或其他可回收、可循环利用的瓶罐积累起来，然后卖掉或送人

第六章　研究量表

变量	测量题项
感知农产品安全事故的易感性	我因为吃问题猪肉（瘦肉精猪肉、病死猪肉、注水猪肉、激素猪肉等）而使健康受损的可能性很大
	我的身体健康状况使我因为吃问题猪肉而更容易使健康受损
	我觉得我将来会因为吃问题猪肉而使健康受损
	我将来因吃问题猪肉而使健康受损的可能性较大
	我很担心会因为吃问题猪肉而使健康受损
	在未来一年里我会因为吃问题猪肉而使健康受损
感知农产品安全事故的严重性	因吃问题猪肉而使健康受到损害的后果很严重
	因吃问题猪肉而使健康受损会使我的身体出现不适（如腹泻、呕吐、头晕、乏力等）
	因吃问题猪肉而使健康受到损害可能会导致死亡
	因吃问题猪肉而使健康受到损害会增加我的花费
	因吃问题猪肉而使健康受到损害会给我的社会生活、家庭生活、工作能力带来负面影响
感知购买绿色农产品的利益	坚持购买绿色猪肉可以减少我健康受损的可能性
	如果我购买绿色猪肉，会得到家人和朋友的赞扬
	我觉得购买绿色猪肉会更有利于保障我的健康
	坚持购买绿色猪肉会让我感到自豪
	坚持购买绿色猪肉可以避免我因吃问题猪肉而使健康受损，从而帮我节约一定的费用和时间
	坚持购买绿色猪肉可以在饮食上保障家人的健康

续表

变量	测量题项
感知购买绿色农产品的障碍	购买绿色猪肉会增加我的花费
	我不清楚哪些猪肉是绿色猪肉
	大部分绿色猪肉品牌我都不喜欢
	坚持购买绿色猪肉会耗费我太多时间
	坚持购买绿色猪肉对我来说是困难的
	我的家人和朋友不喜欢我购买绿色猪肉
购买绿色农产品的自我效能	偶尔购买一次绿色猪肉对我来说是容易的
	每次购买猪肉时都选择绿色猪肉对我来说是容易的
	如果我打算购买绿色猪肉，即使与我同行的人购买普通猪肉，我还是能够坚持我的选择
	如果我打算购买绿色猪肉，即使普通猪肉在做促销，我还是能够坚持我的选择
	如果我打算购买绿色猪肉，即使我心情不好，我还是能够坚持我的选择
	如果我打算购买绿色猪肉，当我感到开心时，我能够坚持我的选择
	如果我打算购买绿色猪肉，即使家人和朋友不支持，我还是能够坚持我的选择
农产品市场漂绿现象	市场上存在把普通猪肉放在绿色猪肉专柜进行销售的情况
	市场上存在将普通猪肉贴上绿色标签进行销售的情况
	市场上绿色猪肉的宣传存在模糊不清的情况
	市场上绿色猪肉的宣传存在夸大其词的情况
绿色农产品购买意愿	当需要购买猪肉时，我愿意购买绿色猪肉
	当需要购买猪肉时，我打算购买绿色猪肉
	当需要购买猪肉时，我会为购买绿色猪肉而努力
	当我的亲人和朋友需要购买猪肉时，我会鼓励他们购买绿色猪肉
	我会对绿色猪肉进行正面的宣传
	为绿色猪肉支付更多金钱是可以接受的
	我愿意为绿色猪肉支付更多的金钱
	为了购买到绿色猪肉，我愿意支付额外的开支

第八章　研究量表

变量	测量题项
生态价值观	现代发展会对野生动植物造成威胁
	几十年后，越来越多的动植物将濒临灭绝
	生态平衡是脆弱的且容易被打破
控制欲	平时，我会尽量避免让别人告诉我应该去做什么
	我喜欢成为领导者而不是追随者
	我很高兴自己能够影响他人的行为
	我更喜欢一份可以自己决定做什么以及什么时候做的工作
	我喜欢自己做决定
	比起接受任务，我更愿意安排任务
感知对消费者的影响	我的环境友好行为可以引导其他人以类似的方式行事
	我的环境友好行为和环境友好言论能够影响其他消费者的选择
	我的环境友好行为不会导致其他消费者采取类似的行为
	我觉得我的环境友好行为可以影响周围的人
	我认为我的环境友好行为会激励他人采取类似行动
感知对组织的影响	当我购买环境友好型产品时，我的这一消费选择会鼓励相关企业生产和销售此类产品
	我购买环境友好型产品的行为不会导致相关企业提供此类产品
	我的环境友好行为可以影响相关企业的行为
	我选择环境友好型产品有助于促使相关企业向消费者提供此类产品
	我的环境友好行为可以导致相关企业改变它的产品供应和生产实践
规范型可持续消费行为	我经常循环利用纸张(如卖废纸、重复使用纸张书写、双面打印等)
	我经常回收利用塑料瓶或易拉罐(如二次利用、分类丢弃等)
	当需要购买大型家电时，我会尽量选择购买节能电器(如节能灯、节能空调、节能冰箱、节能洗衣机等)
自我增强型可持续消费行为	我经常购买有机食品(如有机奶、有机大米等)
	我自愿为支持可持续发展的组织和活动花费时间(如光盘行动、参与支付宝蚂蚁森林等行动)
	我会向支持可持续发展的组织和活动捐款(如为植树活动捐款)

第九章　筛选题项与研究量表

一、筛选题项

请问您近 3 个月内是否有过举办宴席（婚宴、寿宴、百日宴、乔迁宴等喜宴）的经历？

　　A 是 ……………………………………………………………… 请继续

　　B 否 …………………………………………… 感谢您的参与，问卷到此结束

二、研究量表

变量	测量题项
预算约束	我会根据收入状况来选择举办宴席的规模
	我会根据收入状况来选择举办宴席酒店的档次
	我会根据收入状况来选择宴席菜品的标准
	我会根据收入状况来选择宴席酒水的档次
	举办宴席的各项开销我都会精打细算
消费者偏好	举办宴席是我感兴趣的一种庆祝方式
	在各种庆祝方式中，我偏爱举办宴席
	无论如何我都不想举办宴席
	在选择庆祝方式时，我通常选择举办宴席
	若需要以某种方式来举办宴席，当实际情况与我的意愿不一致时，我可能会轻易改变原来选择的方式
	举办宴席时，若某些情况与我大操大办宴席的选择相矛盾，我会不惜一切代价坚持我的选择
	举办宴席时，若不能满足我大操大办的意愿，对我来说简单操办一下也一样
参照群体	我会以某种方式举办宴席仅仅是因为周围的朋友都这样
	我会以别人期望的方式来举办宴席
	通过采用与其他人相似的方式举办宴席，我能够获得一种归属感
	如果我想效仿某些人，我会选择他们举办宴席的方式
	大操大办宴席能显得自己与众不同
	我很少大操大办宴席，除非我确定能得到家人朋友的认可和赞同
	举办宴席时我会选择其他人也认可的方式
	我乐意知道以什么方式举办宴席会给其他人留下良好印象

续表

变量	测量题项
参照群体	为了确定举办宴席的方式适合自己，我会观察别人举办宴席的方式
	如果我对举办宴席的方式不熟悉，我会先向我的朋友或家人询问一些相关信息
	我会咨询其他人，以让他们帮我在众多举办宴席的方式中做出更好的选择
	我在举办宴席前从家人朋友那里搜集相关信息
社会责任意识	我愿意为节约资源和保护环境做出贡献
	我愿意向家人朋友宣传节约资源、保护环境的重要性
	在我看来，节约资源和保护环境应该从身边小事做起
	我有义务节约资源和保护环境
	在我看来，资源节约和环境保护是政府和企业的责任，而不是个人的责任
面子观念	我希望大家认为我能做到一般人做不到的事
	我希望自己在聊天时能说出别人不知道的事
	我希望拥有一般人没有但渴望拥有的物品
	我很在乎别人对我的夸奖和称赞
	我很想让大家知道我认识一些头面人物
	我希望在别人眼中，我比大多数人都过得好
	当谈及我的弱项时，我总希望转移话题
	就算我真的不懂，我也竭力避免让其他人觉得我很无知
	我尽力隐瞒我的缺陷不让其他人知道
	如果我的工作单位不好，我会尽量不向其他人提起
	就算是我错了，我也不会向别人当面认错
奢侈浪费风气	人们举办宴席时相互攀比的现象比较普遍
	人们举办宴席时喜欢讲排场
	人们举办宴席时喜欢过分追求档次
	人们举办宴席时无节制的现象比较普遍
典型非绿色消费行为	我举办的宴席排场大
	我举办的宴席菜品只多不少
	我举办的宴席酒水宁可剩下，不能不够喝
	我举办的宴席菜品档次高
	我举办宴席，不打包剩余食物
	打包回家的剩余食物，大部分还是被倒掉

后　记

　　绿色发展是国家战略。实现双碳目标加快建立健全绿色低碳循环发展经济体系是中国中长期绿色发展战略的重点。可持续消费是绿色发展战略的核心。于是，从 2009 年开始，我带领我的学术型研究生团队从可持续消费的不同具体形式，探讨中国居民可持续消费行为的影响机制及非可持续消费行为的影响因素与干预建议。研究成果分别在 *International Journal of Consumer Studies*、《中国软科学》、《中国农村经济》、《经济管理》、《安全与环境学报》、《西安交通大学学报（社会科学版）》等 SSCI、CSSCI、CSCD 来源期刊发表，其中有的成果获得湖南省优秀硕士学位论文、湖南大学优秀硕士学位论文、中国高校市场学研究会学术年会优秀论文二等奖等荣誉。

　　本书是我和我的学术型研究生团队集体智慧的结晶。全书的思想观点、框架布局、修改定稿由我完成。各章节的具体分工如下：第一章，贺爱忠、宋友；第二章，唐宇、戴志利、贺爱忠；第三章，李韬武、贺爱忠、盖延涛；第四章，戴志利、贺爱忠；第五章，盖延涛、贺爱忠、李韬武；第六章，宋友、贺爱忠；第七章，王娜娜、贺爱忠；第八章，刘梦琳、贺爱忠；第九章，邓天翔、贺爱忠。需要特别说明的是，第九章得到了美国加州大学北岭校区蔡懿教授的指导。本书存在诸多不足之处，请学界、业界同仁批评指正！

　　感谢湖南大学出版社为本书提供全额出版资助！感谢我的家人在本书写作、完善及出版过程中给予我的全力支持！

　　感谢所有关心我、帮助过我的人！

贺爱忠

2021 年 4 月 12 日